绍兴市哲学社会科学特别重大课题《绍兴历史文化系列研究》
（编号15TBZD-01）子课题（编号SXW1506）

绍兴历史文化精品丛书

矜式百世：绍兴史学史

罗衍军 著

中国社会科学出版社

图书在版编目(CIP)数据

矜式百世:绍兴史学史/罗衍军著. —北京:中国社会科学出版社,2021.5

(绍兴历史文化精品丛书)

ISBN 978-7-5203-7907-6

Ⅰ.①矜… Ⅱ.①罗… Ⅲ.①史学史—研究—绍兴 Ⅳ.①K092

中国版本图书馆 CIP 数据核字(2021)第 027652 号

出 版 人 赵剑英
责任编辑 郭晓鸿
特约编辑 杜若佳
责任校对 师敏革
责任印制 戴 宽

出 版 中国社会科学出版社
社 址 北京鼓楼西大街甲 158 号
邮 编 100720
网 址 http://www.csspw.cn
发 行 部 010-84083685
门 市 部 010-84029450
经 销 新华书店及其他书店

印刷装订 北京君升印刷有限公司
版 次 2021 年 5 月第 1 版
印 次 2021 年 5 月第 1 次印刷

开 本 710×1000 1/16
印 张 17.25
插 页 2
字 数 257 千字
定 价 99.00 元

凡购买中国社会科学出版社图书,如有质量问题请与本社营销中心联系调换
电话:010-84083683

《绍兴历史文化精品丛书》序言

绍兴历史文化是拥有2500多年完整城市史的绍兴的骄傲，更是整个中华民族和全人类的精神财富。

20年前，著名学者钟敬文深情写道，绍兴，是幅员广阔的祖国的一个行政区域，“它牵系着许多知识分子的心”（《绍兴百俗图赞》序，1997）。季羡林更包举而言，“绍兴大名垂宇宙，物华天宝，人杰地灵”，“建国首先必须重视文化、教育、科学、技术。在这方面，绍兴古今人物都有一些贡献。此外，更必须有炽热的爱国主义热情，绍兴这方面也创造了中华民族的骄傲”（《绍兴百镇图赞》序，1997）。在更早出版的《浙江十大文化名人》（浙江人民出版社1987年版）中，合撰该著的浙江省著名学者蒋祖怡、沈善洪、王凤贤还将出自传统绍兴地区的王充、陆游、王阳明、黄宗羲、蔡元培、鲁迅六人列入浙江十大文化名人之中，绍兴文化名人竟占了浙江全省的一半以上。2000年竣工的北京中华世纪坛，根据长期以来的社会共识，用青铜铸造了40尊中华文化名人像，其中王羲之、蔡元培、鲁迅、马寅初4尊都来自绍兴地区。2016年5月17日习近平总书记在哲学社会科学工作座谈会上发表的讲话中谈到中华民族几千年发展史上的25位“思想大家”中有4位（王充、王守仁、黄宗羲、鲁迅）、百年来开创性地运用马克思主义的9位“名家大师”中有2位（范文澜、马寅初）来自传统绍兴地区。这些都足以说明，绍兴历史文化是浙江文化的根脉所在，是中华优秀传统文化的重要组成部分之一。

对绍兴历史文化的研究，已经走过两千多年历程，积累下丰厚的学术资源。

毕生研究绍兴历史文化、本身也是当代越地杰出文化名人的陈桥驿先生，曾梳理绍兴历史文化的研究史并指出，对绍兴历史文化比较自觉的研究始于东汉初，“唯一一种由先秦越地越人写作的是《越绝书》，此书经过东汉初人的整理补充而流传下来，价值甚高。此外，东汉初人研究越文化的著作还有《吴越春秋》和《论衡》，也都有重要价值。东汉以后，由于种种原因，越文化的研究者和成果很少。20世纪二三十年代，若干学者以新的思维和方法研究越文化，其中顾颉刚的研究成果具有创见。最近20年来，越文化研究出现高潮，许多研究成果相继问世”（陈桥驿：《越文化研究的回顾和展望》，《杭州师范大学学报》2004年第二期）。这主要是基于本土学者的比较简略的考察。将视野放开一点可以看到，西汉早期，伟大的史学家和思想家司马迁从史学角度建构汉代大一统国家意识文化时，就对绍兴历史文化进行了比较深入的研究。其《史记·太史公自序》、《越王勾践世家》、《货殖列传》及《夏本纪》，就对绍兴人民的精神图腾大禹及绍兴历史文化的灿烂开篇——越国时期的重大军政、经济和文化建树进行了多方面、多角度的考述。他旗帜鲜明地赞美：“禹之功大矣，渐九川，定九州，至于今诸夏艾安。及苗裔勾践，苦身焦思，终灭强吴，北观兵中国，以尊周室，号称霸王，勾践可不谓贤哉！盖有禹之遗烈焉！”司马迁十分精准地挖掘出绍兴历史文化传统中的两大要件——事功精神和爱国传统，至今仍有启迪价值。两汉以后，六朝时期越国故地的士族文化精英出于在南下北方士人面前张扬本土文化的需要，通过撰写大量地志著作，成为绍兴历史文化研究新的主力。唐、宋、元、明、清各代，绍兴历史文化其实也都有相当一批热心的研究者。正是基于这些丰厚的积累，进入20世纪，人们才看到一系列“亮眼”的动作，如1910年12月20日，鲁迅致信好友许寿裳，以“开拓越学，俾其曼衍，至于无疆”共勉；并身体力行，花费相当大的心血整理《会稽郡故书》等绍兴历史文化文献。1912年1月3日，他在《越铎日报（发刊词）》中提出，“于越故称无敌于天下，海岳精液，善生俊异，后先络绎，展其殊才；其民复存大禹卓苦勤劳之风，同勾践坚确慷慨之志，力作治生，绰然足以自理"，该发刊词援引绍兴历史文化精神以为创造中华民族新纪元的精神支撑之一，不啻20世纪第一篇绍兴历史文化研究的檄文。1936年8月30日，由蔡元培主持的吴越史地研究会成立大会在上海举行，绍兴历史文化研究随之进入一个更自觉的群体性时代。改革开放以来绍兴历史文化研究飞速发展，硕果累累，应是吴越史地研究会所推动形成的趋势在经历种种历史波折之后恢复、壮大的成果之一。

中国特色社会主义进入新时代，组织展开绍兴历史文化的新的系统研究，是历史的选择。

习近平总书记在系列讲话中一再指出："我们说要坚定中国特色社会主义道路自信、理论自信、制度自信，说到底是要坚定文化自信。文化自信是更基本、更深沉、更持久的力量"；"要讲清楚中华优秀传统文化的历史渊源、发展脉络、基本走向，讲清楚中华文化的独特创造、价值理念、鲜明特色，增强文化自信和价值观自信"。显然，文化自信建设已然成为我们这个时代的主题。在这一大背景中，浙江省和绍兴市也加快了文化建设的步伐。不久前发布的《浙江省第十四次党代会报告》提出"文化浙江"奋斗目标，并将其置于"六个浙江"建设的中枢位置，要求"挖掘传承地方特色文化""进一步延续浙江文脉"；《绍兴市第八次党代会报告》同样把强化文化的传承创新列为战略重点，提出"建设具有国际影响力的历史文化名城""在彰显特色文化魅力上充分发挥历史文化资源优势，打造特色文化高地"。在中央和浙江省一系列里程碑式文件、决策酝酿出台的同时，绍兴市社科界就如何把举世罕匹的深厚历史文化资源转变为现实的文化软实力和绍兴大城市建设的恒久推动力，进行了多方面的思考，采取了一系列比较重大的举措。其中之一就是绍兴市社科联与绍兴文理学院越文化研究院（浙江省越文化传承与创新研究中心）通力合作，面向国内外学术界组织编撰一套既能集中反映绍兴历史文化遗产，代表这一领域最新学术进展，又较好适应当前时代需要的"绍兴历史文化精品丛书"。

这项工作在中共绍兴市委宣传部的关心、指导下，在绍兴市社科联多位领导的精心谋划、组织下展开，得到浙江省社会科学院副院长陈野研究员、上海交通大学博士生导师朱丽霞教授、安徽大学吴从祥教授、聊城大学罗衍军教授、浙江师范大学吴民祥教授、浙江工商大学聂付生教授、绍兴市鉴湖研究会会长邱志荣研究员等多位专家学者的响应和大力支持。各位专家学者基于既往两千年学术史特别是近八十多年现代学科意义上的研究史，基于践行社会主义核心价值观和文化自信建设的需要，从不同方面对绍兴历史文化进行了比较系统深入的清理，及时完成了这套丛书。

这套丛书不仅是对深厚的绍兴历史文化的一次全新解读和总结，对传承、发展好这份中华民族和全人类的精神财富也有一定价值。

唐人元稹曾作诗赞美："会稽天下本无俦，任取苏杭作辈流。"我们还期待，对绍兴历史文化的新的解读和总结，对传承、发展中国其他地域文化也有借鉴意义。在满足中国特色社会主义新时代人民群众的精神生活需要方面，地方文化是最近便、适切的精神食粮。

潘承玉

摘　　要

绍兴作为中国史学重镇之一，在中国史学发展史中居于重要地位。从中国第一部严格意义上的地方志著作《越绝书》和第一部结构严谨的史料学著作《吴越春秋》开始。地方志书、通史、断代史、史学理论、史料考订、史学论文等各类历史撰述大放异彩。在明清时期，以绍兴籍史学家黄宗羲为领军、章学诚为殿军的浙东史学派占据了中国史学的主导地位。在民国时期，著名绍兴籍思想家鲁迅、范文澜、蔡元培的历史观、史学思想在启迪国民精神、推动学术发展等方面发挥了重要作用。本书系统研究了绍兴史学的内容、发展历程、影响，其内容包括以下几个方面。

绪论，对绍兴史学研究进行学术回顾，阐述本书的研究路径和研究重心。

第一章，介绍与分析绍兴地区最早的两部史学著作《越绝书》《吴越春秋》的内容、特点、历史观等，阐述其历史地位与影响。

第二章，考察三国两晋以来的绍兴地方志书情况，对其编纂者、内容版本等进行分析，以透视绍兴地方志书演变之轨迹。

第三章，全面考察以王阳明、张岱、黄宗羲、章学诚、李慈铭等为代表的明清浙东学派的史学思想及其影响，尤其探究以黄宗羲为领军、章学诚为殿军的浙东经世史学产生与发展的深层原因及其历史评价、社会影响，进一步探求明清史学演变的复杂脉络及深层缘由。

第四章，考察鲁迅的古史辑录和编纂工作和历史变迁观念，探求鲁迅历史观发展变迁的多重影响因素；以范文澜为个案，阐述绍兴籍现代马克思主义史学家的学术撰述活动，分析范文澜《中国近代史》《中国通史简编》等著作的主要内容、观点及其史学观念嬗变的缘由；以民国著名教育家、思想家蔡元培为研究对象，阐述其史学编纂与史料整理工作，分析其历史学与其他学科融合的理念，重视其将历史变迁置于具体时空场域的史学观念。本书认为，这三位绍兴籍名家的史学思想尽管侧重点各有不同，但均在民国史学界占有重要地位，并均具有重要的历史价值和现实意义。

在结语部分，本书从绍兴史学演进呈现多元并存局面、多方合作与史学交流在绍兴史学发展中的重要性、乡土意识与全国性观照的凸显、绍兴史学的灵魂在于经世致用四个方面进行阐述。

绍兴史学的演进经历了一个由简入繁、由点到面逐步深入的过程，将地域性与全国性紧密结合，注重群体合作与学术交流，讲求经世致用。在中国史学的演进过程中，绍兴史学发挥了至关重要的作用，足以矜式百世。

目　　录

绪　论

绍兴地处长江三角洲南翼，浙江省中北部，西接杭州，东临宁波，北濒杭州湾，历史悠久，“襟带江海，山川郁纡”，①“西环浉江，北带沧海，五帝遗风，王霸之迹，于是乎存”，②以“东南望邑”著称于世，素来享有“山清水秀之乡、历史文物之邦、名人荟萃之地”的盛誉。绍兴历来为史学兴盛之地，自中国地方志的鼻祖《越绝书》和第一部结构严密的史料学著作东汉赵晔的《吴越春秋》始，通史、断代史、史学理论、史学考订、地方志书、地方史、史学日记等各类历史撰述大放异彩。以绍兴籍史学家黄宗羲为领军、章学诚为殿军的浙东史学，在清代史学发展中占据主导地位；绍兴籍思想家鲁迅以深邃的目光透视中国历史的变迁历程，其历史观给人们留下了深刻的历史启迪；绍兴籍史学家范文澜，则以《中国通史简编》《中国近代史》等著作成为中国马克思主义史学的奠基者之一、中国马克思主义史学第一史官。因之，绍兴史学在中国史学发展进程中的重要性不言而喻。全面深入探求地方史学的形成、发展、流变、影响的史学论著，在史学界尚不多见，系统研究绍兴史学的内容、发展历程、影响，将在完善地方史学史研究，探求地方学术发展与社会思潮演进、国家学术发展等方面具有一定的学术价值。

---

① （明）赵锦：《绍兴府志叙》，见（明）萧良干等修，张元忭等撰《中国方志丛书·（浙江省）（万历）绍兴府志（一）》，成文出版社 1983 年版，第 2 页。

② （清）李亨特：《重修绍兴府志序》，见（清）李亨特总裁，平恕等修《（乾隆）绍兴府志》，成文出版社 1975 年版，第 1 页。

一　学术史回顾

对于绍兴史家及其史学论著的研究，学术界取得了一定的进展，提出了一些颇有新意的学术观点，主要可以分为以下几个方面。

其一，对两部早期绍兴史学著作《越绝书》《吴越春秋》的研究。在中国当代学者中，陈桥驿较早地对《越绝书》的作者进行了较为详细的考证。[①] 黄苇《关于〈越绝书〉》一文对《越绝书》卷数、书名、作者和成书年代、内容等进行了描述。[②] 王志邦《〈越绝书〉再认识》亦对《越绝书》的作者、成书年代、体例进行了探讨。[③] 李步嘉《〈越绝书〉研究》一书是一部系统研究《越绝书》的学术著作，该书从《越绝书》的书名、内容组成、逸文、版本、成书时代及作者等方面进行了考察。[④] 余嘉锡在《四库提要辨证》中，对《吴越春秋》的作者进行了分析，得出了较为清晰的结论。[⑤] 梁宗华的《论〈吴越春秋〉的作者和成书年代》一文对《吴越春秋》的作者和成书年代进行了一定探讨。[⑥] 丰坤武、张元岭的《〈吴越春秋〉研究》一书从文学、文化、作者考辨等角度对《吴越春秋》进行研究。[⑦] 林小云的《〈吴越春秋〉研究》，从作者、卷帙、思想内涵、叙事艺术、文学特征、历史地位等方面对《吴越春秋》进行了较全面的分析。[⑧] 夏菽将《越绝书》与《吴越春秋》的恩仇叙事进行了比较研究。[⑨] 李好对包括《越绝书》《吴越春秋》在内的吴越争霸叙事文本进行了全

---

① 陈桥驿：《关于〈越绝书〉及其作者》，《杭州大学学报》1979 年第 4 期。

② 黄苇：《关于〈越绝书〉》，《复旦学报》（社会科学版）1983 年第 4 期。

③ 王志邦：《〈越绝书〉再认识》，《中国地方志》2005 年第 12 期。

④ 李步嘉：《〈越绝书〉研究》，上海古籍出版社 2003 年版。

⑤ 余嘉锡：《四库提要辨证》，见（东汉）赵晔原著，张觉译注《吴越春秋全译》，贵州人民出版社 1993 年版，第 350—351 页。

⑥ 梁宗华：《论〈吴越春秋〉的作者和成书年代》，《苏州大学学报》（哲学社会科学版）1999 年第 3 期。

⑦ 丰坤武、张元岭：《〈吴越春秋〉研究》，天津人民出版社 1998 年版。

⑧ 林小云：《〈吴越春秋〉研究》，博士学位论文，福建师范大学，2006 年。

⑨ 夏菽：《〈越绝书〉〈吴越春秋〉恩仇叙事比较研究》，硕士学位论文，西南大学，2016 年。

面的比较研究。[①] 王敬坡从性质、体例、思想倾向、人物形象、叙事方式与叙事成就等方面进行了阐述。[②] 可见，学术界对《越绝书》《吴越春秋》的研究已取得重要进展，厘清了不少重要问题。但在一些方面仍有待进一步加强，如对《越绝书》一书作者的论证还有待进一步分析，论者多从文学角度出发进行考察，较少从《越绝书》《吴越春秋》与当时吴越区域的社会、经济、文化等方面的关联进行阐述，至于对两书所反映的历史观的研究，则更为少见。

其二，对三国两晋以来的绍兴地方志书的研究。鲁迅辑有四卷本《鲁迅辑录古籍丛编》，[③] 其中第三卷即包括谢承《后汉书》、谢沈《后汉书》及《会稽郡故事杂辑》（包括《谢承会稽先贤传》《虞预会稽典录》《钟离岫会稽后贤传记》《贺氏会稽先贤像赞》《朱育会稽土地记》《贺循会稽记》《孔灵符会稽记》《夏侯曾先会稽地志》），对六朝时期的绍兴籍史家谢承、谢沈分别撰著的《后汉书》及其他八位绍兴史学编纂者所撰的绍兴地方志书进行了整理和校订。解远文的《谢承〈后汉书〉的辑补与研究》，对谢承《后汉书》的成书、流传、辑佚及价值进行了考察。[④] 石祥的《〈会稽郡故书褋集〉诸稿本的文献学研究》对鲁迅所辑会稽郡故事诸稿本的形成、发展及鲁迅辑本文献考证的价值进行了考察。[⑤] 朱仲玉的《汉晋时代绍兴的十位史学家》一文，对袁康、吴平、赵晔、谢承、贺循、杨方、谢沈、虞预、范晔、谢灵运十位史学家的生平、作品等进行了介绍。[⑥] 渠晓云在《中古会稽士族的学术著述及贡献》一文中，对六朝时期会稽士族的史学著述进行了介绍。[⑦] 陈桥驿的《绍兴地方文献考录》一书，从方志、

① 李好：《吴越争霸叙事文本研究》，硕士学位论文，华中师范大学，2010 年。

② 王敬坡：《〈越绝书〉〈吴越春秋〉比较研究》，硕士学位论文，江西师范大学，2010 年。

③ 鲁迅编：《鲁迅辑录古籍丛编》（第 1—4 卷），人民文学出版社 1999 年版。

④ 解远文：《谢承〈后汉书〉的辑补与研究》，硕士学位论文，河南大学，2015 年。

⑤ 石祥：《〈会稽郡故书褋集〉诸稿本的文献学研究》，《鲁迅研究月刊》2015 年第 1 期。

⑥ 朱仲玉：《汉晋时代绍兴的十位史学家》，《绍兴师专学报》（社会科学版）1983 年第 2 期。

⑦ 渠晓云：《中古会稽士族的学术著述及贡献》，《绍兴文理学院学报》2017 年第 4 期。

名胜、古迹、游记、水利等各方面对历代绍兴地方文献进行了搜集整理。[①]

其三，对王阳明、张岱史学思想的研究，对以黄宗羲、章学诚等为代表的浙东经史学派的考察。王勇对王阳明的社会历史观及其影响进行了分析。[②] 李孔胜考察了王阳明的“阳明心学”对中晚期明史学发展的推动作用。[③] 对明末清初著名文学家、史学家张岱的研究取得了一定进展。胡益民的《张岱研究》一书对张岱的学术思想进行了梳理与阐述，对张岱的生平、家世及社会关系等也进行了考察。[④] 美国学者史景迁所著《前朝梦忆：张岱的浮华与苍凉》一书对张岱的人生轨迹进行了全面的梳理。[⑤] 李新达对张岱所撰《石匮书》进行了介绍。[⑥] 陈仰光对张岱的史学撰述及其价值进行了介绍与分析。[⑦] 张宪光《易代之际的张岱》对明清鼎革之际张岱的活动轨迹进行了考察。[⑧] 黄宗羲作为明末清初的著名思想家、史学家、经学家、教育家，是浙东史学的开创者和领军人物，对他的研究无疑是中国学术史研究的重要组成部分，学术界对其生平和撰述多有论述。顾家宁的《士魂以经世：黄宗羲与传统士人精神的再造》从黄宗羲的生平时代入手，通过解读研究黄氏的心学主张，进而考察其思想对文学和经世之道所产生的作用。[⑨] 李洁非的《天崩地解：黄宗羲传》一书以黄氏一生史迹为对象，描述翔实。[⑩] 吴光的《论黄宗羲与清代浙东经史学派的学术成就与学派特色》一文，重在阐述黄宗羲与清代浙东经史学派的学

---

① 陈桥驿：《绍兴地方文献考录》，浙江人民出版社 1983 年版。

② 王勇：《试论王阳明的社会历史观》，《湖北大学学报》（哲学社会科学版）1998 年第 4 期。

③ 李孔胜：《阳明心学与中晚明史学的新变化》，《学习与探索》2014 年第 2 期。

④ 胡益民：《张岱研究》，安徽教育出版社 2004 年版。

⑤ ［美］史景迁：《前朝梦忆：张岱的浮华与苍凉》，温洽溢译，广西师范大学出版社 2010 年版。

⑥ 李新达：《张岱与〈石匮书〉》，《河北大学学报》1984 年第 2 期。

⑦ 陈仰光：《张岱及其史学》，《浙江学刊》1992 年第 6 期。

⑧ 张宪光：《易代之际的张岱》，《书城》2017 年第 10 期。

⑨ 顾家宁：《士魂以经世：黄宗羲与传统士人精神的再造》，人民日报出版社 2018 年版。

⑩ 李洁非：《天崩地解：黄宗羲传》，作家出版社 2014 年版。

术成就、学派特色及时代影响、历史地位，认为浙东经史学派的特色是明经通史、经世致用和综会诸家。[①] 张岂之《论黄宗羲的〈明夷待访录〉》一文，对黄宗羲《明夷待访录》的内容和历史价值进行了阐述。[②] 陈永政（Elton Chan）从儒学民主治理理论的视角，考察了黄宗羲著作中的共和因素。[③] 司徒琳（Lynn A. Struve）对黄宗羲的主要著作进行了介绍与评论，认为应该将黄氏置于具体的历史和空间坐标中进行考察。[④] 对浙东史学的殿军、清代史学理论与方志学理论的集大成者章学诚，学者也进行了一定的研究。刘巍的《章学诚"六经皆史"说的本源与意蕴》认为，章学诚"六经皆史"说的重要意图就在于为清政府的皇权政治服务，其见解典型地反映了那个时代的思潮。[⑤] 杨念群的《章学诚的"经世"观与清初"大一统"意识形态的建构》一文，则从清朝政府统治合法性确立的角度阐释章学诚的"经世"观，认为其"经世"内涵已与刘宗周、黄宗羲等明末清初思想家的"经世"思想迥然有异。[⑥] 余英时则通过对戴震与章学诚的比较研究，探究清代中期学术思想史的流变与特征。[⑦] 清代后期绍兴籍文史大家李慈铭的生平与学术，受到学术界的一定关注。董丛林描述了李慈铭人生际遇的多个面相，并对其影响因素进行了探究。[⑧] 卢敦基则较为全面地介绍了李慈铭的生平事迹、学术观点与学术成就、诗学理论与诗作、古文批评与创作、家居时期的日常文学生活等方面，

---

① 吴光：《论黄宗羲与清代浙东经史学派的学术成就与学派特色》，《北大中国文化研究》2013 年，总第 3 辑。

② 张岂之：《论黄宗羲的〈明夷待访录〉》，《人文杂志》1980 年第 2 期。

③ Elton Chan，"Huang Zongxi as a Republican：A Theory of Governance for Confucian Democracy"，*Dao*，(17)，2018.

④ Lynn A. Struve，"Huang Zongxi in Context：A Reappraisal of His Major Writings"，*The Journal of Asian Studies*，(47)，1988.

⑤ 刘巍：《章学诚"六经皆史"说的本源与意蕴》，《历史研究》2007 年第 4 期。

⑥ 杨念群：《章学诚的"经世"观与清初"大一统"意识形态的建构》，《社会学研究》2008 年第 5 期。

⑦ 余英时：《论戴震与章学诚：清代中期学术思想史研究》，生活·读书·新知三联书店 2000 年版。

⑧ 董丛林：《论晚清名士李慈铭》，《近代史研究》1996 年第 5 期。

为我们展现了李慈铭一生的清晰图景。[①] 孙善根从总体上探讨了清代浙东史学的学术贡献和对社会历史的影响。[②] 葛兆光条分缕析，从更宏大的视野考察了明清之间史学思考的演变过程及内在缘由。[③] 可见，学者已对明清时期绍兴史学的演变历程、特征及历史地位等进行了相当程度的阐述，但在阐述明清时期绍兴史学家的历史观及探究史学思潮与时代经济、政治、文化等的内在联系方面，学术界的研究还有待加强。

其四，对民国时期的绍兴籍启蒙思想家鲁迅、马克思主义史学家范文澜、教育家和社会活动家蔡元培的研究。三位绍兴籍史学家观照重心各有侧重，在中国现代学术史上各展异彩，具有重要地位。顾农描述了鲁迅辑录、整理会稽文献的概况及贡献。[④] 郭春林考察了在20世纪20年代末到30年代初这个“大时代”，鲁迅启蒙与革命意识的互动与演进，以此探究鲁迅历史意识发展的表现及其特征。[⑤] 李文儒以鲁迅的历史——文化整体观为研究对象，探究其内容和变迁轨迹，透视其变动的内在缘由。[⑥] 劳伦斯（Lawrence W. Chisolm）深入考察了中国革命进程中的鲁迅思想变动，指出鲁迅的历史演进观与现代中国的剧烈变迁密切相关。[⑦] 范文澜作为马克思主义史学大家，对他的史学思想的研究成为中国史学史研究中的必要组成部分。李怀印在《在传统与革命之间——范文澜与近代中国马克思主义史学的起源》一文中，以范文澜为研究个案，对近代马克思主义史学追根溯源，认为范文澜对中国近代史的新解释，主要是作为共产主义者抗拒国民党史学中的“现代化叙事”

---

① 卢敦基：《李慈铭研究》，博士学位论文，浙江大学，2010年。

② 孙善根：《论清代浙东学派的历史地位》，《浙江学刊》1996年第2期。

③ 葛兆光：《明清之间中国史学思潮的变迁》，《北京大学学报》（哲学社会科学版）1985年第2期。

④ 顾农：《鲁迅与会稽文献》，《山东社会科学》2013年第6期。

⑤ 郭春林：《方生方死的“大时代”——试论鲁迅历史意识的发展》，《杭州师范大学学报》（社会科学版）2011年第5期。

⑥ 李文儒：《鲁迅：历史——文化整体观》，《鲁迅研究月刊》1995年第8期。

⑦ Lawrence W. Chisolm, “Lu Hsun and Revolution in Modern China”, *Yale French Studies*, (39), 1967.

的产物。[1] 林国华多方面考察了范文澜与中国马克思主义史学的关系，阐述了范文澜在中国史学发展中的历史地位。[2] 作为晚清民国时期著名的教育家、思想家、社会活动家，蔡元培虽非专门的历史研究者，但其对史学教育、史料整理与考订等有着自己的看法，对民国时期史学的发展具有相当的指导意义。潘光哲探讨了“中央研究院”创院院长蔡元培与历史语言研究所（史语所）及其成员之间的互动关系。指出就史语所的成长、发展过程而言，蔡元培提供了相当的帮助，扮演扶持奖掖者的角色。同时，在史语所向更美好的前景迈进的历程中，蔡元培始终尊重史语所的学术自主空间，为营构理想的学术建制打下了基础。[3] 刘俐娜从史学功能、史料整理与利用等方面对蔡元培的史学思想进行了概括与分析。[4]

当代涉及绍兴史学的总体性论著，则有李永鑫主编的《绍兴通史》，金普森的《浙江通史》，沈善洪、费君清的《浙江文化史（上、下册）》，佘德余的《浙江文化简史》，傅振照的《绍兴思想史》，钱茂伟《浙东学术史话》等。这些史学论著对绍兴史学的形成、发展、影响等都进行了一定的探讨，但对绍兴史学的内容的全面阐述、对其流变和影响的系统探析尚有欠缺。鉴于此，本书系统考察绍兴史学的构成、演变过程、特征及影响，以期为中国史学史、地方史学思潮研究提供一定的借鉴。

二 研究路径与研究重心

本书将绍兴史学的形成、发展、演变和影响放在国家和社会变迁的宏大背景下进行考察，注意地方史学思潮与其他史学流派、时代变动的内在关系。本书研究路径如下：其一，本书深入阅读分析原始地方志和史学文献，并与现有相关学术研究论著相结合，打通地域学术

---

① ［美］李怀印：《在传统与革命之间——范文澜与近代中国马克思主义史学的起源》，罗嗣亮、临川译，《现代哲学》2012 年第 6 期。

② 林国华：《范文澜与中国马克思主义史学》，博士学位论文，山东大学，2007 年。

③ 潘光哲：《开创学术的自主空间：蔡元培与史语所》，《关东学刊》2019 年第 5 期。

④ 刘俐娜：《蔡元培的史学思想》，《史学史研究》1993 年第 2 期。

史与全国性学术史的分野，从整体视野考察地方学术流变，同时在全盘观照的视角下重视区域史学发展的特色。其二，深入探究绍兴史学的发展与绍兴文化、社会、地理的密切关联，认为史学的乡土意识与全国性观照的密切结合乃是绍兴史学演变发展的重要特色。其三，从多元视角透视绍兴史学的发展演变，阐明绍兴史学的发展是一种多元并存的局面，地方志、杂史、区域史、断代史、通史等多种形式的史学论著呈现出百花齐放的状态。其四，将学术脉络的梳理与国家、时代的变革相结合，是本书研究的重要着力点，经世致用、讲求实学，服务时政是绍兴史学的灵魂所在，从关注国家命运的宋学到讲求经世致用、六经皆史的清代浙东史学，再到以范文澜等为代表的为现实革命目标服务的马克思主义史学，绍兴史学家在其中均起到至关重要的作用。本书致力于考察绍兴史学精神的内涵及其对当代史学的影响，无疑具有一定的历史和现实意义。

本书系统梳理了绍兴史学发展演变的缘由、过程及影响，全面展示了区域社会学术发展的特色，无疑对推动区域社会学术思想的研究具有一定借鉴作用，同时亦是本书的研究中心所在。同时，本书深入探究绍兴史学发展与中国史学流变的互动关系，绍兴史学的发展既受到宏观史学思潮的深刻影响，又对中国史学的发展施加了独特的作用，阐析区域史学与整体史学的内在关联，正是本书的观照点所在。同时，也应认识到，绍兴历代史学家群星璀璨，史学论著卷帙浩繁，探求绍兴不同史家、史学论著的异同，剖析学承渊源、社会环境、时代变迁对史家撰述的影响，探求区域学术观念发展的统一性与多样性，需要付出相当的努力。

三　本书大致框架结构

本书主要从以下几个方面展开阐述。

其一，介绍与分析绍兴地区最早的两部史学著作《越绝书》《吴越春秋》的内容、特点、历史观等。

其二，考察三国两晋以来的绍兴地方志书，对其编纂者、内容版本等进行阐述，以考察绍兴地方志书演变之轨迹。

其三，全面考察以王阳明、张岱、黄宗羲、章学诚、李慈铭等为代表的明清浙东学派的史学思想及其影响，尤其探究以黄宗羲为领军、章学诚为殿军的浙东经世史学产生发展的深层原因及其历史评价、社会影响，探求明清史学演变的复杂脉络及深层缘由。

其四，考察鲁迅的古史辑录和编纂工作与历史变迁观念，探求鲁迅历史观发展变迁的多重影响因素；以范文澜为中心，阐述绍兴籍现代马克思主义史学家的学术撰述活动，分析范文澜《中国近代史》《中国通史简编》等的主要内容、观点及其史学观念发展的影响因素；以著名教育家、思想家蔡元培为研究对象，阐述其史学编纂与史料整理工作，分析其历史学与其他学科融合的理念，重视其将历史变迁置于具体时空场域的史学观念。本书认为，此三位绍兴籍名家的史学思想尽管侧重点有所不同，但均在民国史学界占有重要地位，并均具有重要的历史价值和现实意义。

在结语部分，本书从绍兴史学演进呈现多元并存局面、多方合作与史学交流在绍兴史学发展中的重要性、乡土意识与全国性观照的凸显、绍兴史学的灵魂在于经世致用四个方面进行了阐述。

第一章 《越绝书》与《吴越春秋》

——绍兴地区最早的两部史学著作

《越绝书》是中国地方志的鼻祖，《吴越春秋》是中国第一部结构严密的史料学著作，二书开创了具有严格意义上的绍兴史学撰述的先河，研究此二书的内容、特征、历史地位及影响，显然具有至关重要的学术价值和现实意义。

第一节 《越绝书》述评

今本《越绝书》共 15 卷 19 篇，是记载春秋战国时期东南地区吴、越历史的早期重要典籍，是研究古代浙江历史的不可或缺的历史资料。《四库全书》将其编入史部载记类，属于方域史，历来公私书目也往往将其编入杂史、稗史类，故《越绝书》的首要价值体现在史学上。下文即就《越绝书》的成书时间、作者、内容、人物形象、历史观诸方面作一简要阐述。

一 关于《越绝书》的成书时间和作者

《越绝书》的作者究竟为谁，历来众说纷纭，难以形成共识。

（一）子贡作。在正史经籍、艺文志中，最早辑录《越绝书》的为《隋书·经籍志》，而新、旧《唐书》亦均有著录。在此三志中，

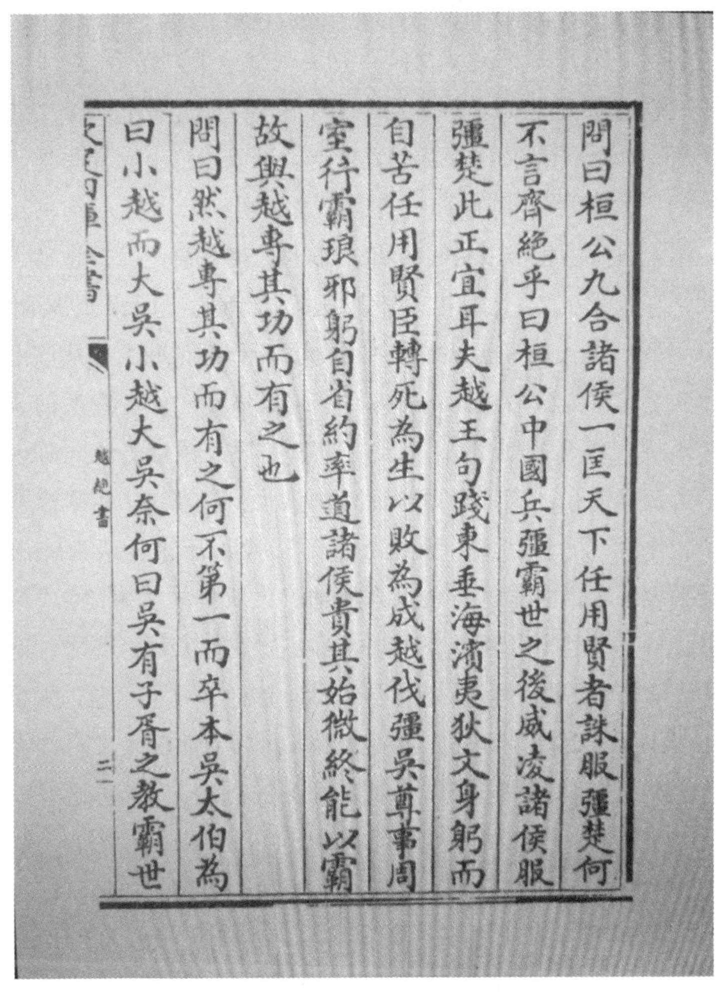

問曰桓公九合諸侯一匡天下任用賢者誅服彊楚何不言齊絶乎曰桓公中國兵彊霸世之後威凌諸侯服彊楚此正宜耳夫越王句踐東垂海濱夷狄文身躬而自苦任用賢臣轉死為生以敗為成越伐彊吳尊事周室行霸琅邪躬自省約率道諸侯貴其始微終能以霸故與越專其功而有之也

問曰然越專其功而有之何不第一而卒本吳太伯為曰小越而大吳小越大吳柰何曰吳有子胥之教霸世

欽定四庫全書 越絶書 二

《越绝书》钦定四库全书本

此书撰者被标注为子贡。《隋书》卷三三《经籍志》云：“《越绝记》十六卷，子贡撰。”[①]《旧唐书》卷四六《经籍志上》载：“《越绝书》十六卷，子贡撰。”[②]《新唐书》卷五八《艺文志二》：“子贡《越绝书》十六卷。”[③] 至《宋史》卷二〇四《艺文志三》则云：“《越绝

① （唐）魏征等：《隋书》卷三三《经籍志》。

② （后晋）刘昫等：《旧唐书》卷四六《经籍志上》。

③ （北宋）欧阳修、宋祁等：《新唐书》卷五八《艺文志二》。

书》十五卷，或云子贡所作。”①

（二）伍子胥作。《崇文总目》有关《越绝书》条目云：“《越绝书》十五卷，子贡撰或曰子胥。旧有内纪八，外传十七，今文题阙舛载二十篇，又载《春申君》疑后人窜定，世或传二十篇者非是。”②

（三）无名氏作。陈振孙《直斋书录解题》云：“《越绝书》十六卷，无撰人名氏，相传以为子贡者，非也。其书杂记吴、越事，下及秦、汉，直至建武二十八年，盖战国后人所为，而汉人又附益之耳。”③ 可见，陈氏明确否认了该书为子贡所作的论断，并从该书本身的描述入手，认为该书系战国后人，但未具体确定作者究系何人，故提出“无撰人名氏”。此后，明人胡应麟和清人钱培名认同陈说。近现代学者余嘉锡在《四库提要辨证》中认为：“自来以《越绝》为子贡或子胥作者，固非其实，而如《提要》及许氏说，认为纯出于袁康、吴平之手者，亦非也。余以为战国时人所作之《越绝》，原系兵家之书，特其姓名不可考，于《汉志》不知属何家耳，要之，此书非一时一人所作。《书录题解》卷五云：‘《越绝书》十六卷，无撰人名氏，相传以为子贡者，非也。盖战国后人所为，而汉人又附益之耳。’斯言得之矣。”④ 陈桥驿亦基本认同陈振孙的看法，“《越绝书》的渊源远比《吴地传》所说的‘建武二十八年’古老，而袁康（假使确有其人）和吴平的工作，无非是把一部战国人的著作，加以记录增删而已”。⑤ 梁启超在《中国历史研究法》一书中，谈及鉴别伪书时则认为该书非但非子贡所作，且并非汉时所著，“其书题某人撰，而书中所载事迹在本人后者，则其书或全伪或一部分伪。例如《越绝书》，《隋志》始著录，题子贡撰；然其书既未见《汉志》，且书中叙及汉以后建置沿革；故知其书不惟非子贡撰，且并非汉时所有也”，⑥《越

---

① （元）脱脱等：《宋史》卷二〇四《艺文志三》。

② （北宋）王尧臣、王洙、欧阳修等：《崇文总目》。

③ （南宋）陈振孙：《直斋书录解题》，上海古籍出版社1987年版，第142页。

④ 余嘉锡：《四库提要辨证》，湖南教育出版社2009年版，第381页。

⑤ 陈桥驿：《点校本〈越绝书〉序》，载（东汉）袁康、吴平辑录《越绝书》，乐祖谟点校，上海古籍出版社1985年版，序第8页。

⑥ 梁启超：《中国历史研究法》，中国华侨出版社2013年版，第48—49页。

绝书》在《吴地传》部分谈及吴地地理沿革时延至东汉建武二十八年即公元52年，梁启超认为其“叙及汉以后建置沿革”不知即指这一点还是另有所指。

（四）袁康、吴平所作。最早讲到《越绝书》的作者和书名的文献是王充所著的《论衡》，王充（公元27—约97年）为东汉时人，他在《论衡》卷二十九《案书篇》中云：“东番邹伯奇，临淮袁太伯、袁文术，会稽吴君高、周长生之辈，位虽不至公卿，诚能知之囊橐，文雅之英雄也。观伯奇之《元思》，太伯之《易［章］句》，文术之《咸铭》，君高之《越纽录》，长生之《洞历》，刘子政、扬子云不能过也。”① 言及会稽人吴君高所著《越纽录》，其文雅超越刘子政、扬子云。至明朝正德嘉靖年间，杨慎在《升庵集》卷十《跋越绝》中云：

> 或问：“《越绝》不著作者姓名，何也?”余曰：“姓名具在书中，揽者第不深考耳，子不观其绝篇之言乎？曰‘以去为姓，得衣乃成；厥名有米，覆之以庚。禹来东征，死葬其乡；不直自斥，托类自明’；‘文属辞定，自与邦贤’；‘以口为姓，乘之以天；楚相屈原，与之同名’，此以隐语见其姓名也。去得衣，乃袁字也；米覆以庚，乃康字也；禹葬之乡，则会稽也。是乃会稽人袁康也。其曰‘不直自斥，托类自明’，厥旨昭然，欲后人知也。‘文属辞定，自与邦贤’，盖所共着，非袁一人也。以口承天，吴字也；屈原同名，平字也。与袁康共着此书者，乃吴平也。二人何时人也？余曰，东汉人也。”②

可见，杨慎从《越绝书》文末的隐语推断其作者为东汉时期的袁康、吴平，并根据王充所言，认为吴君高所著《越纽录》即为《越绝书》，“王充《论衡·案书篇》云：‘临淮袁太伯、袁文术，会稽吴君

① （东汉）王充：《论衡》，岳麓书社1991年版，第440—441页。

② （明）杨慎：《升庵集》，四库全书本。

高’，岂即其人乎？又曰：吴君高作《越纽录》，‘纽’即‘绝’之误。书以纽名。绝字曲迂不通，而千年之误无人证之；袁康、吴平之姓名著在卷末，无人知之，盖观书者鲁莽，阅未数简已欠伸思睡而束之高阁矣。余始发其隐，然即其书以证其人，以订其名，非臆说也，博古君子必印可而乐闻之乎”?[①] 在当时，杨慎的看法得到了不少学者的认同。如胡侍《珍珠船》卷三、田艺衡《留青日札》卷十七均表达了与杨氏相同的看法。明嘉靖二十六年陈垲在此书刊本卷末亦云“千载隐语，得升庵而后白……盖袁康草创，而润色之以吴平也”。[②] 清人王谟、卢文弨、徐时栋等人亦认同杨说。清代官修书目《四库全书总目提要》完全认定杨说“此书为会稽袁康所作，同郡吴平所定也”。[③] 对于杨说，明清学者即有不同意见，如明人田汝成认为《越绝书》“殆多后人附益无疑也”，清人李慈铭从隐语出发，认为袁康、吴平为作者有悖六书之旨。陈桥驿认为“有关《越绝书》及其作者的问题，并不因为从隐语中发现了袁康、吴平二人就可以完全解决。它实际上比《四库提要》还要复杂得多。作为官修的《四库提要》，竟置早已存在的论争于不顾而独崇隐语，就未免失之于轻率”。[④]

揆诸以上有关《越绝书》作者的四种看法，其出处均来源于《越绝记》自身记载，因此均有其一定的合理性，但又均不完全正确。要弄清该书的作者，还需仔细爬梳文中所载内容，其《外传本事》云：“绝者，绝也。谓勾践时也。当是之时，齐将伐鲁，孔子耻之，故子贡说齐以安鲁，子贡一出，乱齐、破吴、兴晋、疆越。其后贤者辩士，见夫子作《春秋》而略吴越，又见子贡与圣人相去不远，唇之于齿，表之于里。盖要其意，览史记而述其事也”；又云：“问曰：‘《越绝》谁所作?’‘吴越贤者所作也，见夫子删《书》作《春秋》、定王制，贤者嗟叹，决意览史记，成就其事。’问曰：‘作事欲以自著，今

① （明）杨慎：《升庵集》，四库全书本。

② 见（东汉）袁康、吴平辑录《越绝书·附录》，乐祖谟点校，上海古籍出版社1985年版，第116页。

③ 《四库全书总目提要》卷六六《史部·载记类》。

④ 陈桥驿：《关于〈越绝书〉及其作者》，《杭州大学学报》1979年第4期。

但言贤者，不言姓字，何?’曰：‘是人有大雅之才，直道一国之事，不见姓名，小之辞也。或以为子贡所作，当挟四方，不当独在吴越。其在吴越，亦有因也。此时子贡为鲁使，或至齐，或至吴。其后道事以吴越为喻，国人承述，故直在吴越也……《越绝》，小艺之文，固不能布于四方，焉有诵述先圣贤者，所作未足自称，载列姓名，直斥以身者也？一说盖是子胥所作也。夫人情，泰而不作；穷则怨恨，怨恨则作，犹诗人失职怨恨，忧嗟作诗也。子胥怀忠，不忍君沉惑于谗、社稷之倾。绝命危邦，不顾长生，切切争谏，终不见听。忧至患致，怨恨作文。不侵不差，抽印本末；明己无过，终不遗力。诚能极智，不足以身当之；嫌于求誉，是以不著姓名，直斥以身者也。后人述而说之，乃稍成中外篇焉。’”[①] 可知，由《越绝书》本身的记载而言，主要阐明《越绝书》中记载了子贡的部分言行，并非认为子贡为全书的作者，该书的编纂乃是其后的“贤者辩士”“盖要其意，览史记而述其事”的结果，而编纂者并未直署名字；同时，由文中所载即可知，伍子胥也并非全书的作者，而是其言行被部分辑录进该书，由“后人述而说之”，从该书的《荆平王内传》《吴内传》《请籴内传》《外传记军气》等篇章中可看到对伍子胥见识、谋略、军事才能等方面的记述，但同时该书亦有大量对吴王夫差、越王勾践、太宰嚭、范蠡、文种、计倪等人言行的描述，亦有对春申君、秦始皇、汉光武帝等伍子胥去世后的人物的记载，在《越绝德序外传记第十八》中更直接描述了伍子胥自杀之事，显见《越绝书》只是用部分篇幅辑录了伍子胥的言行，其全书的作者显然并非伍子胥。在《越绝书》的文末，再次载明说，“赐见《春秋》改文尚质，讥二名，兴素王，亦发愤记吴越，章句其篇，以喻后贤。赐之说也，鲁安，吴败，晋强，越霸，世春秋二百余年，垂象后王。赐传吴、越，□指于秦。圣人发一隅，辩士宣其辞；圣文绝于彼，辩士绝于此。故题此文，谓之《越绝》”。[②] “维子胥之述吴

---

① （东汉）袁康、吴平辑录：《越绝书》，乐祖谟点校，上海古籍出版社1985年版，第1—3页。

② 同上书，第105页。

越也，因事类，以晓后世。著善为诫，讥恶为诫。勾践以来，至乎更始之元，五百余年，吴越相复见于今。百岁一贤，犹为比肩；记陈厥说，略有其人……明于古今，德配颜渊；时莫能与，伏窜自容；年加申酉，怀道而终。友臣不施，犹夫子得麟；览睹厥意，嗟叹其文。於乎哀哉……以口为姓，万事道也；丞之以天，德高明也；屈原同名，意相应也。百岁一贤，贤复生也。明于古今，知识宏也；德比颜渊，不可量也。时莫能用，籥口键精，深自诫也。犹子得麟，丘道穷也。姓有去，不能容也；得衣乃成，贤人衣之能章也；名有米，八政宝也；覆以庚，兵绝之也。於乎哀哉！莫肯与也。"[①]《后汉书志》载云"诸暨，《越绝》曰兴平二年，分立吴宁县"。[②]这些引文一方面再次证明《越绝书》全书的作者既非子贡，亦非伍子胥。另一方面其文末隐语阐明《越绝书》乃是几百年间多人努力的结晶，主要整理、辑录工作由东汉初期的袁康、吴平完成，但此二人亦非最后辑录者，引文文末明确记载吴平怀才不遇而死、袁康则死于兵燹战乱，因此文稿的最后完成时间应在二人去世之后，《后汉书》中所载《越绝书》逸文的"兴平二年"即公元195年，故《越绝书》最后完稿时间应不早于公元195年。那么，《越绝书》是否即为王充在《论衡》中所提到的《越纽录》、吴君高即为吴平呢？杨慎在《升庵集》中对此下了断语，但这只是杨慎的推测，并没有明显的史料支持这一点，同时《越绝书·外传本篇》中有云："何不言《越经书记》而言《越绝》乎？"这实际上已经很明确地指出了此书书名就被称作《越绝书》，而对《越纽录》却只字未提，可见断言《越纽录》即为《越绝书》、吴君高即为吴平显然有牵强之处。

二 《越绝书》的主要内容

关于《越绝书》的内容，据张宗祥《越绝书校注序》载云："此书刻本，最早为宋嘉定庚辰东徐丁黼刻于夔州，次为嘉定壬申汪纲刻于绍

① （东汉）袁康、吴平辑录：《越绝书》，乐祖谟点校，上海古籍出版社1985年版，第109页。

② （晋）司马彪：《后汉书志》，（梁）刘昭注补，中华书局1965年版，第3489页。

兴，又次为元大德丙午绍兴路刊本。此二宋一元，今均不见著录。所见者均明刊本……此书分卷，有作十四卷者，有作十五卷者，有作十六卷者。然其篇数，均为十九。《崇文总目》所云‘内记八、外传十七’，今内经、内卷，存者六篇，亡其二篇；外传十三篇，亡其四篇。然第三卷《吴内传》一篇，止‘吴何以称人乎’、‘蔡昭公南朝楚’、‘越王勾践欲伐吴王阖闾’、‘吴人败于就李’、‘越王勾践反国六年’五则，与吴越事有关，顾所记亦庞杂无序，其他更皆泛记尧舜至周公古事，不独与《吴内传》不相涉，与本书亦不相涉。倘非他书错简，或者本为《越绝》原文，而篇名已佚，杂在其间，未可知也。”① 可见，现存《越绝书》的内容被分为内传篇和外传篇，其中外传 13 篇，内经、内传 6 篇，共 19 篇。内篇多为吴越谋士、道家、阴阳家的治国之术，外篇则采用问答形式，阐述该书的作者、地理沿革、吴越事迹演变等。从该书的行文来看，内篇文风深奥，晦涩难懂，外篇则通俗易懂。

第一卷的《越绝外传本事第一》为全书的序文，采用问答的方式说明该书的命名缘由、作者情况及分类体例。关于《越绝书》的命名，序文从四个方面展开阐述，即“何谓《越绝》”、“何不称《越经书记》”、“何不言《齐绝》”、越王勾践称霸“何不第一，而卒本吴太伯为”，从而指出《越绝书》记载的是越王勾践时代的史事，勾践在周王室衰微之时，抑强扶弱，成就霸主之业，其功绩冠绝时人，故被称为《越绝》。《越绝书》未署作者姓名，本篇对子贡、伍子胥所作二说进行分析，指出二人既与该书有一定联系，但子贡或伍子胥并非为全书的作者。同时在体例方面，指出《越绝书》在篇章体例上有经、传、内、外之分。同卷《越绝荆平王内传第二》主要描述了伍子胥复仇的故事。伍子胥原为楚国人，其父兄均无罪而被楚平王杀害，子胥为报父兄之仇，逃离楚国，历尽艰险来到吴国，受到吴王阖闾的重用。之后，伍子胥借助吴国之力，打败楚国，鞭笞楚平王之墓，实现了复仇的心愿。第二卷《越绝外传记吴地传第三》主要介绍了吴地

---

① 张宗祥：《越绝书校注序》，载（东汉）袁康、吴平辑录《越绝书》，乐祖谟点校，上海古籍出版社 1985 年版，第 121—122 页。

概况及吴国的历史演变，可称之为关于吴地的最古老的方志。本篇以阖闾所筑吴都（即吴大城）为中心，先近后远，向四周辐射，描述次序井然，并述及春秋战国以至秦汉时期吴都的归属变化。第三卷《越绝吴内传第四》，篇名吴内传，但其重心并不在记叙吴人、越人之事，文章以吴国帮助伍子胥复仇、伐楚成功开始，随之即转入范蠡关于“节事”的论述。“节事”即指善于节制事情，即一举一动都要顺应天道和地兆。顺应天道和地兆，就能得到民心，做事自然能够取得成功，作为人君尤应明了此理。文章用很大篇幅阐述了尧、舜、启、汤、文王、武王、周公、晋文、齐桓等先贤的事迹，借以阐发弱越因顺应天道地兆故能败吴复仇的道理。

第四卷《越绝计倪内经第五》所记为勾践谋臣计倪所献的治国之策，他认为积蓄固然离不开“省赋敛，劝农桑”，但更重要的还是能够顺应事物自身发展的规律，善于流通货物，开源资利。在文中，计倪基于农业丰歉情形，提出“六岁一穰，六岁一康，凡十二岁一饥”的丰歉循环论，指出明君能够“视民所不足，及其有余，为之命以利之”，紧紧抓住“利源流”这一根本，推行平粜之法，开设官市，保护农工商业的利益。勾践采纳了计倪之计，越国果然得以强大。第五卷《越绝请籴内传第六》由越国向吴国请籴一事写起，请籴之策乃越国大夫文种向越王勾践所献的谋略，文章重在描述越国向吴国请籴后，吴国君臣的分歧及伍子胥与太宰嚭的斗争。吴王夫差喜好虚名，在太宰嚭的阿谀怂恿下，答应了越国请籴的请求。由此，伍子胥与太宰嚭的矛盾愈益尖锐，太宰嚭为对付伍子胥，策划了伐齐之计，迫使伍子胥自杀，而吴国也因此衰败，不久便为越国所灭，吴国的败亡正反衬出了越国计谋的成功，故本篇即以“请籴内传”为题。

第六卷《越绝外传纪策考第七》，是关于吴越谋士及其策略的记叙和考订，重心在于介绍伍子胥、范蠡、文种的谋略与事迹，以阐明“君明道正”“君明臣良”的道理。在阐述伍子胥之事时，语多涉预言天象祸福，不成系统，不及文末描述范蠡、文种事迹时显得切实可信。第七卷《越绝外传记范伯第八》阐明了范蠡入越并获得勾践重用的经历，文章以吴国忠臣伍子胥被迫害致死，而越国君主勾践知错就改、任人唯贤，故范蠡能够得到勾践的重用，吴国因而败亡，越国因而强大，吴越两国国君在用人问题上的差异，正预示着两国兴衰存亡的必然结果，对于吴越两国君臣关系的描述，正出于作者扬越抑吴的用意。本卷的《越绝内传陈成恒第九》所记内容为子贡游说齐、吴、越、晋诸国的言辞，即“子贡一出，存鲁、乱齐、破吴、强晋、霸越”的具体内容，也载于司马迁的《史记·仲尼弟子列传》，内容基本相同。篇名被记作陈成恒，但陈成恒伐鲁只是一个引子，全篇重在记述吴越两国面对子贡的游说所采取的措施，吴王夫差“贪功名而不知利害”，虽对越国有所防备，但终因利欲熏心，而中了子贡的圈套。对于越王勾践，子贡则详细分析内外形势，设计复仇强国的途径。由此可见，子贡对吴越两国的态度是有所不同的，其目的在于弱吴而强越。子贡所为除了帮助鲁国免于危难，还兼有帮助有道国家的目的，正可谓“得道多助，失道寡助”。据本篇记载，子贡出国游说乃是孔子的主意，“孔子遣之”，孔子奉行“己所不欲，勿施于人”。破吴强越在作者看来，乃是当时历史的必然，由此可见作者明显的扬越抑吴意图。

第八卷《越绝外传记地传第十》所记为越地概况，上溯至越之先祖，至秦始皇统一六国，东游会稽并刻字立石、返程后去世而结束，侧重于记载越王勾践时期的情况。文章以勾践的活动为贯穿全文的主线，大致分为两部分，第一部分写勾践的日常起居及越国都城和近郊形势；第二部分则以吴越相争为中心，描述与战争有关的山川地理状况及其沿革。钱培名《越绝书札记》认为标题中脱了“越”字，应为《越绝外传记越地传第十》。第九卷《越绝外传计倪第十一》主要描述越国谋臣计倪的国君任人之策。在写法上，仍采用吴越对比的手法，以吴王夫差不能知人善任、杀害贤臣伍子胥终致败亡为衬托，彰显越王勾践的知错就改、重用贤才，终使越国强大称霸，阐明国君对待贤人应该“爱之如父母，仰之如日月，敬之如神明，畏之如雷霆”,[①] 借以证明计倪主张的正确性。第十卷《越绝外传记吴王占梦

① （东汉）袁康、吴平辑录：《越绝书》，乐祖谟点校，上海古籍出版社 1985 年版，第 71 页。

第十二》描述了吴国大臣太宰嚭和公孙圣为吴王占梦，正言直谏的公孙圣为不辨忠奸的君主夫差所害，而谄媚祸国的太宰嚭反被夫差重用，以致国败身亡，这正是作者对当时吴越国势易位所进行的历史总结。第十一卷《越绝外传记宝剑第十三》用夸张的手法描述了吴越两国所产名剑，介绍了干将、欧冶子等冶炼专家，集中反映了当时金属冶炼技术的发展水平，本篇亦是中国最早的冶炼志。

第十二卷《越绝内经九术第十四》介绍了越国谋臣文种的伐吴九术，《越绝书》重点阐述了其中三策，第一策为《请籴内传》中的“贵籴粟槁，以空其邦”，第二、三策则分别为本篇所述的“遗之巧匠，使起宫室高台，尽其财，疲其力”及“遗之好美，以为劳其志”，勾践采纳了文种的策略，果然灭吴强越。本卷的《越绝外传记军气第十五》首写伍子胥的“相气取敌”之法，次写“算于庙堂”之术，重在用兵月日数与太岁避忌。第十三卷《越绝外传枕中第十六》记载了范蠡的治国之道，题名“枕中”，意为越王勾践将范蠡的建议视为国宝，记录下来珍藏在枕匣里。本篇所记的中心为范蠡的储谷富民之策，范蠡认为要做到这点，君主必须熟谙“中和”之道，一方面体察“天之三表”，掌握万物演化的规律；另一方面君主必须身体力行，提倡简朴，杜绝奢侈。范蠡特别强调事物发展的预知之道，主张“执其中”，“天地之间，人最为贵”，其最后的隐退避凶，亦是其能够预知的佐证。第十四卷《越绝外传春申君第十七》记述了战国时期“四公子”之一的楚国国相春申君的事迹，重在其纳女献王之事。《越绝书》为春申君立传，应是越国后为楚国所灭，春申君受封于吴地的原因。本卷的《越绝德序外传记第十八》包括两个方面的内容，一是通过对文种、范蠡和伍子胥最后结局的描述，感慨吴越两国国君的暗德。对于吴王夫差，作者斥其“夫差狂惑，贼杀子胥”“离德信不用”，对于越王勾践，作者虽未明确直斥，但同样暗含贬责之意，“勾践至贤，种曷为诛？范蠡恐惧，逃于五湖，盖有说乎”？[①] 本篇文末所言则更揭示出这一点，“观乎《德叙》，

---

① （东汉）袁康、吴平辑录：《越绝书》，乐祖谟点校，上海古籍出版社1985年版，第101页。

能知忠直所死，狂懵通拙”。[①] 伍子胥、范蠡、文种三位吴越谋臣的结局正表明吴越春秋的辉煌时代逐渐成为历史，《越绝书》也到了结尾的阶段。本篇的第二部分是关于《越绝书》的编纂目的和全书主要篇章的内容揭示。宋人所撰《崇文总目》云《越绝书》有文二十五篇，今本所见仅十九篇，据本篇所载，则亡佚的六篇中有三篇可知其名，即《太伯》《吴越》《兵法》。

第十五卷《越绝篇叙外传记第十九》是序文《外传本事第一》内容的延伸，兼具跋的作用，与序文遥相呼应，主要说明原作者和后代整理编纂者的情况，笔者前文已有介绍，兹不赘述。中间部分在表述上与序文相同，采用问答方式，介绍全书主要篇目的次序和编纂意图，并对伍子胥、勾践和范蠡三人的言行进行评论，不仅具有总结色彩，而且体现了秦汉时期儒家解经讲传的特点。

三 《越绝书》的叙事方式与人物形象

（一）《越绝书》的叙事方式

内容包含一定的加工创造，具有虚构成分。《越绝书》加入了作者合理的想象或是当时的传说而成，从而使文章的内容更加充实，人物形象更加丰满，故事情节更加生动，但亦对历史的客观真实性造成了一定影响。与记载史事的前史相比较而言，《越绝书》在写法上已经运用了小说的写法，不论作者是有意还是无意，都使《越绝书》在一定程度上带有了小说的意味。如《越绝荆平王内传第二》载渔者帮伍子胥逃亡并为其献身的事迹，云：“至江上，见渔者，曰：‘来，渡我。’渔者知其非常人也，欲往渡之，恐人知之，歌而往过之，曰：‘日昭昭，侵以施，与子期甫芦之埼。’子胥即从渔者之入埼。日入，渔者复歌往，曰：‘心中目施，子可渡河，何为不出？’船到即载，入船而伏。半江，而仰谓渔者曰：‘子之姓为谁？还，得报子之厚德。’

① （东汉）袁康、吴平辑录：《越绝书》，乐祖谟点校，上海古籍出版社1985年版，第103页。

渔者曰:‘纵荆邦之贼者,我也,报荆邦之仇者,子也。两而不仁,何相问姓名为?’子胥即解其剑,以与渔者,曰:‘吾先人之剑,直百金,请以与子也。’渔者曰:‘吾闻荆平王有令曰:“得伍子胥者,购之千金。”今吾不欲得荆平王之千金,何以百金之剑为?’渔者渡于于斧之津,乃发其箪饭,清其壶浆而食,曰:‘亟食而去,毋令追者及子也。’子胥曰:‘诺。’子胥食已而去,顾谓渔者曰:‘掩尔壶浆,无令之露。’渔者曰:‘诺。’子胥行,即覆船,挟匕首自刎而死江水之中,明无泄也。”① 其后,又载水边女子助伍子胥逃难并为其献身的情况:“子胥遂行,至溧阳界中,见一女子击絮于濑水,子胥曰:‘岂可得托食乎?’女子曰:‘诺。’即发箪饭,清其壶浆而食之。子胥食已而去。顾谓女子曰:‘掩尔壶浆,毋令之露。’女子曰:‘诺。’子胥行五步,还顾女子,自纵于濑水之中而死。”② 在文中,一个与伍子胥并不相熟的渔夫(文中暗指渔夫知道逃难者为伍子胥)和一位不知姓名的水边洗絮女子,见到逃难的伍子胥,即为其献食充饥,并为其献出生命,而文中并未具体阐明他们与伍子胥存在何关系,如果说渔夫对伍子胥舍身相救尚有一些合理性的话,则无名女子对伍子胥舍生相救的行为则缺乏必要的情节铺垫和合理的逻辑基础,更多反映出文学式的夸张与演绎特点。在其后的《越绝书》第六卷中,则记载道:“吴使子胥救蔡,诛疆楚,笞平王墓,久而不去,意欲报楚。楚乃购之千金,众人莫能止之。有野人谓子胥曰:‘止!吾是于斧掩壶浆之子、发箪饭于船中者。’子胥乃知是渔者也,引兵而还。”③ 前文描述渔夫为救伍子胥逃难而自杀,根据此处的描述,则渔夫当时并未自杀,反而在此后伍子胥率军攻楚时出面阻止伍子胥对楚国的报复,在这里,对渔夫是否为救伍子胥而自杀的叙述与前文出现了明显矛盾,从而证明了《越绝记》在叙事呈现上的夸大与虚构因素。同样,在《史记》中,伍子胥至吴在吴王僚刚上台时,而在

① (东汉)袁康、吴平辑录:《越绝书》,乐祖谟点校,上海古籍出版社 1985 年版,第 6 页。

② 同上。

③ 同上书,第 43—44 页。

《越绝书》中作者为了写作需要，把伍子胥置于阖闾执掌大权之时，亦违背了历史真实。在吴王占梦、伍子胥自杀等事件的描述方面，也存在相当的神怪虚幻色彩。

（二）《越绝书》中对社会状况的描述及其人物形象

书中的《计倪内经》讲述了计倪“积蓄之理”的治国之策；《请籴内传》述及文种谋吴的策略之一：请籴令吴发生内讧，从而借太宰嚭之手诛伍子胥；《外传枕中》讲述了范蠡的储谷富民之策。这些描述都向我们展示了越国贤者的才能和智慧，从而说明了勾践成功报仇复国的主要因素。吴国传记亦同样反映了伍子胥谋略的高明，反衬出吴王夫差的昏庸误国。同时，《越绝书》对粮食生产和流通的描述等反映了春秋时期吴越地区的物质生产发展水平；吴地和越地传则反映了春秋时期吴越两国的城市、建筑以及水陆交通等发展状况；对铸剑技能和治军谋略的描述，则呈现了当时金属冶炼记述和军事技术发展的水平。

从《越绝书》中所描写的吴越争霸事实来看，采用了时空错乱的叙事方式，各事实间缺乏清晰的叙事链条，常可见前后倒置的情况，如前面叙述越国灭吴的过程，后面却又出现伍子胥入吴及越国谋臣献策等描述。在人物形象的塑造上，伍子胥、勾践、范蠡、夫差等人物多次出现，着力描写，而濑水击絮女、伍尚、荆平王等人物则多只出现一两次，主要起故事发展演变的起因或衔接作用。

四 《越绝书》的历史观

《越绝书》所传达的历史观，正体现在其对吴越国势此消彼长的阐述中。

其一，君明道正。对国君自身道德和行为的重要性的凸显，贯穿于《越绝记》全书的描述，君明则辅之，君昏则离之，以有道伐无道，成为全书所树立的吴越谋臣的行为方式。无论是对吴王阖闾重用伍子胥富国强兵，还是夫差狂惑、偏信谄臣太宰嚭等人而杀害伍子胥终致国亡身灭的描述，还是对越王勾践重用范蠡、文种、计倪等谋臣而强越灭吴的阐述，及对此后勾践排斥陷害贤能臣子行为的贬斥，无不渗透着作者“君明道正”“良臣择主而事”的历史观念，此种观念的凸显，正是当时精英阶层自身价值追求及各诸侯国间的争斗为谋臣提供了展示自身能力的舞台等因素的反映。

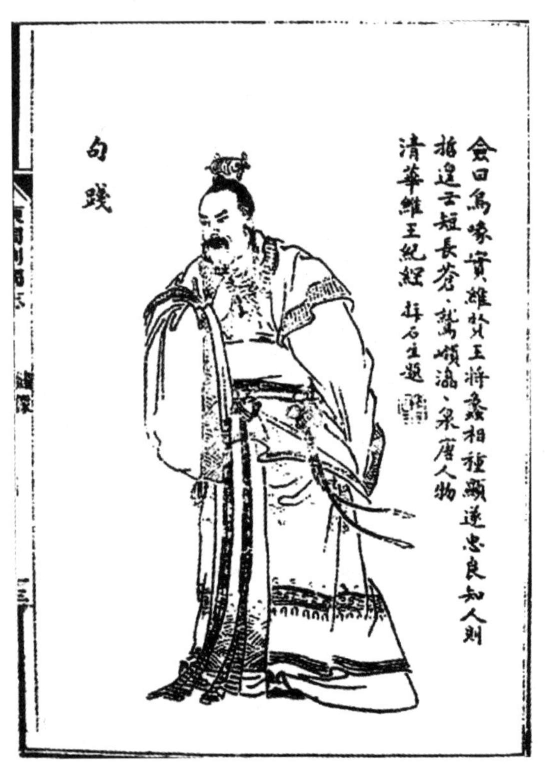

明朝冯梦龙《东周列国志》中的越王勾践形象

其二，臣子谋略作用与其选择重要性。《越绝书》向我们展示了子贡、伍子胥、范蠡、文种等多位谋士的卓越谋略，如子贡的“存鲁、乱齐、破吴、强晋、霸越”策略，伍子胥的兴吴治军之策，范蠡“持盈”“定倾”“节事”的治国谋略，计倪的“积蓄之理”，文种的“伐吴九术”等，均凸显了谋士的策略在各国发展过程中的重要性，而谋略能否发挥作用及发挥作用的大小，则同其所选择依靠的国家及国君的贤能与否存在密切的关联。因此，同是伍子胥，其在楚吴两国的境遇不同，而在吴王阖闾与夫差时期的命运亦大相径庭；胸怀韬略的范蠡、文种在越王勾践复国的过程中受到重用，但在勾践成就霸业后却受到排挤和陷害，均表明谋士谋略作用的发挥深受其所处时空环境和国家政治状况等多种因素的影响。

其三，一定的民本思想。作者在分析吴越国势发展时，将民心向背视为其中的一个重要因素。如吴王夫差大起高台、广纳美女、穷奢极欲，杀害伍子胥、公孙圣等忠直的臣子，违背民众的利益，以致国亡身灭；越王勾践则卧薪尝胆、重用贤能的谋士、维护民众的利益，故得以灭吴强国。正是在具体的描述中，衬托出民心向背的重要性。

总体而言，《越绝书》作为古代浙江地区历史发展与地理发展的重要作品，不但是最早的吴越地方志著作，而且是中国古代较早的、颇具可读性的区域史著作，不但书中的内容具有重要的史料作用，而且其在人物塑造、历史观等方面的创新作用亦引起学界的广泛重视。

第二节 《吴越春秋》述评

《吴越春秋》是继《越绝书》之后，由越地人撰写的描述春秋末期吴越两国攻占征伐历史的著作，它既依傍于《越绝书》文本的叙事脉络，又具有自身独特的价值，是一部研究吴越两国历史文化不可多得的历史文献。

一 《吴越春秋》的作者与版本

关于《吴越春秋》作者赵晔的生平事迹，史料记载甚略。据《后汉书·儒林列传》可知，赵晔，字长君，会稽郡山阴县人，“少尝为县吏，奉檄迎督邮，晔耻于斯役，遂弃车马去。到犍为资中，诣杜抚受《韩诗》，究竟其术。积二十年，绝问不还，家为发丧制服。抚卒乃归。州招补从事，不就。举有道。卒于家。晔著《吴越春秋》《诗细历神渊》。蔡邕至会稽，读《诗细》而叹息，以为长于《论衡》。邕还京师，传之，学者咸诵习焉”。[①] 据《隋书・经籍志》载，他还著有《韩诗谱》二卷、《诗神泉》一卷，[②] 但在隋唐时即已亡佚。史书未载赵晔的生卒年，故只能根据其事迹加以推断。他年轻时抛弃县吏之职而就学于杜抚，此时其年龄在二十岁左右，在杜抚处二十年而杜抚亡故，则其当时在四十岁左右。据《后汉书》载，杜抚“建初中为公车令数月卒官”，[③] 建初（公元 76—84 年）为东汉汉章帝年号，杜抚死于建初中，则为公元 80 年前后，由此上推，赵晔当生于公元 40 年前后，他的书曾受到蔡邕（公元 132—192 年）的推重，很可能在他去世后不久。由此推测，他可能生活于公元 40—130 年。

关于赵晔的著作，《后汉书》只载有《吴越春秋》《诗细历神渊》两种。《隋书・经籍志》记有《吴越春秋》十二卷、《韩诗谱》二卷、《诗神泉》一卷。清《四库全书总目・载记》记《吴越春秋》十卷，作者被写为赵煜。乾隆《绍兴府志・经籍志》则把《诗细历神渊》简记为《历神渊》，《韩诗谱》简记为《诗细》。由现存史料来看，因《后汉书》距赵晔生活年代最近，故其著作恐应以《后汉书》所载为准。

对于现存《吴越春秋》的作者和版本，学术界主要存在以下几种看法。

其一，元大德本徐天祜《〈吴越春秋〉序》认为该书为赵晔所著，但版本存疑。

“吴越，古称东南僻远之邦，然当其盛强，往往抗衡上国。黄池之会，夫差欲尊天子，自去其僭号，称子以告令诸侯。及越既有吴，勾践大盟四国，以共辅王室。要其志，皆归于尊周，其知所天矣。孔子作春秋，虽小国犹录而书之，而况以世言则禹、稷之裔，以地言则会稽、具区，其川其浸，《周・职方氏》列为九州之首，皆足以望天下，故记可阙而不传乎？《吴越春秋》，赵晔所著。隋、唐《经籍志》

---

① （南朝宋）范晔：《后汉书・儒林列传》。
② （唐）魏征等：《隋书》，武英殿本，卷三十二，第 1156 页。
③ （南朝宋）范晔：《后汉书》，武英殿本，卷十八，第 1799 页。

皆云十二卷，今存者十卷，殆非全书。二《志》又云：‘杨方撰《吴越春秋削繁》（《唐·志》作“烦”）五卷，皇甫遵撰《吴越春秋传》十卷（《隋·志》缺“传”字）。’此二书今人罕见，独晔书行于世，晔《传》在《儒林》中。观其所作，乃不类汉文。按邯郸李氏《图书十志目》，亦谓杨方尝刊削晔所为书，至皇甫遵遂合二家考正，为之传注。又按：《史记》注有徐广所引《吴越春秋》语，而《索隐》以为今无此语者。他如《文选》注引季子见遗金事，《吴地记》载阖闾时夷亭事，及《水经注》尝载越事数条，类皆援据《吴越春秋》。今晔本咸无其文，亦无所谓传注，岂杨方所已刊削而皇甫所未考正者耶？晔书最先出，东都时去古未甚远，晔又山阴人，故综述视他书所记二国事为详，取节焉可也。其言上稽天时，下测物变，明微推远，憭若蓍蔡。至于盛衰成败之迹，则彼己君臣，反覆上下。其议论，种、蠡、诸大夫之谋，迭用则霸；子胥之谏，一不听则亡；皆凿凿然，可以劝戒万世，其独为是邦二千年故实哉？晔书越旧尝锓梓，岁久不复存，汴梁刘侯来治越，奖励学校，搜遗文，修坠典，乃辍义田，廪羡财，重刻于学。不鄙谀闻，属以考订，且命序其左端。夫越人宜知越之故，则是举也，于所阙不为无补，遂不得辞。厥既刊正疑讹，过不自量，复为之音注，并考其与传记同异者，附件于下而互存之。惜其间文义犹有滞碍不可训知，不敢尽用臆见更定，又无皇甫本可证，姑从其旧，以俟后之君子考焉。侯名克昌，世大其字云。郡人前进士徐天祜受之序。”①

根据此序可知，徐天祜认为《吴越春秋》的作者当为赵晔无疑，并认为赵晔去古未远，且为山阴人，故所记吴越二国之事特别详尽。但徐氏对《吴越春秋》所流传的版本提出了质疑：一是“隋、唐《经籍志》皆云十二卷，今存者十卷，殆非全书”；二是杨方、皇甫遵曾撰类似之书，以《吴越春秋削繁》《吴越春秋传》名之，而二书时人罕见，独晔书行于世，但其作不类汉文；三是在邯郸李氏所著《图

① （元）徐天祜：《〈吴越春秋〉序》，见（东汉）赵晔原著，张觉译注《吴越春秋全译》，贵州人民出版社 1993 年版，第 346—347 页。

书十志目》中，认为杨方尝刊削赵晔之书、至皇甫遵遂合二家考正，为之传注；四是《史记》徐广注引、《文选》注引、《吴地记》和《水经注》等皆载有越事，似多援据《吴越春秋》，而存世赵晔本并无其文，所以他认为存世的晔本很可能为“杨方所已刊削而皇甫所未考正者”。

其二，明朝钱福《重刊〈吴越春秋〉序》中认为是赵晔的“补亡之书”，以解缺二卷之惑。

“古者列国皆有史官以掌记时事，若孔子因鲁史以修《春秋》者是也。《吴越春秋》乃作于东汉赵晔，后世补亡之书耳。大抵本《国语》《史记》而附以所传闻者为之。元徐天祜谓其‘去古未远’，又‘越人宜知越之故’，‘视他书所记二国事为详’，得之矣。天祜之所考注亦精当，第谓其‘不类汉文?’者，其字句间或似小说家。观《儒林传》，称其所著复有所谓《诗细》者，蔡邕读而叹息，以为长于《论衡》。今《论衡》故在也，鄙俚怪诞者不少，则东汉末亦自有此文气矣。谓其‘非全书’，则吴越颠末亦备矣。隋、唐《经籍志》多二卷，意者西施之至吴、范蠡之去越乎？若附会于谶纬梦卜之说，则固当时所尚，而左氏传《春秋》亦多述焉，不可尽谓其无据也。其大旨，夸越之多贤，以矜其古都；而所编《传》，乃内吴而外越，则又不可晓矣。自科举声律之学兴，而古书散逸无留意者，虽好古博雅之士，历代《经籍志》所载，亦或不能举其篇目，故有志于集古者，皆在所取也。去年秋，监察御史宁乡袁公大伦奉命来按吴，体正而蠹剔，威加而惠流，乃本古观风之风，访吴之故于吴邑侯任丘祁廷瑞。侯素称稽古尚文，历举郡乘所载者以对，公问其所本始，侯辞焉。公乃手出是编授之，侯读之，曰：‘命之矣。古者使于其国，仕于其邦，不能举其地之故，君子耻焉。吾乃今知吴山川城郭之所名也，吾乃今知封疆因革之所始也，吾乃今知民情土俗之所由也。吾不忍自私，当重梓以行于吴人，俾无忘厥本。’乃属郡史冯弋等录而刻之。既成，走书属予序。盖侯第进士时，以予为知己，而袁公亦吾榜进士之杰也。呜呼！孟轲氏称：‘入则无法家拂士、出则无敌国外患者国恒亡，然后知生于忧患而死于安乐也。’观二国之兴而愤，愤而兴，斯昭昭矣。骄畏之殊，兴亡所系；忠谗之判，祸福攸分。可畏哉！予窃怪夫大言无术自暇以殆人者曰‘大数已定，无庸人力’，又曰‘天子有道，守在四夷’，此英雄驾驭之言，非臣子思患预防之策也。禹、益儆惕于三苗之师，成、康不忘乎戎兵之诘，其见远矣。是书所载，若胥之忠，蠡之智，种之谋，包胥之论战，孙武之论兵，越女之论剑，陈音之论弩，勾践之畏天自苦、臣吴之别辞、伐吴之戒语，五大夫之自效，世亦胡可少哉？所载孔子、子贡事不可据，而其谋则在当时游说之至高者也。相传《越绝书》为子贡撰，抑亦有所本云。噫！书称轼怒蛙尚足以激士，而况读其书、论其世，能不少动于衷者，其亦非夫也夫！至于司职方、掌外史，地里所在，必有所因而名，附会以成其说者，多不可辩验。然与其信乎今，不若传诸古；与其徵诸远，不若考乎近。是又今日邝侯崇信此书之意，而袁公博古之功不可诬也。因附予所欲言为序。

“弘治十四年，岁在辛酉，夏五朔旦。赐进士及第翰林国史修撰儒林郎华亭钱福与谦序。”①

据钱福所言，他进一步肯定《吴越春秋》为赵晔所撰的“补亡之书”，本于《国语》《史记》，并附以传闻，认同徐天祜“去古未远”“越人宜知越之故”“视他书所记二国事为详”之观点。对徐天祜认为是书“不类汉文”的观点加以解释，认为乃是其间或有小说家言；其“鄙俚怪诞”乃为汉末文气；其“非全书”，则吴越颠末亦备；隋、唐《经籍志》多二卷，“意者西施之至吴、范蠡之去越”，可补今本缺两卷之惑；“附会于谶纬梦卜之说”，则属当时所尚；书之要旨，则在“夸越之多贤，以矜其古都”。在文末，钱福并特别指出：“与其信乎今，不若传诸古；与其征诸远，不若考乎近。”

其三，清永瑢等编撰《四库全书总目》卷六六《史部·载记类叙录》认为乃汉代赵煜撰，同时亦怀疑存本已非原本。

“《吴越春秋》十卷（觉按：文渊阁本提要作‘六卷’）兵部侍郎

① （明）钱福：《重刊〈吴越春秋〉序》，见（东汉）赵晔原著，张觉译注《吴越春秋全译》，贵州人民出版社 1993 年版，第 347—348 页。

纪昀家藏本，汉赵煜（觉按：此避清圣祖讳而改）撰。煜，山阴人，见《后汉书·儒林传》。是书前有旧序，称‘隋、唐《经籍志》皆云十二卷，今存者十卷，殆非全书’。又云‘杨方撰《吴越春秋削繁》五卷，皇甫遵撰《吴越春秋传》十卷。此二卷，今人罕见，独煜书行于世。《史记》注有徐广所引《吴越春秋》语，而《索隐》以为今无此语。他如《文选》注引季札见遗金事,《吴地记》记阖闾时夷亭事，及《水经注》尝载越事数条，类皆援据《吴越春秋》，今煜本咸无其文’云云。考证颇为详悉，然不著名姓（觉按：四部丛刊本等均著名姓）。《汉魏丛书》所载，合十卷为六卷，而削去此序并注（觉按：并未削去注），亦不题撰人，弥失其初。此本为元大德十年丙午所刊，后有题识云:‘前有（觉按：文渊阁本提要无“有”）文林郎国子监书库官徐天祜音注。’然后知注中称‘徐天祜曰’者，即注者之自名，非援引他书之语。惟其后又列绍兴路儒学学录留坚（觉按：文渊阁本提要‘坚’作‘圣’）、学正陈昺伯、教授梁相、正议大夫绍兴路总管提调学校官刘克昌四人，不知序（觉按：文渊阁本提要‘序’作‘究’）出谁手耳。煜所述虽稍伤曼衍，而词颇丰蔚。其中如伍尚（觉按：当作‘子胥’）占甲子之日，时加于巳；范蠡占戊寅之日，时加日出，‘有螣蛇’、‘青龙’之语；文种占阴画六、阳画三，有‘元（觉按：文渊阁本提要作“玄”，此乃避清圣祖讳而改）武’、‘天空’、‘天关’、‘天梁’、‘天一’、‘神光’诸神名；皆非三代卜巫之法，未免多所附会。至于处女试剑、老人化猿、公孙圣三呼三应之类，尤近小说家言，然自是汉、晋间稗官杂记之体。徐天祜以为‘不类汉文’，是以马、班史法求之，非其伦也。天祜注于事迹异同颇有考证，其中如季孙使越、子期私与吴为市之类，虽犹有未及详辨者，而原书失实之处，能纠正者为多。其旁核众说，不徇本书，犹有刘孝标注《世说新语》之遗意焉。”①

《四库全书》针对《吴越春秋》作者问题，并未提出有创见性的看法，但它指出是书不著名姓与不题撰人同时列出，并认为其“未免

① （清）永瑢等撰:《四库全书总目》卷六六，见（东汉）赵晔原著，张觉译注《吴越春秋全译》，贵州人民出版社 1993 年版，第 348—349 页。

多所附会”“尤近小说家言”“是汉、晋间稗官杂记之体”，似乎也认为该书已作改动，非赵晔原本。

其四，余嘉锡《四库提要辨证》认为，现存《吴越春秋》文本乃是皇甫遵将赵晔原本与杨方削繁本合在一起而形成的稿本。

“……案《隋书·经籍志》有《吴越春秋》十二卷，赵晔撰；又有《吴越春秋削繁》五卷，杨方撰；《吴越春秋》十卷，皇甫遵撰。天祐序谓‘此二书今人罕见，独晔书行于世’，盖因《隋·志》杨及皇甫二书均题‘撰’字，遂疑二人别有所撰，与赵书不同也。今考皇甫遵之《吴越春秋》十卷，《唐·志》作《吴越春秋传》，《通考·经籍考》同，并引《崇文总目》云：‘唐皇甫遵注（唐字误）。初，赵晔为《吴越春秋》十二卷，其后有杨方者，以晔撰为烦，又刊削之为五卷。遵乃合二家之书，考定而注之’云云。愚案：杨方，《晋书》附《贺循传》后，云：‘字方回，会稽人，官至高梁太守更撰《吴越春秋》行于世。’《崇文总目》第云‘其后有杨方者’，而不言方为何时人，殆未检《晋书》欤？《传》所言‘更撰’云者，即指削繁而言，非别撰一书也。皇甫遵之书，名之为传，即是书之注，第既合晔与皇甫（觉按：当云‘杨方’）之书，其意必以为晔书太繁，遵（觉按：当云‘方’）书太简，故合二书斟酌乎繁简之间以求适乎其中，故较原书少二卷。二人之书即晔书，而云‘独晔书行于世’，误之甚矣。此书十二卷之本，至宋时尚存，新《唐·志》《读书志》《通考》并著于录，《宋史·艺文志》别史类有此书，已作十卷。考蒋光煦《斠补偶录》，有所校影宋本亦止十卷，则此二卷，当亡于宋末，皇甫遵之书正是十卷。宋本，疑即用皇甫之本，而去其注。然则当云‘独皇甫遵书行于世’，不当如序所云‘独晔书行于世也’。序又云：‘徐广《史记》注引《吴越春秋》云：“王僚，夷昧子。”今检《吴越春秋》无此语。’序盖即指此条。考之本书《吴王寿梦传》云：‘吴人立馀昧子州于，号为吴王僚也。’馀昧即夷昧，徐广所引，殆即因此二语而櫽括之，《索隐》以为《吴越春秋》无此语，已误，序从而疑此书，更误矣。其余若《文选》注诸书所引，亦当在所佚二卷之内。序乃云‘今晔本咸无其文’，若疑其在方、遵书内也者，何其漫无考证哉！《提要》乃称其考证颇为详悉，过矣！”①

考诸余嘉锡所言，可见他对《吴越春秋》的作者提出了自己的独特看法，是对上面三种看法的进一步完善与修正。他认为：（一）杨方从事的主要工作，是对赵晔所著《吴越春秋》的削繁，皇甫遵主要的工作是将赵晔原书与杨方削繁之书合为一书，并为之作注。二人之书即赵晔之书，二人均未别撰一书，“云‘独晔书行于世’，误之甚矣”。（二）赵晔《吴越春秋》的十二卷本，至宋时尚存，佚失之二卷，当亡于宋末。宋本，可能是用皇甫遵之本，而去其注，“当云‘独皇甫遵书行于世’，不当如序所云‘独晔书行于世也’”。（三）《文选》注诸书所引，当在所佚二卷之内，“若疑其在方、遵书内也者，何其漫无考证哉”！

综上而言，现存《吴越春秋》撰者当为赵晔，其卷帙本为十二卷，现存本或是因散逸两卷，或是为人削繁合并而成。为行文方便，下文在阐述时，即以现存十卷本为文本依据。

二 《吴越春秋》的主要内容

《吴越春秋》作为中国最古老的历史文献之一，历史学家将其视为史书，方志学家将其视为志书，文学家视其为小说，军事家则将其视为军书，可见其对不同学科均具有一定的学术参考价值。《吴越春秋》全书共分为两部分，前半部分叙述吴国史事变迁，后半部分叙述越国史事。

作为一部编年体的史书，《吴越春秋》叙述了吴国自太伯至夫差、越国自无余至亲的史事变迁，其聚焦点则在于春秋末年吴越两国争霸的史实，与《越绝书》相比，总体上其结构更为紧凑，叙事亦更为丰满。

《吴越春秋》被分为两部分，即内传和外传，也可看成书的前半部分和后半部分。内传主要描述吴国史事演变，外传则主要描述越国历史沿革。

---

① 余嘉锡：《四库提要辨证》，见（东汉）赵晔原著，张觉译注《吴越春秋全译》，贵州人民出版社 1993 年版，第 350—351 页。

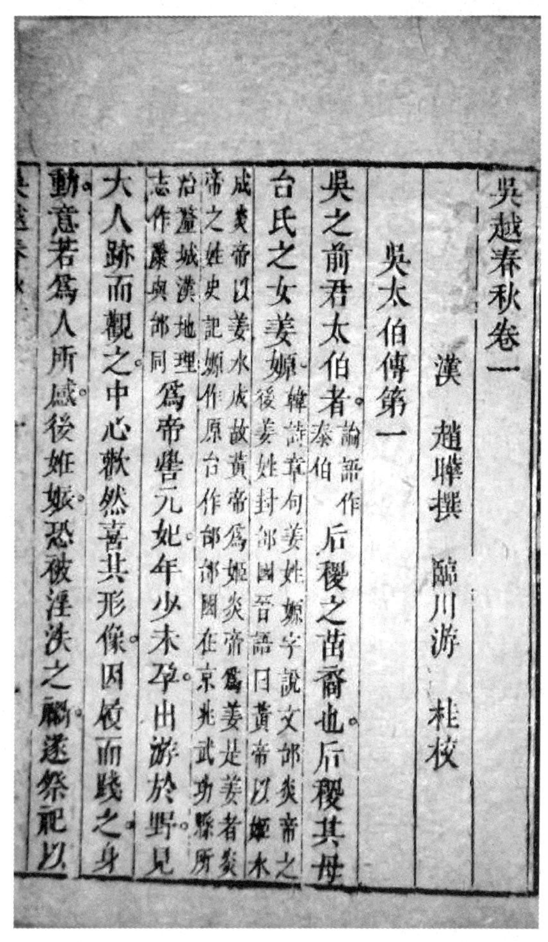

吳越春秋卷一

漢　趙曄撰　臨川游　桂校

吳太伯傳第一

吳之前君太伯者。論語作泰伯后稷之苗裔也。后稷其母台氏之女姜嫄。韓詩章句姜姓嫄字說文邰炎帝之後姜姓封邰國晉語曰黃帝以姬水成炎帝以姜水成故黃帝爲姬炎帝爲姜是姜者炎帝之姓史記嫄作原台作邰邰國在京兆武功縣所治斄城漢地理志作斄與邰同爲帝嚳元妃。年少未孕。出游於野。見大人跡而觀之。中心歡然。喜其形像。因履而踐之。身動。意若爲人所感。後妊娠。恐被淫泆之禍。遂祭祀以

明万历《吴越春秋》刻本

《吴越春秋》内传《吴太伯传》一卷追述了帝喾、后稷、不窋、公刘、庆节、古公亶甫、太伯、仲雍、季简、叔达、周章、熊、遂、柯相、强鸠夷、馀乔疑无、柯庐、周繇、屈羽、夷吾、禽处、专、颇高、句毕、去齐、寿梦等人的事迹，论述了自寿梦始，与中原各国时常往来会见，吴国日益强大，逐渐称霸一方。《吴王寿梦传第二》是关于寿梦的传记，同时叙述了其四个儿子诸樊、余祭、馀昧、季札的事迹，重在突出吴国的让位传统。作者再三铺陈季札的让位言行，并且渲染诸樊骄恣，“轻慢鬼神，仰天求死”的情节，其倾向相当鲜明。《王僚使公子

光传第三》重点描述了楚平王杀害伍子胥父兄，子胥被迫逃亡吴国及吴公子光（即位后的吴王阖闾）派专诸刺杀王僚的事迹。为后面吴王阖闾、夫差与越国的争霸情节拉开序幕。外传之《越王无余外传第六》则叙述了鲧、夏禹、夏启、少康、无余、无壬、无曎、夫谭、元常等君主的演变，重在描写夏禹的事迹，文中写夏禹，用了大量逸闻传说，对话描述详尽传神，具有浓厚的传奇色彩，极大丰富了夏禹的传说故事。题目为《无余外传》，乃因无余是受封越国的第一代国君，为越国始祖，记述无余的事迹之所以较少，乃是史料所限，尽管无余及无余以下的国君记载语焉不详，但亦可补正史记载之不足。

《吴越春秋》用主要篇幅叙述吴王夫差、越王勾践争霸，此消彼长、灭吴兴越的历史过程。

《阖闾内传》记载了阖闾为吴王后破楚威齐、称霸江南的过程，对伍子胥筑城、干将铸剑、吴人杀子做钩、白喜奔吴、要离刺庆忌、孙武练兵法、吴王葬女、孙武伐楚、吴军入楚、楚王出奔、子胥复仇、渔者之子退兵、子胥偿金、夫差为太子、阖闾治宫室等情节进行了详细的描述。《夫差内传》主要记载了夫差十一年（公元前485）至二十三年（公元前473）间的事迹，描述夫差伐齐、诛杀伍子胥、吴晋争霸、骄奢淫逸以致被越国打败、身死国灭的历史过程，立体展示了吴越相争的场景，描绘了夫差、伍子胥、太宰嚭、公孙圣等多位令人印象深刻的人物形象。

《勾践入臣外传》，主要叙述了越王勾践与吴国交战失败后告别臣民、背井离乡，到吴国服劳役，忍辱负重、苦撑待变，及最后归国的事迹。本篇所载内容，《左传》未载，《国语》所记则较为简略，故其在保存吴越史料方面，起到了重要的补阙作用。是篇从越国群臣为勾践送行写起，用大量篇幅描写了君臣之间的对话，凸显了君臣之间的情谊，展示了越国群臣对君主的忠诚及各自的擅长所在。其夫人的吟诵，又为送别增添了一定的悲壮之感。文章用不少文字铺陈了勾践在吴为臣的史事，但描述重心并不在其日常的养马服役，而是把焦点放在杀还是不杀越王、放还是不放越王归国的斗争上。越王忍辱负重、范蠡出谋划策，力求速得获释归国；伍子胥从政治斗争经验出

发，看出勾践潜伏的雄心及其日后对吴国的巨大威胁，主张杀而不放；太宰嚭由于收到越国的贿赂，而时刻为越王说情；吴王夫差则沉溺于表面的献媚之言，缺乏政治智慧而游移不决，最终赦免了越王，为以后养虎为患、吴灭越兴埋下伏笔。是篇紧紧围绕这一核心问题展开描述，文字读来生动形象，人物性格的塑造具体鲜明：勾践忍辱持重、善于屈伸，范蠡忠诚而善于谋划，伍子胥赤胆忠心、深谋远虑但斗争手腕有所欠缺，太宰嚭利欲熏心而昧于时务，夫差贪婪喜功而优柔寡断。《勾践归国外传》记述了勾践回到越国后两三年间的故事，具有重要的史料价值。文章从越国百姓欢迎勾践归国写起，描述民众与越王的情谊，由民众“今王受天之福，复于越国，霸王之迹自斯而起”，将故事导入越国灭吴称霸的叙述轨迹，得到臣民的支持，正是越国战胜吴国、称霸诸侯的重要因素。接着，文章描述了范蠡建城立郭、吴王赐越国封地、越王卧薪尝胆、勤于国政，群臣各献谋略的经过，而这一切谋划，都是为了灭吴称霸，这就为此后越国最终战胜吴国打下了坚实基础。《勾践阴谋外传》则主要叙述越王谋吴称霸的策略。是篇围绕文种的“谋吴九术”落笔，文章先写越国已富，接着写越王听取计倪的谋略充实粮仓，使国家富裕。随之将重心放在文种的“九术”策略，尊天事鬼以得其庇佑，献给吴王神木以使其大兴土木，献给吴王美女以惑乱其身心，借生粟还蒸粟而使其饥弱。这些弱吴之术为越国破吴称霸奠定了坚实的基础，阴谋因之成为阳攻，攻吴之机成熟了。《勾践伐吴外传》从越国“谋伐吴”入手，交代勾践所作的战争准备，如繁衍人口、争取民心等，其后则描述初战告捷的情形，详叙越王向申包胥问计，向八大夫询问，命令臣民，巡视全军等，揭示越国为攻吴所做的充分准备，接着描述越军胜吴，吴王夫差自杀。至于勾践灭吴后庆功作乐、范蠡归隐、文种被杀，也写得有声有色，突出表现了勾践对谋臣“鸟尽弓藏，兔死狗烹”的态度，向我们展现了勾践集坚忍不拔、“卧薪尝胆”与“鹰视狼步”、“可与共患难，不可同安乐”的枭雄形象，其语言风格颇具文学色彩。至于其后子胥显灵、迁葬元常等情节，则并非史学之实录，而更像小说家言。

三 《吴越春秋》的价值所在

其一,《吴越春秋》详细叙述了春秋末期吴越两国争霸的史实,是一部颇具参考价值的类编年体史书。

该书记载主次分明,其中记吴五卷,上溯帝喾,下至夫差,即吴国为越国所灭时,共计800余年的历史;记越亦为五卷,上溯至黄帝,下至余善。如从无余被封在越地算起,则共计1922年历史。全书涉及人物两百余人,叙述较详的君主7人,吴国计太伯、寿梦、王僚、阖闾、夫差五人;越国计有无余(其实多写的是大禹)、勾践二人。采取这种以人系年、以年系事的方式,叙述链条清晰,有繁有简。

赵晔所处的东汉时代,离吴越史事发生时间未远,因留下的文献材料不多,故沿袭《春秋》《左传》按照年月日编写的叙事体裁,结合司马迁以人物传记为中心的纪传体撰写手法,糅合正史、传说,并加以想象,从而撰成《吴越春秋》一书,总体而言,脉络清晰,故事连贯。《春秋》《左传》《国语》等对吴越史事变迁虽有所描述,但内容较简略,以记言为主。《史记》所载《吴太伯世家》与《越王勾践世家》较以上三书,对于吴越两国之事记载较为详细,但多为吴越两国与中原诸国关系及吴越两国相争之事,对于两国的物质生产水平和社会发展状况则较少涉及。赵晔《吴越春秋》则为专门记载吴越历史的典籍,不仅其篇幅远超以上诸书所载,而且为当地人撰当地事,搜集地方故事传说遗闻也较为便捷,所以能够更加全面系统地论述吴越两国发展、兴盛及衰亡历程,其重心虽放在春秋末期吴越争霸的情形,但亦追本溯源,对吴越两国历史的发展过程加以清晰的描述。正如明代钱福所云:"观二国之兴而愤,愤而兴,斯昭昭矣。"① 虽书中夹杂一些神话传说及夸大描述,并非尽是信史,但书中的一些记载亦能补充正史记载之不足。书中在写到吴越演变历程时,虽其沿袭《史记》观点,上溯先祖不同,认为吴出自周,越出自夏禹,但亦展现了

① (明)钱福:《重刊〈吴越春秋〉序》,见(东汉)赵晔原著,张觉译注《吴越春秋全译》,贵州人民出版社1993年版,第347—348页。

吴越两国在历史渊源、文化流传、地理状况的系统之处，“吴与越同音共律，上合星宿，下共一理”,[①] 指出吴越具有共同地域、语言及习俗。另《勾践伐吴外传》云越国“霸于关东，徙都琅邪”,[②] 虽有学者提出不同看法，但是书所载与《墨子》《左传》《史记》涉及的莒、鲁与越国关系可予以推断，亦与《越绝书》所言越国迁都琅邪相呼应，可见《吴越春秋》的史料作用。

其二，《吴越春秋》反映了吴越两国的物质经济发展水平，可为后人考察当时东南地区的生产生活状况提供有益的历史参考。

由书中所载可见，当时吴越两国农业生产已经发展到一定水平。如《勾践阴谋外传》云“春种八谷，夏长而养，秋成而聚，冬畜而藏。夫天时有生而不敷种，是一死也。夏长无苗，二死也。秋成无聚，三死也。冬藏无畜，四死也。虽有尧舜之德，无如之何。夫天时有生，劝者老，作者少，反气应数，不失厥理，一生也。留意省察，谨除苗秽，秽除苗盛，二生也。前时设备，物至则收，国无逋税，民无失穗，三生也。仓已封涂，除陈入新，君乐臣欢，男女及信，四生也。夫阴阳者，太阴所居之岁留息，三年，贵贱见矣。……乃仰观天文，集察纬宿，历象四时，以下者上，虚设八仓，从阴收著，望阳出粜，策其极计”,[③] 由其“春种八谷”可知当时作物种植的多样性，由其“夏长而养，秋成而聚，冬畜而藏”“仰观天文，集察纬宿，历象四时，以下者上”等言论可知，当时的农作物种植已懂得因应自然节气时序的变化及观察天文气象，由“留意省察，谨除苗秽，秽除苗盛”“前时设备，物至则收”“仓已封涂，除陈入新”等可知当时田间管理和收获、储存水平的发展。在越国“择精粟而蒸，还于吴”时，吴王赞叹“越地肥沃，其种甚嘉，可留使吾民植之”,[④] 可知当时吴越之地种子的优良和土质状况较好。由干将铸剑、吴人造钩等情

① （东汉）赵晔原著，张觉译注：《吴越春秋全译》，贵州人民出版社 1993 年版，第 169 页。

② 同上书，第 331 页。

③ 同上书，第 266 页。

④ 同上。

节则可见当时铁器冶炼技术的发达。

其三，《吴越春秋》的记载，描述了其时城市建筑业、交通运输业等的发展状况。如《阖闾内传》写伍子胥筑城："子胥乃使相土尝水，象天法地，造筑大城，周回四十七里。陆门八，以象天八风；水门八，以法地八窗。筑小城，周十里。陆门三，不开东面者，欲以绝越明也。立阊门者，以象天门通阊阖风也。立蛇门者，以象地户也。阖闾欲西破楚，楚在西北，故立阊门以通天气，因复名之破楚门。欲东并大越，越在东南，故立蛇门以制敌国。吴在辰，其位龙也，故小城南门上反羽为两鲵鱙，以象龙角。越在巳地，其位蛇也，故南大门上有木蛇，北向首内，示越属于吴也。"[①] 即反映了当时建筑技术的发达与城池规模的大小，以及城市建筑业与阴阳风水的关系。《勾践阴谋外传》云吴王夫差筑造姑苏台"三年聚材，五年乃成，高见二百里"，[②]《勾践伐吴外传》亦描述越王勾践称霸后"徙都琅邪，起观台，周七里，以望东海。死士八千人，戈船三百艘"，[③] 从中亦可知建筑业的水平和军事交通业的发达。《夫差内传》载越军进攻吴国时"遂入吴国，烧姑胥台，徙其大舟"[④] 亦知当时战船已被普遍用作交战工具。由吴越交战的描述可知，当时的交通与征战工具已是水陆结合。在描述越王称霸后会面的情形时，越王勾践描述越人"水行山处，以船为车，以楫为马"，[⑤] 透露出吴越当时水上交通方式的发展状况。这些都是通过《吴越春秋》的描述而有了较为清晰的了解。

其四，《吴越春秋》反映了谋略为上、政治实用的历史观。

如果说《越绝书》所反映的是君明道正的历史观念，那么《吴越春秋》所反映的历史观则与其有所不同。就《吴越春秋》所载而言，吴败越兴显然存在夫差宠信奸邪、残害忠臣、不得民心，勾践任用贤

---

① （东汉）赵晔原著，张觉译注：《吴越春秋全译》，贵州人民出版社 1993 年版，第 60 页。

② 同上书，第 264 页。

③ 同上书，第 331 页。

④ 同上书，第 157 页。

⑤ 同上书，第 331—332 页。

能、君臣一心、民众拥护的因素，但认为这是根本原因，则又有其片面性。夫差当然有其暴虐不仁的一面，如其杀害伍子胥、公孙圣，同时大兴土木、骄奢淫逸，致使民不聊生，但对勾践君臣，显然又存在仁慈之心，伍子胥数次上言，劝其杀勾践纳吴土，他均未予采纳，并将勾践君臣放归，并赐其部分土地，正是其“恻隐之心”，纵敌自殃，使得越国能够积聚力量、卷土重来，并最终击败吴国。夫差的政治幼稚性，从下文中他与伍子胥的对话中便可看出。

吴王曰：“寡人有疾三月，曾不闻相国一言，是相国之不慈也；又不进口之所嗜，心不相思，是相国之不仁也。夫为人臣不仁不慈，焉能知其忠信者乎？越王迷惑，弃守边之事，亲将其臣民来归寡人，是其义也；躬亲为虏，妻亲为妾，不愠寡人，寡人有疾，亲尝寡人之溲，是其慈也；虚其府库，尽其宝币，不念旧故，是其忠信也。三者既立，以养寡人，寡人曾听相国而诛之，是寡人之不智也，而为相国快私意耶，岂不负皇天乎？”

子胥曰：“何大王之言反也？夫虎之卑势，将以有击也；狸之卑身，将求所取也。雉以眩移拘于网，鱼以有悦死于饵。且大王初临政，负玉门之第九，诫事之败，无咎矣。今年三月甲戌，时加鸡鸣。甲戌，岁位之会，将也。青龙在酉，德在上，刑在金，是日贼其德也。知父将有不顺之子，君有逆节之臣。大王以越王归吴为义，以饮溲食恶为慈，以虚府库为仁，是故为无爱于人，其不可亲；面听貌观以存其身。今越王入臣于吴，是其谋深也；虚其府库，不见恨色，是欺我王也；下饮王之溲者，是上食王之心也；下尝王之恶者，是上食王之肝也。大哉！越王之崇吴，吴将为所擒也。惟大王留意察之，臣不敢逃死以负前王。一旦社稷丘墟，宗庙荆棘，其悔可追乎？”

吴王曰：“相国置之，勿复言矣。寡人不忍复闻。”①

---

① （东汉）赵晔原著，张觉译注：《吴越春秋全译》，贵州人民出版社 1993 年版，第 227—228 页。

至于越王勾践，有深谋远虑、卧薪尝胆的品格，任用贤能，动员民心，能够持之以恒、集中全力致力于复仇灭吴的大业。如计倪四策、文种九术便是越国击败吴国的重要谋略。但这并不意味着他与臣民始终一心。面对吴王夫差失败后的苦苦哀求，他也曾有过恻隐之心，但最终当机立断，迫令夫差自杀。对于那些为他出谋划策、协力兴国的大臣，他“鸟尽弓藏”，进行排斥和杀戮。对民众，越国称霸后，勾践亦不实行与民休息的策略，而是积极迫使民力，扩充疆土。所以与其说是书体现了君明臣贤、以民为本的历史观，倒不如说彰显了谋略为上、政治实用主义的历史观念。这一点，《吴越春秋》的描述比《越绝书》更加明显。政治斗争是你死我活的斗争，其得失成败并不单纯取决于是否有仁爱之心，而是自身实力、谋略、用人等一系列因素的共同作用，这正是历史演进的重要规律。同时，《吴越春秋》弥漫着强烈的复仇观念，如对勾践伐吴而杀夫差、伍子胥复仇而笞楚王之尸的描述，都是当时复仇意识的体现。是书正是通过对历史演进规律的揭示和政治斗争经验的阐述，为后人提供了重要的历史镜鉴，此即徐天祜“可以劝戒万世”，钱福所云“若胥之忠，蠡之智，种之谋，包胥之论战，孙武之论兵，越女之论剑，陈音之论弩，勾践之畏天自苦、臣吴之别辞、伐吴之戒语，五大夫之自效，世亦胡可少哉”之深意。

其五，《吴越春秋》具有鲜明的历史叙事文学化现象，人物叙事形象生动，呼应、夸张、虚构等叙事手法的运用增强了故事的感染力，对后世历史小说人物体系和叙事方法的建立具有重要影响。

如文中描述伍子胥逃亡途中为渔人所救的情节与其后子胥攻郑（《越绝书》载为攻楚）时渔人之子面见子胥，子胥因而退兵的记载便形成了呼应关系。

> 渔父曰：“今日凶凶，两贼相逢，吾所谓渡楚贼也。两贼相得，得形于默，何用姓字为？子为芦中人，吾为渔丈人，富贵莫相忘也。”子胥曰：“诺。”既去，诫渔父曰：“掩子之盎浆，无令其露。”渔父诺。子胥行数步，顾视渔者，已覆船自沉于江水

之中矣。①

遂引军击郑，郑定公前杀太子建而困迫子胥。自此，郑定公大惧，乃令国中曰："有能还吴军者，吾与分国而治。"渔者之子应募曰："臣能还之。不用尺兵斗粮，得一桡而行歌道中，即还矣。"公乃与渔者之子桡。子胥军将至，当道扣桡而歌曰："芦中人。"如是再。子胥闻之，愕然大惊，曰："何等谓与语，公为何谁矣？"曰："渔父者子。吾国君惧怖，令于国：有能还吴军者，与之分国而治。臣念前人与君相逢于途，今从君乞郑之国。"子胥叹曰："悲哉！吾蒙子前人之恩，自致于此。上天苍苍，岂敢忘也？"于是乃释郑国，还军守楚，求昭王所在日急。②

在《越绝书》中，劝伍子胥退兵者却变成了渔者本人，则形成了叙事的矛盾之处而非文字呼应，在这里，则对这一问题给以较好的解决。

同样，下文中伍子胥报濑水击绵女之母百金的描述亦呼应了文中女子以性命掩护伍子胥逃亡的故事情节，而该段描述在《越绝书》中则付之阙如，显然在情节的连贯性上，《吴越春秋》要较《越绝书》为优。"子胥等过溧阳濑水之上，乃长太息曰：'吾尝饥于此，乞食于一女子。女子饲我，遂投水而亡。'将欲报以百金而不知其家。乃投金水中而去。有顷，一老妪行哭而来，人问曰：'何哭之悲？'妪曰：'吾有女子，守居三十不嫁。往年击绵于此，遇一穷途君子，而辄饭之，而恐事泄，自投于濑水。今闻伍君来，不得其偿，自伤虚死，是故悲耳。'人曰：'子胥欲报百金，不知其家，投金水中而去矣。'妪遂取金而归。"③

同时，书中某些人物对话看似平坦，实则为此后的故事情节发展埋下伏笔，亦有前后呼应之妙。在白喜（太宰嚭）奔吴的叙事环节

① （东汉）赵晔原著，张觉译注：《吴越春秋全译》，贵州人民出版社 1993 年版，第 42 页。

② 同上书，第 98 页。

③ 同上书，第 108 页。

中，书中的一段对话便为此后太宰嚭阿谀吴王、陷害伍子胥埋下了伏笔，“吴大夫被离承宴问子胥曰：‘何见而信喜？’子胥曰：‘吾之怨与喜同。子不闻河上歌乎？’‘同病相怜，同忧相救。惊翔之鸟，相随而集；濑下之水，回复俱流。’‘胡马望北风而立，越燕向日而熙。谁不爱其所近，悲其所思者乎？’被离曰：‘君之言外也，岂有内意以决疑乎？’子胥曰：‘吾不见也。’被离曰：‘吾观喜之为人，鹰视虎步，专功擅杀之性，不可亲也。’子胥不然其言，与之俱事吴王”。[①] 在吴王阖闾就谋立太子一事与伍子胥的对话中，亦埋下夫差政治愚弱、残暴不仁，以致杀害伍子胥、身死国灭的伏笔。“阖闾有顷召子胥，谋立太子，子胥曰：‘臣闻：“祀废于绝后，兴于有嗣。”今太子不禄，早失侍御，今王欲立太子者，莫大乎波秦之子夫差。’阖闾曰：‘夫愚而不仁，恐不能奉统于吴国。’子胥曰：‘夫差信以爱人，端于守节，敦于礼义。父死子代，经之明文。’阖闾曰：‘寡人从子。’”[②]

书中描写越国灭吴后范蠡、文种的对话，亦为范蠡的归隐、文种的被杀埋下伏笔，正是通过文中一前一后、前后对应的描述，凸显了勾践的所谓“明君”形象不过是充满政治实用性的“鸟尽弓藏、兔死狗烹”“可与共患难，不可同安乐”的君主驭臣之道而已，而文种死后，伍子胥与其“俱浮于海”的描述，则正喻指了勾践与夫差二人殊途同归、对待臣民的某种一致性。“范蠡从吴欲去，恐勾践未返，失人臣之义，乃从入越。行，谓文种曰：‘子来去矣！越王必将诛子。’种不然言。蠡复为书遗种曰：‘吾闻天有四时，春生冬伐；人有盛衰，泰终必否。知进退存亡而不失其正，惟贤人乎！蠡虽不才，明知进退。高鸟已散，良弓将藏；狡兔已尽，良犬就烹。夫越王为人，长颈鸟喙，鹰视狼步；可与共患难，而不可共处乐；可与履危，不可与安。子若不去，将害于子，明矣。’文种不信其言。”[③] “越王复召相国，谓曰：‘子有阴谋兵法，倾敌取国。九术之策，今用三，已破强

① （东汉）赵晔原著，张觉译注：《吴越春秋全译》，贵州人民出版社 1993 年版，第 69 页。

② 同上书，第 110 页。

③ 同上书，第 320 页。

吴，其六尚在子所，愿幸以余术，为孤前王于地下谋吴之前人。’于是种仰天叹曰：‘嗟乎！吾闻：“大恩不报，大功不还。”其谓斯乎？吾悔不随范蠡之谋，乃为越王所戮。吾不食善言，故哺以人恶。’越王遂赐文种属卢之剑，种得剑又叹曰：‘南阳之宰而为越王之擒！’自笑曰：‘后百世之末，忠臣必以吾为喻矣。’遂伏剑而死。越王葬种于国之西山，楼船之卒三千余人，造鼎足之羡，或入三峰之下。葬一年，伍子胥从海上穿山胁而持种去，与之俱浮于海。故前潮水潘候者，伍子胥也；后重水者，大夫种也。”①

书中对于人物性格的塑造亦形象生动，如书中对伍子胥劝谏夫差的对话及鞭笞楚平王坟墓的情节便凸显了其对君主忠诚、对敌疾恶如仇的性格特点。“吴王大悦，曰：‘越贡二女，乃勾践之尽忠于吴之证也。’子胥谏曰：‘不可，王勿受也。臣闻：“五色令人目盲，五音令人耳聋。”昔桀易汤而灭，纣易文王而亡。大王受之，后必有殃。臣闻越王朝书不倦，晦诵竟夜，且聚敢死之士数万，是人不死，必得其愿。越王服诚行仁，听谏进贤，是人不死，必成其名。越王夏被毛裘，冬御絺绤，是人不死，必为对隙。臣闻：“贤士，国之宝；美女，国之咎。”夏亡以妹喜，殷亡以妲己，周亡以褒姒。’吴王不听，遂受其女。越王曰：‘善哉，第三术也。’”②“伍胥以不得昭王，乃掘平王之墓，出其尸，鞭之三百，左足践其腹，右手抉其目，诮之曰：‘谁使汝用谗谀之口杀我父兄，岂不冤哉？’即令阖闾妻昭王夫人，伍胥、孙武、白喜亦妻子常、司马成之妻，以辱楚之君臣也。”③

对要离人物形象的刻画则通过其言行，突出其忠于吴王，亦看中仁义的一面，其刺杀庆忌后决绝赴死的情节即凸显了忠君与仁义的内在张力。“要离曰：‘臣闻：“安其妻子之乐，不尽事君之义，非忠也；怀家室之爱，而不除君之患者，非义也。”臣诈以负罪出奔，愿王戮臣妻子，焚之吴市，飞扬其灰，购臣千金与百里之邑，

---

① （东汉）赵晔原著，张觉译注：《吴越春秋全译》，贵州人民出版社1993年版，第330页。

② 同上书，第269页。

③ 同上书，第97—98页。

庆忌必信臣矣。’王曰：‘诺。’要离乃诈得罪出奔，吴王乃取其妻子，焚弃于市。”① 要离杀庆忌之后，“要离渡至江陵，愍然不行。从者曰：‘君何不行?’要离曰：‘杀吾妻子以事吾君，非仁也；为新君而杀故君之子，非义也；重其死，不贵无义，今吾贪生弃行，非义也。夫人有三恶以立于世，吾何面目以视天下之士?’言讫遂投身于江，未绝，从者出之。要离曰：‘吾宁能不死乎?’从者曰：‘君且勿死，以俟爵禄。’要离乃自断手足，伏剑而死”。②

书中对话亦鲜明生动，令人印象深刻，如《夫差内传》描述勾践逼迫夫差自杀的情节，便对勾践的咄咄逼人与夫差的哀怜之状进行了形象刻画。“大夫种谓越君曰：‘中冬气定，天将杀戮，不行天杀，反受其殃。’越王敬拜，曰：‘诺。今图吴王将为何如?’大夫种曰：‘君被五胜之衣，带步光之剑，仗屈卢之矛，瞋目大言以执之。’越王曰：‘诺。’乃如大夫种辞吴王曰：‘诚以今日闻命!’言有顷，吴王不自杀。越王复使谓曰：‘何王之忍辱厚耻也?世无万岁之君，死生一也。今子尚有遗荣，何必使吾师众加刃于王?’吴王仍未肯自杀。勾践谓种、蠡曰：‘二子何不诛之?’种、蠡曰：‘臣，人臣之位，不敢加诛于人主。愿主急而命之：“天诛当行，不可久留。”’越王复瞋目怒曰：‘死者，人之所恶。恶者，无罪于天，不负于人。今君抱六过之罪，不知愧辱而欲求生，岂不鄙哉?’吴王乃太息，四顾而望，言曰：‘诺。’乃引剑而伏之死。越王谓太宰嚭曰：‘子为臣不忠无信，亡国灭君。’乃诛嚭并妻子。吴王临欲伏剑，顾谓左右曰：‘吾生既惭，死亦愧矣。使死者有知，吾羞前君地下，不忍睹忠臣伍子胥及公孙圣；使其无知，吾负于生。死必连繴组以罩吾目，恐其不蔽，愿复重罗绣三幅以为掩明。生不昭我，死勿见我形，吾何可哉?”③ 当然在《勾践伐吴外传》中对同一故事的叙述又有些微不同之处，此处的描述显示出勾践对夫差一定程度上的怜悯与夫差重视尊严的一面。“吴使王

① （东汉）赵晔原著，张觉译注：《吴越春秋全译》，贵州人民出版社1993年版，第74页。

② 同上书，第76页。

③ 同上书，第169页。

孙骆肉袒膝行而前，请成于越王，曰：‘孤臣夫差，敢布腹心。异日得罪于会稽，夫差不敢逆命，得与君王结成以归。今君王举兵而诛孤臣，孤臣惟命是听，意者犹以今日之姑胥，曩日之会稽也。若徼天之中得赦其大辟，则吴愿长为臣妾。’勾践不忍其言，将许之成。范蠡曰：‘会稽之事，天以越赐吴，吴不取；今天以吴赐越，越可逆命乎？且君王早朝晏罢，切齿铭骨，谋之二十余年，岂不缘一朝之事耶？今日得而弃之，其计可乎？天与不取，还受其咎。君何忘会稽之厄乎？’勾践曰：‘吾欲听子言，不忍对其使者。’范蠡遂鸣鼓而进兵曰：‘王已属政于执事，使者急去，不时得罪。’吴使涕泣而去。勾践怜之，使令入谓吴王曰：‘吾置君于甬东，给君夫妇三百余家，以没王世，可乎？’吴王辞曰：‘天降祸于吴国，不在前后，正孤之身，失灭宗庙社稷者。吴之土地、民臣，越既有之，孤老矣，不能臣王。’遂伏剑自杀。”①

对越王勾践忍辱负重、决心复仇的信念与行动，书中用寥寥数笔便形象地描绘出来，“越王念复吴仇非一旦也，苦身劳心，夜以接日。目卧，则攻之以蓼；足寒，则渍之以水。冬常抱冰，夏还握火。愁心苦志，悬胆于户，出入尝之，不绝于口。中夜潜泣，泣而复啸”。②

对越王勾践灭吴后志得意满、专事征服的行为，书中通过孔子与勾践的简短对话巧妙地表达出来，“越王既已诛忠臣，霸于关东，徙都琅邪，起观台，周七里，以望东海。死士八千人，戈船三百艘。居无几，射求贤士。孔子闻之，从弟子奉先王雅琴礼乐奏于越。越王乃被唐夷之甲，带步光之剑，杖屈卢之矛，出死士以三百人为阵关下。孔子有顷到，越王曰：‘唯，唯，夫子何以教之？’孔子曰：‘丘能述五帝三王之道，故奏雅琴以献之大王。’越王喟然叹曰：‘越性脆而愚，水行山处，以船为车，以楫为马，往若飘然，去则难从，悦兵敢死，越之常也。夫子何说而欲教之？’孔子不答，因辞而去”。③ 当

① （东汉）赵晔原著，张觉译注：《吴越春秋全译》，贵州人民出版社 1993 年版，第 314 页。

② 同上书，第 243 页。

③ 同上书，第 331—332 页。

然，这场对话并不符合历史史实，由文中描述可知，勾践杀害文种、迁都琅邪大概在公元前472年，而孔子去世于公元前479年，二人在现实中根本不可能在此时会面，显然属于虚构性描述，而正是通过这种虚构叙事，巧妙地反映了勾践并非真正的仁义之君，而是施行实用性霸王之术的乱世枭雄。

书中的夸张性描述与神话式叙事，现在看来虽有些荒诞，但在其时正表现了历史叙事所存在的文学化特征，以下几则描述正表现了这一点。“市吏于是与子胥俱入见王，王僚怪其状伟——身长一丈，腰十围，眉间一尺。”① “恐军士畏法不使，自谓未能得士之死力，道见蛙张腹而怒，将有战争之气，即为之轼。其士卒有问于王曰：‘君何为敬蛙虫而为之轼？’勾践曰：‘吾思士卒之怒久矣，而未有称吾意者。今蛙虫无知之物，见敌而有怒气，故为之轼。’于是军士闻之，莫不怀心乐死，人致其命。”“城既成，而怪山自至。怪山者，琅玡东武海中山也，一夕自来，百姓怪之，故名怪山；形似鬼体，故谓龟山。”② “吴王大惧，夜遁。越王追奔攻吴，兵入于江阳松陵，欲入胥门。未至六七里，望吴南城，见伍子胥头巨若车轮，目若耀电，须发四张，耀于十数里。”③

《吴越春秋》历史叙事的文学化倾向、故事情节的呼应性、语言描述的形象化、叙事内容的夸张性等，表明其正是当时历史书写与叙事能力水平提高的时代背景下应运而生的一部划时代作品。

总体而言，《吴越春秋》正是通过浓墨重彩的历史铺陈和形象生动的语言描述，为后人研究春秋战国时期吴越两国的历史演变与生活生产状况等提供了重要的资料来源，无疑有其重要的学术价值，值得学术界继续进行深入研究。

综上可知，《越绝书》《吴越春秋》二书在包含了大量相同之处的同时，又在体例、内容、性质、叙事艺术、历史倾向等方面具有明

---

① （东汉）赵晔原著，张觉译注：《吴越春秋全译》，贵州人民出版社1993年版，第46页。

② 同上书，第237页。

③ 同上书，第310页。

显的不同之处。《越绝书》《吴越春秋》作为真正意义上的绍兴地区最早的史学著作，通过详细描述吴亡越兴的历史发展历程，反映了当时绍兴经济、文化、社会的发展状况及思想变迁情况，在撰述体例、内容、体现的史学思想等方面均具有重要价值。

第二章　三国两晋以来的绍兴地方志书

从三国两晋至明清时期，绍兴史学家的断代史著作和绍兴地方志书不断发展完善，在中国断代史和地方志书的发展进程中居于重要地位。

第一节　三国两晋南北朝时期绍兴史学家的断代史和绍兴地方志书

谢承，字伟平，三国时吴国会稽郡山阴人。父亲为谢煚，东汉尚书郎、徐令，谢承姐为吴主孙权之妻，叔为谢贞。《三国志》云："吴主权谢夫人，会稽山阴人也。父煚，汉尚书郎，徐令。权母吴，为权聘以为妃，爱幸有宠，后权纳谷孙徐氏，欲令谢下之，谢不肯，由是失志，早卒。后十余年，弟承拜五官郎中，稍迁长沙东部都尉、武陵太守，撰《后汉书》百余卷。"① 谢承博学洽闻，尝所知见，终生不忘，② 撰有《后汉书》《会稽先贤传》等。谢承有二子：长子谢崇，官至扬威将军；次子谢勖，官吴郡太守。

谢承之《后汉书》，根据《隋书》卷三三《经籍志（二）》所载，全书130卷，无帝纪，吴武陵太守谢承撰。③《旧唐书·经籍志》载

---

① （晋）陈寿：《三国志》卷五〇《吴书·妃嫔传》，中华书局1964年版，第1196页。
② 同上书，第1197页。
③ （唐）魏征等编纂：《隋书》卷三三《经籍志（二）》。

“《后汉书》一百三十三卷，谢承撰”，[①]《新唐书·艺文志》载“谢承《后汉书》一百三十三卷，又录一卷”。[②] 余嘉锡认为，新旧《唐书》比《隋书》多出来的“三卷”应该是《帝纪》的残卷，[③] 因为如谢承《后汉书》中如果没有《帝纪》，就难以称为一部完整的史书。

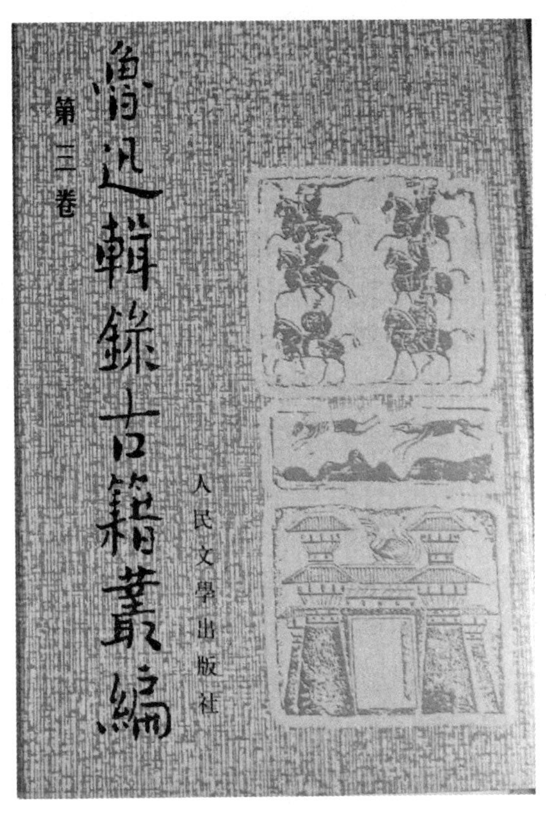

《鲁迅辑录古籍丛编》第三卷

鲁迅的《谢承〈后汉书〉序》云：“《后汉书》宋时已不传，故王应麟《困学纪闻》自《文选》注转引之；吴淑进注《事类赋》在淳化时，亦言谢书遗逸。清初阳曲傅山乃云其家旧藏明刻本，以校《曹全碑》，无不合。然他人无得见者。惟钱塘姚之骃辑本四卷，在

① （后晋）刘昫：《旧唐书》，中华书局 1975 年版，第 1989 页。
② （宋）欧阳修等：《新唐书》，中华书局 1975 年版，第 1454 页。
③ 余嘉锡：《余嘉锡古籍论丛》，国家图书馆出版社 2010 年版，第 157 页。

《后汉书补遗》中，虽不著出处，难称审密，而确为谢书。其后仁和孙志祖。黟汪文台又各有订补本，遗文稍备，顾颇杂入范晔书，不复分别。今一一校正，厘为六卷，先四卷略依范书纪传次第，后二卷则凡名氏偶见范书或所不载者，并写入之。案《隋志》录《后汉书》八家，谢书最先，草创之功，足以称纪；而今日逸文乃仅藉范晔书，《三国志》注及唐宋类书以存。”①

现存该书的六卷主要内容为东汉名人的简要传记、《东夷列传》以及《礼仪志》、《五行志》、《郡国志》、《谢承自序》。人物传记行文简略，侧重记述传主的主要事迹而非对其生平的完整记述。如《伏后》载云：“曹操逼献帝废伏后，以尚书令华歆为郗虑副，勒兵入宫收后。后闭户藏壁中，歆就牵后出。时帝在外殿，后被发徒跣行泣过，诀曰：‘不能复相活邪?’帝曰：‘我亦不知命在何时!’”② 即简要介绍了汉献帝妻伏皇后被曹操派人胁持废弃的过程。《班超》云：“永平五年，班超兄班固被召诣校书。超与母随至洛阳，家贫，常为佣书以供养。久蒙苦，尝辍业，投笔叹曰：‘大丈夫无他志略，独当效傅介子、张骞，立功异域，以取封侯，安能久事笔砚乎?’”③ 则简要描述了班超投笔从戎的事迹。

《袁绍》载：

> 山东兵起，讨董卓，绍与王匡屯河内。胡母班，王匡之妹夫。董卓使班奉诏到河内，解释义兵。匡受袁绍旨，收班系狱，欲杀之以徇军。班与匡书云：“自古以来，未有下土诸侯，举兵向京师者。刘向傅曰：‘投鼠忌器。’器犹忌之，况董卓起朔垂，今处宫阙之内，以天子为藩屏。幼主在宫，如何可讨？仆与太傅马公，太仆赵岐，少府阴修，俱受诏命。关东诸郡，虽实嫉卓，犹以衔奉王命，不敢玷辱。而足下独囚仆于狱，欲以衅鼓，此何

① 《鲁迅辑录古籍丛编》（第三卷），人民文学出版社 1999 年版，第 3 页。

② 同上书，第 5 页。

③ 同上书，第 45 页。

悖暴无道之甚者也。仆与董卓，有何亲戚，义岂同恶？足下张虎狼之口，吐长蛇之毒，恚卓迁怒，何甚酷哉！死者人之所难，然耻为狂夫所害，若亡者有灵，当诉足下于皇天。夫婚姻者，祸福之机，今日著矣。曩为一体，今为血雠。亡人子二人，则君之甥，身没之后，慎勿令临仆尸骸也。”匡得书，抱班二子而泣。班遂死于狱。

王匡少与蔡邕善，其年为卓军所败，走迁泰山，收集劲勇，得数千人，欲与张邈合。匡先杀执金吾胡母班，班亲属不胜愤怒，与太祖并势，共杀匡。

袁绍以曹操为东郡太守，刘公山为兖州。公山为黄巾所杀，乃以曹为兖州刺史。操得兖州，兵众强盛，内怀反绍意。

操围吕布于濮阳，为布所破，投绍。绍哀之，乃给兵五千，还取兖州。

由上可知，这篇名为《袁绍》的传文，主要内容是介绍王匡妹夫胡母班写给王匡的信，及其后胡母班亲属杀王匡的情况，对袁绍本身行迹则甚少介绍。

其《东夷列传》简略记载了朝鲜的腊日祭祀习俗。礼仪志主要描述了蔡邕与胡广等朝臣对上陵之礼的感叹。《谢承自序》则简要介绍了其父亲与叔叔的事迹。

通过现存的谢承《后汉书》，我们可以对东汉的名人事迹、礼仪等情况有一个初步的了解。

谢沈：《后汉书》

谢沈（公元 290—342 年），字行思，会稽山阴（今浙江绍兴）人，文学家，晋礼部郎。晋康帝时被征为太学博士，迁著作郎。《晋书》之《谢沈传》云：“沈，字行思，会稽山阴人也。曾祖斐，吴豫章太守。父秀，吴翼正都尉。沈少孤，事母至孝，博学多识，明练经史。郡命为主簿、功曹，察孝廉，太尉郗鉴辟，并不就。会稽内史何充引为参军，以母老去职。平西将军庾亮命为功曹，征北将军蔡谟牒为参军，皆不就。闲居养母，不交人事，耕耘之暇，研精坟籍。康帝即位，朝议疑七庙迭毁，乃以太学博士征，以质疑滞。以母忧去职。服阕，除尚书度支郎。何充、庾冰并称沈有史才，迁著作郎，撰《晋书》三十余卷。会卒，时年五十二。沈先著《后汉书》百卷及《毛诗》、《汉书外传》，所著述及诗赋文论皆行于世。其才学在虞预之右云。”① 鲁迅《序》云：“案《隋志》无《外传》者，或疑本在《后汉书》百二十二卷中，《唐志》乃复析出之，然据本传当为别书，今无遗文，不可复考；惟《后汉书》尚存十余条，辄缀辑为一卷。”②

现存谢沈《后汉书》载有光武帝、安帝、东平王刘苍、钟离意等十余人的事迹，并有关于《礼仪志》《祭祀志》《五行志》《郡国志》的零散记录。如其条目《光武帝》载曰：“光武攻淯阳不下，引兵攻宛，至小长安，与甄阜战，败。甄阜等败光武于小长安东，乘胜南渡黄淳水，前营背阻两川，谓临比水，绝后桥，示无还心。汉军击之，三军溃，溺死黄淳水者二万人。”③《钟离意》条目云：“钟离意讥起北宫，表云：‘未数年，豫章遭蝗，谷不收，民饥死，县数千百人。’”④《五行志》云：“安帝永初元年，郡国四十一水出，漂没民人，死者以千数。桓帝延熹九年，扬州六郡，连水旱蝗害。”⑤

《会稽先贤传》

《会稽先贤传》，据《隋书》卷三三《经籍志（二）》载：“《会稽先贤传》七卷，谢承撰。”⑥《〈会稽郡故事杂集〉序》云：“吴谢承始传先贤，朱育又作土地记。载笔之士，相继有述。”⑦

本书早佚，但后人有所引述，鲁迅编纂的《古籍丛编》载有八个人的传记：严遵、董昆、沈勳、淳于翼、茅开、陈业、阚泽、贺氏。鲁迅认为：“所记诸人事，多史传之逸文。严遵二条，足补《后汉书》

---

① （唐）房玄龄等：《晋书》卷八二《列传》。

② 《鲁迅辑录古籍丛编》（第三卷），人民文学出版社1999年版，第205页。

③ 同上书，第206页。

④ 同上书，第207页。

⑤ 同上书，第211页。

⑥ （唐）魏征等：《隋书》卷三二《经籍志（二）》，武英殿本，第567页。

⑦ 周作人：《〈会稽郡古书杂集〉序》，载《鲁迅辑录古籍丛编》，人民文学出版社1999年版，第235页。

本传之阙。陈业二条，足以证《吴志》《虞翻传》注。吉光片羽，皆可宝也。”①

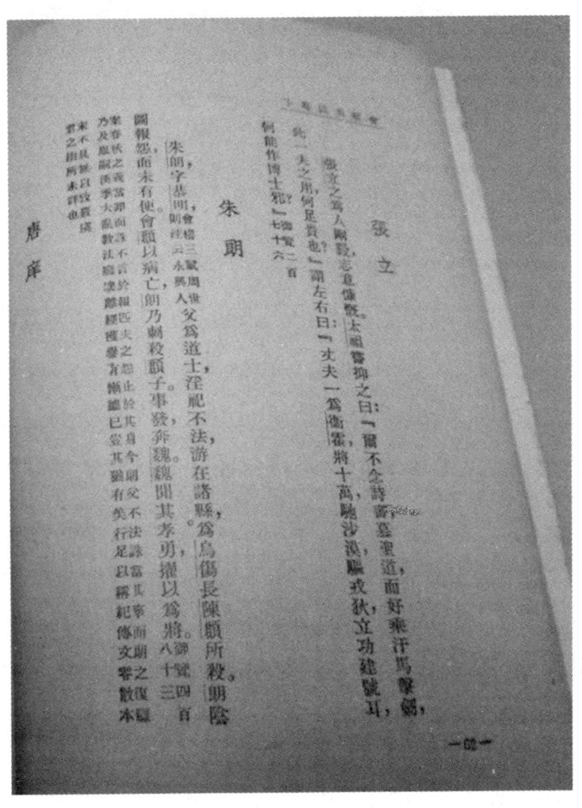

張立

張立之爲人剛毅，志重慷慨。太祖嘗抑之曰：「爾不念詩書，慕里道，而好乘汗馬，擊劍，此一夫之用，何足貴也？」顧左右曰：「丈夫一爲衛霍，將十萬，馳沙漠，驅戎狄，立功建號耳，何能作博士邪？」

朱朗

朱朗，字恭明，父爲道士，淫祀不法，游在諸縣，爲烏傷長陳頵所殺。朗陰圖報怨，而未有便。會頵以病亡，朗乃刺殺頵子。事發，奔魏。魏聞其孝勇，擢以爲將。

1941 年鲁迅全集出版之《会稽先贤传》

《严遵》条云：“光武召严遵诣行所。遇蜀郡献橘栗，上赐公卿以下，各以手所及取之。遵独不取。上曰：‘不敢取者谁?’遵对曰：‘君赐臣以礼，臣奉君以忠。今赐无所主，臣是以不敢取。’”②《陈业》条：“陈业字文理。郡守萧府君卒，业与书佐鲁双率礼送葬。双道溺于水，业因掘泥扬波，援出其石。业兄渡海，复见倾命。时同依止者五十六人，骨肉消烂而不可辨别。业仰皇天，誓后

① 《鲁迅辑录古籍丛编》（第三卷），人民文学出版社 1999 年版，第 237 页。
② 同上书，第 238 页。

土，曰：‘闻亲戚者必有异焉。’因割臂流血，以洒骨上。应时歃血，余皆流去。”① 《阚泽》条：“吴侍中阚泽，字德润，山阴人也。在母胎八月，而叱声震外。年十三，夜梦名字炳然县在月中，遂后昇进也。”②

范晔：《后汉书》

范晔（公元398—445年），字蔚宗，东晋末年至南朝宋初年的著名史学家。关于范晔的籍贯，学术界有不同的说法，有人说是河南顺阳人，有人认为是顺阳山阴人。后一种说法的根据是《宋书·范泰传》所云“范泰，字伯伦，顺阳山阴人也”③，（范泰为范晔之父）但又认为顺阳在河南，山阴在浙江，无法解释。其实两种说法并不矛盾，朱仲玉先生对此给出了清晰合理的看法，“我认为这是史书的省略写法，即范晔家里祖籍顺阳，寄籍山阴。《晋书·范汪传》记载范晔的曾祖范汪‘少孤贫，六岁过江，依外家新野庚氏’。这里‘新野庚氏’是‘颍川庚氏’之误，因新野庚氏过江迁到江陵，颍川庚氏则迁到会稽。从后来范家与世家大族谢家世代联姻这一点看，范汪是到了会稽，并且是晋明帝司马绍岳父家庚氏的亲戚。范汪之子即范晔的祖父范宁，曾为余杭令，是在离会稽不远处做官。范宁之子即范晔之父范泰在会稽山阴出生，所以史书载他是‘顺阳山阴人’。范晔也可能是在山阴出生的，即或不在山阴出生，他家在会稽山阴已经住了几代，所以也可以说他是绍兴人”。④

范晔的祖父范宁，官至东晋豫章太守，长于经学。其父范泰，曾为南朝宋侍中，撰《古今善言》二十四篇，有文集行世。范晔出继从伯范弘之，范弘之以儒术知名于世，做过太学博士。儒学家世，为范晔治史学奠定了坚实的基础。范晔做过南朝宋武帝刘裕之子彭城王刘义康的参军，后升任尚书吏部郎。公元432年，即宋文帝元嘉九年，

---

① 《鲁迅辑录古籍丛编》（第三卷），人民文学出版社1999年版，第240页。

② 同上书，第241页。

③ （南朝梁）沈约：《宋书》卷六十《列传》第二十《范泰传》。

④ 朱仲玉：《汉晋时代绍兴的十位史学家》，《绍兴师专学报》（社会科学版）1983年第2期。

由于触犯刘义康，被贬为宣城太守。从此受到压制，便开始著书，一意撰述《后汉书》。范晔为人恃才傲物，甚至面对宋文帝刘义隆，亦有所冒犯，“晔长不满七尺，肥黑，秃眉须。善弹琵琶，能为新声。上欲闻之，屡讽以微旨，晔伪若不晓，终不肯为上弹。上尝宴饮欢适，谓晔曰：‘我欲歌，卿可弹。’晔乃奉旨。上歌既毕，晔亦止弦”。[①] 撰完《后汉书》后，范晔又卷入刘义康与宋文帝刘义隆之争，在元嘉二十二年（453 年）被宋文帝以谋反罪名诛杀，“晔时年四十八。晔兄弟子父已亡者及谢综弟纬，徙广州。蔼子鲁连，吴兴昭公主外孙，请全生命，亦得远徙，世祖即位得还”。[②]《后汉书》是纪传体的东汉断代史著作，共 120 卷，被分为纪 10 卷、传 80 卷、志 30 卷。其中纪、传的作者为范晔；志的作者是西晋时期的史学家司马彪，一般称其为《续汉志》。司马彪，字绍统，西晋宗室高阳王司马睦的长子，初拜骑都尉，晋武帝泰始中迁为秘书郎，转为丞，曾注《庄子》，作《九州春秋》和《续汉书》，逝于公元 306 年。

在范晔撰写《后汉书》之前，后汉史书已有多种，从东汉的明帝到灵帝，经过班固、刘珍、伏无忌和蔡邕等几代人的努力，写就纪传体的《东观汉记》，主要记载光武帝到灵帝之间的东汉历史。后来，吴谢承、晋薛莹、晋司马彪和南朝宋刘义庆等人都有相关著作面世。范晔参考各家内容，融会贯通，撰就《后汉书》。范晔原来欲仿照《汉书》，撰成十志，但因被害而未如愿。范著《后汉书》叙事简明扼要，内容全面，范氏自评甚高，在其身逮系狱期间所写的《狱中与诸甥侄书》中，云：“既造《后汉》，转得统绪，详观古今著述及评论，殆少可意者。班氏最有高名，既任情无例，不可甲乙辨。后赞于理近无所得，唯志可推耳。博赡不可及之，整理未必愧也。吾杂传论，皆有精意深旨，既有裁味，故约其词句。至于《循吏》以下及《六夷》诸序论，笔势纵放，实天下之奇作。其中合者，往往不减《过秦》篇。尝共比方班氏所作，非但不愧之而已。欲遍作诸志，前

① （南朝梁）沈约：《宋书》卷六十九《列传》第二十九《范晔传》。
② 同上。

汉所有者悉令备。虽事不必多，且使见文得尽。又欲因事就卷内发论，以正一代得失，意复未果。赞自是吾文之杰思，殆无一字空设，奇变不穷，同合异体，乃自不知所以称之。此书行，故应有赏音者。纪、传例为举其大略耳，诸细意甚多。自古体大而思精，未有此也。”①

《后汉书》纪、传的编次和《汉书》有不少区别，纪的最后一篇是《皇后纪》，相当于《汉书·外戚传》。皇后从传入纪，即始自范晔的《后汉书》。此外，在《汉书》以外还创立了7篇类传，有《党锢传》《宦者传》《文苑传》《独行传》《方术传》《逸民传》《烈女传》，这些类传是根据东汉现实与风俗所写，有的类传成为此后史书效法的楷模。在《汉书》中有《百官公卿表》，内容是西汉的职官制度，司马彪将“表”改为“志”，创立了《百官志》，记述东汉的职官制度。现存最早的《后汉书》刻本是南宋时期的绍兴本，残缺五卷。1965年中华书局出版标点校本，是以1937年商务印书馆影印的南宋绍兴本为底本，并参考其他版本加以校正，同时吸取了前人研究、校勘成果。

宣扬儒家正统思想为《后汉书》阐述的基本内容。《后汉书》中对大部分人物的褒贬，取乎儒家正统思想的标准：有利于维护王朝统治、民众安宁的忠贞之士，即受到褒美；反之，则受到贬责。

《后汉书》中褒赞了大量的勤政爱民官吏。如《循吏列传》的记传王景时，历数其修渠治水、教民耕作蚕织等政绩，称其勤政爱民，“永平十二年，议修汴渠，乃引见景，问以理水形便。景陈其利害，应对敏给，帝善之。又以尝修浚仪，功业有成，乃赐景《山海经》《河渠书》《禹贡图》，及钱帛衣物”。② 在班超、梁谨等传记中，赞扬他们大智大勇/立功西域，这种赞扬表现了对王朝统治秩序和民众生活的维护。《后汉书》中还对仗义执节者大加赞美。《党锢列传》中描写李膺遭受党锢之祸时，拒不逃避。记述范滂面对党祸，慷慨就死，凸显了对正统忠义观的认同。

另外，范晔对外戚、宦官的横暴专权、祸国殃民大加挞伐。东汉

---

① （南朝宋）范晔撰，（唐）李贤等注：《后汉书》第1册，中华书局1965年版，第2页。

② （南朝宋）范晔撰，（唐）李贤等注：《后汉书》，中华书局1965年版，第2465页。

中叶，和帝、安帝以后，皇帝均为幼年即位，国家局势陷于外戚与宦官交替掌权的混乱局面，他们把持朝纲，穷奢极欲，祸国殃民。《后汉书》对这些情形进行了无情的揭露和批判。

《后汉书》继承了前代的纪传体制，在编写上又有所创新。在人物类传方面，除了承袭《汉书》的《循吏》《酷吏》《儒林》等类传外，还结合东汉社会的特点，范晔又创制了前代史书中所没有的《党锢传》《宦者传》《文苑传》《独行传》《逸民传》《方术传》《列女传》等7种新的类传，后6种类传为后世大多数纪传体史书所承袭。范晔受类传编纂的影响，不拘时序把有相似点的人物放在一起撰写（但又不同于类传），这使编者更易于编写，同时读者更易于理解把握所传人物，对后世史学编纂具有很大影响。《后汉书》再现了东汉的历史，保存了东汉一代的诸多史料。东汉社会政治、经济、文化状况的变动，朝局斗争及时代大事，诸如党宦之争、党锢之祸、图谶盛行等史实，皆赖其予以保存。《后汉书》还保存了东汉学者大量有价值的论著，于人物传记中附载，如《崔寔传》中载其《政论》一篇、《桓谭传》中载其《陈时政》一篇、《蔡邕传》载其《释诲》一篇等。

虞预：《晋书》《会稽典录》

虞预（约公元285—340年），本名茂，字叔宁，东晋会稽余姚县人，天文学家虞喜之弟。预十二而孤，少好学，有文章，余姚风俗各有朋党宗人共荐预为县功曹，欲使沙汰秽浊，但被排斥，他寄书其从叔父曰：“近或闻诸君以预入仕，便应委质，则当亲事不得徒已然。预下愚过有所怀，邪党互瞻，异同蜂至，一旦差跌，众鼓交鸣，毫厘之失差以千里。此古人之炯戒而预所大恐也。”① 太守庾琛命其为主簿，虞预上记陈时政所失，云：“军寇以来，赋役繁数，兼值年荒，百姓失业，是轻徭薄敛宽刑省役之时也。自顷长吏轻多，去来送故，迎新交错，道路受迎者，惟恐船马之不多见，送者惟恨吏卒之常少。穷奢竭费，谓之忠义，省烦从呼为薄俗，转放效流而不反。虽有常防，莫肯遵修。加以王涂未夷，所在停滞，送者经年，永失播植。一

① （唐）房玄龄等：《晋书》卷八二《列传》，第1188页。

夫不耕，十夫无食，况转百数，所妨不訾。愚谓宜勒属县若令尉，先去官者人船吏侍，皆具条列到。当依法减省，使公私允当。又今统务多端，动加重制，每有特急，辄立督邮计。今直兼三十余人，人船吏侍，皆当出官，益不堪命。宜复减损，严为之防。”① 庾琛认为此法甚善，故即施行之。太守纪瞻代庾琛，预复为主簿，转功曹史，察孝廉，不行。安东从事中郎诸葛恢，参军庾亮等荐预，召为丞相行参军兼记室。遭母忧，服竟，除佐著作郎。太兴二年，大旱，诏求谠言直谏之士，预上书谏曰：“大晋受命于今，五十余载，自元康以来，王德始阙，戎翟及于中国，宗庙焚为灰烬，千里无烟爨之气，华夏无冠带之人。自天地开辟，书籍所载，大乱之极未有若兹者也。陛下以圣德先觉，超然远鉴，作镇东南，声教遐被，上天眷顾，人神赞谋。虽云中兴，其实受命少康，宣王诚未足喻。然南风之歌可著，而陵迟之俗未改者，何也？臣愚谓，为国之要，在于得才，得才之术，在于抽引。苟其可用，雠贱必举……今天下虽弊，人士虽寡，十室之邑，必有忠信……”② 西乡侯苏峻作乱，预先假归家。太守王舒请为咨议参军，峻平，进爵平康县侯，迁散骑侍郎，著作如故。除散骑常侍，仍领著作。以年老归卒于家。预雅好经史，著《晋书》四十余卷、《会稽典录》二十篇、《诸虞传》十二篇，所著诗赋碑诔论难数十篇。

虞预现存《晋书》，载有 40 余名人传记，简略记述其言行。如《宣帝》载云：“上虽服膺文艺，以儒素立德，而雅以有雄霸之量。值魏氏短祚，内外多难，谋而鲜过，举必独克，知人拔善，显扬侧陋。王基，邓艾，周泰，贾越之徒，皆起自寒门，而著绩于朝。经略之才，可谓远矣。”③《嵇康》条：“康家本姓奚，会稽人。先自会稽迁于谯之铚县，改为嵇氏，取稽字之上，山以为姓，盖以志其本也。一曰：铚有嵇山，家于其侧，遂氏焉。”④《祖逖》条：“逖字士稚，范阳遒人。豁荡

① （唐）房玄龄等：《晋书》卷八二《列传》，第 1189 页。

② 同上。

③ 《鲁迅辑录古籍丛编》（第三卷），人民文学出版社 1999 年版，第 216 页。

④ 同上书，第 224 页。

不修仪检，轻财好施。”[①]《嵇绍》条：“元康元年，河间，成都二王举兵向京都，朝廷北讨，征嵇绍为侍中。王旅不振，败绩于汤阴，百官侍卫，莫不溃散。唯绍以身捍，寇兵突御辇，飞矢雨集，绍遂被害于帝侧，血溅御服。及定，左右欲浣衣，帝曰：‘此嵇侍中血，勿去。’”[②]

《会稽典录》

《会稽典录》，据《隋书》卷三三《经籍志（二）》载：“《会稽典录》二十四卷，虞豫撰。”[③] 豫，应为预字之误。《旧唐书》之《经籍志》，《新唐书》之《艺文志》同。《康熙绍兴府志》卷五九云：“《会稽典录》晋虞预著，预，余姚人，事见人物志，其书今越中无有。”[④]《乾隆余姚志》卷三五《经籍志》云：“《会稽典录》二十四卷，晋虞预撰。案《会稽典录》，明初尚有完书，今失传。诸虞传十二篇，晋虞预撰。”[⑤] 鲁迅《〈会稽典录〉序》则云：“《典录》，《宋史·艺文志》已不载，而宋人撰述，时见称引，又非出于转录。疑民间尚有其书，后遂湮昧。”[⑥]

鲁迅辑本分为两卷，录有范蠡、计倪等会稽名人 72 名。其传择要载传主史迹，详略各异，语言流畅生动，可从传记中透视会稽社会状况与历史变迁。如《范蠡》传云：“范蠡字少伯，越之上将军也。本是楚宛三户人，被发佯狂，倜傥负俗。文种为宛令，游三户之里，下车谒蠡，蠡不为礼。种还馆，复遣使奉谒，蠡默而不言。吏还曰：‘范蠡本国狂人，生有此病。’种笑曰：‘吾闻士有贤俊之资，必有佯狂之讥。内怀独见之明，外有不知之毁。此固非二三子之所知也。’驾车而往，蠡避之。后知种之必来谒，谓兄嫂曰：‘今日有客，愿假衣冠。’有顷，种至，抵掌而谈。旁人观者，耸听之矣。”[⑦]《孟尝》

① 《鲁迅辑录古籍丛编》（第三卷），人民文学出版社 1999 年版，第 225 页。
② 同上书，第 230 页。
③ （唐）魏征等撰：《隋书》卷三三《经籍志（二）》。
④ （清）俞卿修，周徐彩纂：《康熙绍兴府志》卷五九，第 2402 页。
⑤ （清）唐若瀛修，（清）邵晋涵纂：《乾隆余姚志》卷三五，乾隆四十六年（1781 年）刻本。
⑥ 《鲁迅辑录古籍丛编》（第三卷），人民文学出版社 1999 年版，第 243 页。
⑦ 同上书，第 244 页。

传云:“孟尝,仕郡户曹史。上虞有寡妇双,养故至孝。姑卒病亡,其女言县,以双杀其母。县不断理,结竟言郡,郡报治罪。尝谏以为:‘此妇素名孝谨,此必见诬。’固谏,不听,遂具狱文书哭于府门。后郡遭大旱三年,上虞尤甚。太守殷丹下车访问,尝具陈双不当死,诛姑女,改葬孝妇。丹如言,天应时鱼注。”[①]《阚泽》条:“阚泽,字德润,山阴人也。初,吕一奸罪发闻,有司穷治,奏以大辟。或以为宜加焚裂,用彰其恶。吴王以问泽,泽曰:‘盛明之世,不宜有此刑。’遂从之。”[②]描述东汉孝女曹娥事迹的《曹娥》条,则表明当时孝道观念的流行:“孝女曹娥,上虞人。父盱,能抚节按歌,婆娑乐神。汉安六年五月五日于县江迎伍君神,泝涛而上,为水所淹,不得其尸。娥年十四,号慕思盱,乃投瓜于江,存其父尸曰:‘父在此,瓜当沈。’旬有七日,瓜偶沈,遂自投于江而死。三日后,与父尸俱出。县长度尚悲怜其义,为之改葬。命其弟子邯郸子礼为之作碑。上虞长度尚弟子邯郸淳,字子礼,时甫弱冠而有异才。尚先使魏朗作曹娥碑,文成,未出。会朗见尚,尚与之饮宴,而子礼方至,督酒。尚问朗:‘碑文成未?’朗辞不才。因试使子礼为之,操笔而成,无所点定。朗嗟叹不暇,遂毁其草。其后蔡邕又题八字曰:‘黄绢幼妇,外孙齑臼。’”[③]

钟离岫:《会稽后贤传记》

钟离岫,事迹无考。《隋书·经籍志》载:“《会稽后贤传记》二卷,钟离岫撰。”[④]《旧唐书·经籍志》《新唐书·艺文志》并云:“《会稽后贤传》三卷。”无记字。清人章宗源《隋经籍志考证》卷一三引《通志氏族略》记载:“钟离岫,楚人。”[⑤]鲁迅《〈会稽后贤传记〉序》云:“案《元和姓纂》云:‘汉有钟离昧,楚人。钟离岫撰《会稽后贤传》。’楚人者谓昧,今以属岫,甚非。汉代以来,钟离为

① 《鲁迅辑录古籍丛编》(第三卷),人民文学出版社 1999 年版,第 253 页。

② 同上书,第 277 页。

③ 同上书,第 293—294 页。

④ (唐)魏征等撰:《隋书》卷三三《经籍志(二)》。

⑤ (清)章宗源:《隋经籍志考证》卷十三,第 232 页。

会稽望族，特达者众，疑岫亦郡人，故为邦贤作传矣。”① 故鲁迅认为钟离昧与钟离岫并非一人，钟离岫很可能为余姚郡人。

鲁迅《会稽郡故事杂集》辑有《会稽后贤传记》一卷5人的传记。其《孔群》条云：“群，字敬休，会稽山阴人。祖竺，吴豫章太守。父奕，全椒令。群有智局，仕至御史中丞。”② 《谢仙女》条载：“贞女谢仙女者，谢承孙也。吴归命侯采仙女充后宫，仙女乃灸面服醇醯，以取黄瘦，竟得免。”③

朱育：《对会稽太守濮阳兴问》《会稽土地记》

朱育，字嗣卿，三国吴会稽郡山阴人，生卒年不详。少好奇字，凡所特达，依体相类，造作异字千个以上。吴太平年间（公元256—258年），濮阳兴任会稽太守，育仕郡门下书佐。太平三年（258年），作《对会稽太守濮阳兴问》，向濮阳兴描述东汉初平末年会稽太守王朗与功曹虞翻就会稽名人事迹所作的谈话，并向濮阳兴介绍了当时会稽名人的行迹及会稽的地理沿革。其后，朱育仕朝，常在台阁，为东观令，遥拜清河太守，加位侍中。推刺，占射，文艺多通。鲁迅《〈会稽土地记〉序》云：“《隋书·经籍志》之《史部地理篇》云：‘《会稽土地记》一卷，朱育撰。’《旧唐书·经籍志》《新唐书·艺文志》并作四卷，又削土地二字，入杂传记类。《世说新语注》引《土地志》二条，不题撰人，盖即育记。所言皆涉地理，意《唐记》以为传记者，失之。其书，唐宋以来，绝不见他书征引，知阙失已久。所存逸文，亦寥落不复成篇。以其为会稽地记最古之书，聊复写出，以存其目。”④

《对会稽太守濮阳兴问》载：“……濮阳府君曰：‘御史所云，既闻其人。亚斯以下，书佐宁识之乎？’育曰：‘瞻仰景行，敢不识之。近者太守上虞陈业，洁身清行，志怀霜雪，贞亮之信，同操柳下。遭汉中微，委官弃禄，遁迹黟歙，以求其志。高邈妙踪，天下所闻。故桓文遗之尺牍之书，比竟三高。其聪明大略，忠直謇谔，则侍御史余

① 《鲁迅辑录古籍丛编》（第三卷），人民文学出版社1999年版，第299页。

② 同上书，第300—301页。

③ 同上书，第301页。

④ 同上书，第304页。

姚虞翻，偏将军乌伤骆统。其渊懿纯德，则太子少傅山阴阚泽，学通行茂，作帝师儒。其雄姿武毅，立功当世，则后将军贺齐，勋成绩著。其探极秘术，言合神明，则太史令上虞吴范。其文章之士，立言粲盛，则御史中丞句章任奕，鄱阳太守章安虞翔，各驰文檄，晔若春荣。处士邓庐叙，弟犯公宪，自杀乞代。吴宁斯敦，山阴祁庚，上虞樊正咸代父死罪。其女则松杨柳朱，永宁瞿素，或一醮守节，丧身不顾；或遭寇劫贼，死不亏行。皆近世之事，尚在耳目。'府君曰：'皆海内之英也。吾闻秦始皇二十五年，以吴越地为会稽郡，治吴。汉封诸侯王，以何年复为郡而分治于此？'育对曰：'刘贾为荆王，贾为英布所杀，又以刘濞为吴王。景帝四年，濞反，诛，乃复为郡，治于吴。元鼎五年，除东越，因以其地为治，并属于此，而立东部都尉，后徙章安。阳朔元年，又徙治鄞。或有寇害，复徙句章。到永建四年，刘府君上书，浙江之北，以为吴郡。会稽还治山阴。自永建四年，岁在己巳，以至今年，积百二十九岁。'府君称善。"①

《会稽土地记》，据《世说新语·言语》篇注，载有《会稽土地记》信息仅两条："山阴，邑在山阴，故以名焉。长山，山靡迤而长，县因山得名。"②

贺氏：《会稽太守像赞》《会稽先贤像赞》

贺氏，其生平不详。《隋书·经籍志》："《会稽先贤像赞》五卷。"③《旧唐书·经籍志》作："《会稽先贤像赞》四卷，贺氏撰。《会稽太守像赞》二卷，贺氏撰。"④《新唐书·艺文志》云："《会稽先贤像传赞》四卷。"鲁迅指出："其书当有传有赞，故《旧唐志》史录、集录各录其目。又有《会稽太守像赞》两卷，亦贺氏撰，今悉不传。唯《北堂书钞》引《先贤像赞》两条，此后不复见有称引，知其零失久矣。"⑤

---

① 《鲁迅辑录古籍丛编》（第三卷），人民文学出版社1999年版，第287—289页。
② 同上书，第305页。
③ （唐）魏征等撰：《隋书》卷三三《经籍志（二）》，第1210页。
④ （后晋）刘昫：《旧唐书》，武英殿本，第1098页。
⑤ 《鲁迅辑录古籍丛编》（第三卷），人民文学出版社1999年版，第302页。

《董昆》条："董昆字文通，余姚人也。清约守贫，并日而炊，茹菜不厌。郡守第五府君嘉其令名，署上计吏，举察孝廉，为天下之最。经史德行，称第一也。"① 《綦母俊》条："綦母俊为交州刺史，诏赐高山冠，绛三匹。拥节受决，临难受命，立功讨贼，以报上心。"②

贺循：《会稽记》

《隋书·经籍志》："《会稽记》一卷，贺循撰。"③ 《旧唐书·经籍志》《新唐书·艺文志》皆不载。贺循（公元260—319年），字彦先，山阴人。举秀才，除阳羡武康令，"俗多厚葬及有拘忌回避岁月停丧不葬者循皆禁焉，政教大行"。④ 以陆机荐，召为太子舍人。元帝为晋王，以为中书令，不受。转太常，领太子太傅，改授左光禄大夫，开府仪同三司。卒赠司空，谥曰穆。

《会稽记》现存内容约为500字，记载了越国名称来历、大禹等在会稽的行迹及刑塘名称由来，"少康封其少子，号曰于越。越国之称始于此。会稽山有禹井，去禹穴二十五步。谓禹穿凿，故因名之……禹乃东巡，登衡山，杀白马以祭之，因梦。见赤绣文衣男子，自称玄夷苍水使者，谓禹曰：'欲得我简书，知导水之方者，斋于黄帝之岳。'禹乃斋三月，登石匮山，果得其文，乃知四渎之脉，百川之理，凿龙门，通伊阙，遂周行天下，到名山大泽，召其神问之。使伯益疏而记之，名为《山海经》。顺风氏身长三丈，刑者不及，乃筑高塘临之。故曰刑塘"。⑤

孔灵符：《会稽记》

孔灵符《会稽记》，《隋书·经籍志》及新旧《唐志》皆不著录。孔灵符（？—465年），《宋书·孔季恭传》载云："季恭，山阴人。子灵符，元嘉末为南谯王义宣司空长史，南郡太守，尚书吏部郎。大明初，自侍中为辅国将军，郢州刺史。入为丹阳尹，出守会稽，又为

---

① 《鲁迅辑录古籍丛编》（第三卷），人民文学出版社1999年版，第303页。

② 同上。

③ （唐）魏征等：《隋书》，武英殿本，卷三十三《经籍志》，第1217页。

④ （唐）房玄龄：《晋书》，武英殿本，第1012页。

⑤ 《鲁迅辑录古籍丛编》（第三卷），人民文学出版社1999年版，第307—308页。

寻阳王子房右军长史。景和中，以连近臣，被杀。太宗即位，追赠金紫光禄大夫。”诸书引《会稽记》，或云孔灵符，或云孔晔。晔当是灵符之名。如射的谚一条，《御览》引作灵符，《寰宇记》引作晔，而文辞无甚异，知为一人。《艺文类聚》引或作孔皐，则曅字传写之误。今亦不复分别。①

《会稽记》现存内容主要记述了会稽境内名山水的沿革及相关名人行迹，涉及禹穴、会稽山、宛委山、亭山、余山、射的山、白鹤山、箭羽山、铜牛山、太平山、余姚江、天台山、镜湖等名胜山水。载云“会稽山南有宛委山。其上有石，俗呼石匮，壁立千云，有县度之险，升者累梯然后至焉。昔禹治洪水，厥功未就，乃跻于此山。发石匮，得金简玉字，以知山河体势，于是疏导百川，各尽其宜。秦望山在州城正南，为众峰之杰，入境便见。扳萝扪葛，然后能升。山上无甚高木，当由地迥多风所致。昔秦始皇登此，使李斯刻石，其碑见在……射的山南，水中有白鹤山，鹤为仙人取箭，曾刮坏寻索，遂成此山。汉太尉郑弘，少贫贱，以采薪为业，尝于山中得一遗箭，羽镞异常，心甚怪之。顷之，有人觅箭，弘还之。问何所欲。弘识其神人也，曰：‘常患若邪溪载薪为难，愿旦南风，暮北风。’后果然。故若邪溪风至今犹然，呼为郑公风也，亦名樵风……虞国，余姚人。汉时为日南太守，有惠政。行部，有双雁随轩翔舞，及还余姚，雁亦随归。国卒，雁栖于墓侧，后遂成群。今余姚有双雁乡……汉顺帝永和五年，会稽太守马臻创立镜湖，在会稽山阴两县界，筑塘蓄水，高丈余，田又高海丈余。若水少，则泄湖灌田；如水多，则开湖泄田中水入海，所以无凶年。堤塘周回五百一十里，溉田九千余顷”。②

谢灵运:《晋书》《山居赋》

谢灵运（公元385—433年），原名公义，字灵运。祖籍陈郡阳夏（今河南太康县），生于会稽始宁（今浙江绍兴上虞区）。晋安帝元

① 《鲁迅辑录古籍丛编》（第三卷），人民文学出版社1999年版，第309页。

② 同上书，第311—317页。

兴二年（公元403年），谢灵运继承了祖父的爵位，被封为康乐公。义熙元年（公元405年），出任大司马司马德文的行参军。此后任抚军将军记室参军、太尉参军等职。刘宋代晋后，被封康乐侯，历任永嘉太守、秘书监、临川内史，元嘉十年（公元433年）被宋文帝刘义隆以“叛逆”罪名杀害。谢灵运工诗善文，兼通史学，曾奉诏撰《晋书》。

《隋书·经籍志（二）》载，“《晋书》三十六卷，宋临川内史谢灵运撰”“《游名山志》一卷，谢灵运撰”“《居名山志》一卷，谢灵运撰”。[①]《晋书》目前遗存仅600余字，记载了公元265年西晋代魏、晋惠帝元康二年界竹生花、怀帝永嘉五年刘曜等乱晋和怀帝妃王氏遇害事、管制沿革等，在记载西晋代魏之事后，谢灵运既指出了西晋代魏的必然性，又如实记录了晋武帝司马炎骄奢淫逸、不符礼制的一面，他评价说：“世祖受命，祯祥屡臻，苛慝不作，万国欣戴，远至迩安。足以彰天启其运，民乐其功矣。反古之道，当以美事为先。今五等罔刑，弗由王制。凡诸礼律，未能是正。而采择嫔媛，不拘华门者。昔武王伐纣，归倾宫之女，不以助纣为虐。而世祖平□，纳吴妓五千，是同啱之弊。妇人之封，六国乱政。如追赠外曾祖母，违古之道。凡此非事，并见前书，诚有玷于徽猷，史氏所不敢蔽也。”[②]《山居赋》在《汉魏六朝一百三家集》、《全宋文》和绍兴府县志均有收录。《水经注》卷四〇《浙江水注》引此书作《山居记》，《国史经籍志》《乾隆绍兴府志》著录时均作《山居志》1卷。《嘉泰会稽志》云：“宋谢灵运宅在始宁山中，与太傅（谢玄）宅当不甚远。灵运本传云：‘父祖并葬始宁，有古宅及墅，遂移籍会稽，修营别业，傍山带江，尽幽居之美。’作《山居赋》以自见。”[③]谢灵运自言，该赋意

① （唐）长孙无忌等撰：《隋书·经籍志（二）》卷三十三。

② 《九家旧晋书辑本·谢灵运〈晋书〉》，中国社会科学网，2015年10月22日，http://jour.cssn.cn/sjxz/xsjdk/zgjd/sb/zsl_14311/jjjsjb/201510/t20151022_2527576.shtml?COLLCC=2481711301&。

③ 中华书局编辑部编：《宋元方志丛刊·嘉泰会稽志》，中华书局1990年版，第6955页。

志为："今所赋既非京都宫观游猎声色之盛，而叙山野草木水石谷稼之事，才乏昔人，心放俗外，咏于文则可勉而就之，求丽，邈以远矣。"① 该赋近四千字，举凡当地的山川形胜、田园农事、飞禽走兽、草木虫鱼等均进行了生动的描绘，是一篇体例完备、语言优美的韵文类地方志，开创了绍兴地区韵文形式地方志的先河。

夏侯曾先：《会稽地志》

夏侯曾先的事迹无考，鲁迅《会稽郡故事杂集》云："夏侯曾先《会稽地志》，《隋书·经籍志》及新旧《唐志》皆不载。曾先事迹，亦无可考见。唐时撰述已引其书，而语涉梁武，当是陈隋间人。"② 鲁迅所编的《会稽郡故事杂集》收录了《会稽地志》残存的部分内容，包含对射的山、龟山、越山、螺山、桐柏山、太白山、舜桥、赤苋山等绍兴一带山川地理的介绍和对虞喜、曹娥等人事迹的描述。关于《会稽地志》的名称，《太平御览》作《会稽记》，多数郡县志书作《地志》。《六朝会稽方志集成》在《会稽郡故事杂集》《绍兴地方文献考录》的基础上，辑录了夏侯曾先《地志》逸文 31 则，卷名被定为夏侯曾先《会稽地志》，并将作者不明的《会稽志》《地志》《会稽十城地志》《会稽地理记》《会稽录》等逸文 8 则附于卷末。

第二节　两宋时期的绍兴地方志

在宋代，地方志编纂蔚然成风，并逐渐规范化。各地区每隔一段时间就会重新编纂方志，形式亦趋于多样，计有州府志、县志、乡镇志、山川志、杂志等各种类型。绍兴地方志的编纂同样非常活跃，先后出现了多种不同形式的方志，有关文献提及的就达十多部，实际数量当然更多。这些方志既有客籍人士编纂的，也有由本土名士所编纂的，州县志占主体，其中较典型的绍兴方志为现存的《嘉泰会稽志》、

① 中华书局编辑部编：《宋元方志丛刊·嘉泰会稽志》，中华书局 1990 年版，第 7083 页。

② 《鲁迅辑录古籍丛编》（第三卷），人民文学出版社 1999 年版，第 320 页。

《宝庆会稽续志》和《剡录》。

《嘉泰会稽志》

《嘉泰会稽志》的编纂最初由知绍兴沈作宾于庆元五年（1199年）发起，通判施宿主其事，安抚使干办公事李兼、韩茂卿等协助编纂。后来沈作宾转为转运副使，仍旧积极参与编纂工作，继任的华文阁待制赵不迹、宝文阁学士袁说友亦相当重视。至嘉泰元年（1201年）十二月，该志方告完成，1926年王家襄所写的序言云，“吾越面斗负溟，其山镇曰会稽。夏封无余，秦汉置郡，晋以为王国，宋梁陈于郡置东扬州。至隋改曰吴州，大业初，改越州，寻复为郡。唐末钱武肃王兼两藩节制时，升为大都督府。宋仍为越州。南渡后升为绍兴府。志成于通判施宿，在嘉泰元年，陆游为之序”。[①]编纂者除主持人施宿外，还有冯景中、陆子虡、王度、朱鼐、邵持正等。

该志共20卷，不设卷名，悉以子目标题，共117目，涉及历代绍兴建制、官衙府第、官守名宦、地域城池、街衢坊巷、市镇乡里、邮传道路、贡赋户口、堰闸堤塘、山川津渡、宫观寺院、社会风俗、人物风情、翰墨碑刻、物种土产、名胜古迹、人物传记、贞妇烈女、经学文章、孝行隐遁等方面，内容丰富，纪事详尽，排列有序，受到当世及后人推重。《四库全书总目提要》称赞说，“《嘉泰会稽志》不漏不支，叙次有法，如姓氏、迎送、古地宅、古器物、救遗书、藏书诸条，皆他志所弗详，宿独能搜采辑比，使条理秩然”。[②]志首所列陆游《序》，文章虽短而气势宏大，如内云“今天下巨镇，惟金陵与会稽耳”。[③]南宋陈振孙称陆序“笔力老而不衰”“气壮文雅，盖奇作也”。[④]《万历绍兴府志》亦谓：“其文辩博可喜，笔力畅健，有苏氏

① 王家襄：《序》，中华书局编辑部编《宋元方志丛刊·嘉泰会稽志》，中华书局1990年版，第6711页。

② （清）纪昀总纂：《四库全书总目提要》卷六十八·史部二十四。

③ （南宋）陆游：《序》，中华书局编辑部编《宋元方志丛刊·嘉泰会稽志》，中华书局1990年版，第6712页。

④ （南宋）陈振孙：《直斋书录解题》卷八，上海古籍出版社1985年版。

父子之风。”

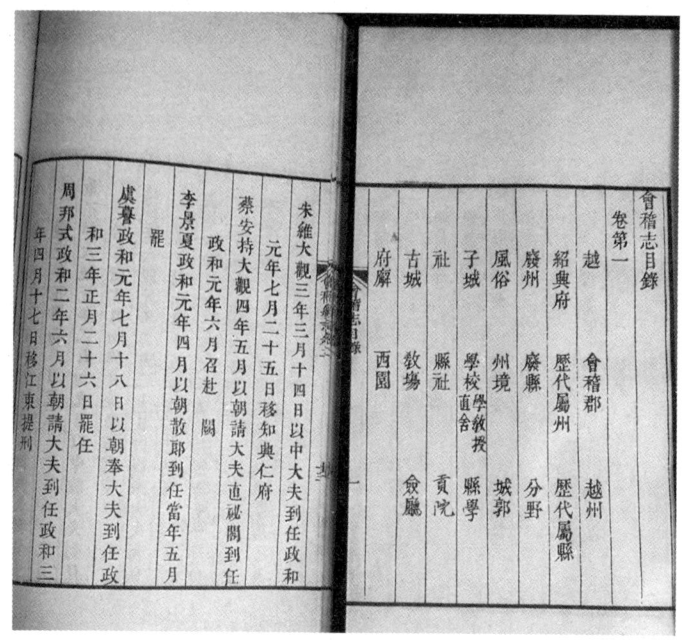
會稽志目錄
卷第一
越 會稽郡 越州
紹興府 歷代屬州 歷代屬縣
廢州 廢縣 分野
風俗 州境 城郭
子城 學校學教授直舍 縣學
社 縣社 貢院
古城 教場 僉廳
府廨 西園

朱維大觀三年三月十四日以中大夫到任政和
元年七月二十五日移知興仁府
蔡安持大觀四年五月以朝請大夫直祕閣到任
政和元年六月召赴 闕
李景夏政和元年四月以朝散郎到任當年五月
罷
虞謇政和元年七月十八日以朝奉大夫到任政
和三年正月二十六日罷任
周邦式政和二年六月以朝請大夫到任政和三
年四月十七日移江東提刑

《嘉泰会稽志》民国影印版

《宝庆会稽续志》

《宝庆会稽续志》由张淏个人独立编纂完成，王家襄载其事云“［《嘉泰会稽志》编纂］后二十五年，张淏以事物沿革，今昔不同，汇次嘉泰辛酉后事，为《会稽续志》。复于前志有所补正，成于宝庆元年，两书为宋志之最向所盛称”。[①] 张淏有感于《嘉泰会稽志》编成后，“物有变迁，事有沿革，今昔不可同日而语”，“苟不随时记录，后将何所考”，[②] 遂详考嘉泰元年以后诸事之变迁者，汇集整理，纂为《续志》，凡八卷，共 50 目。体例仍仿前志，总其大类，系以细目。所述补前志遗逸，广其疏略，正其讹误。清人钱大昕曾言《宝庆会稽

① 王家襄：《序》，中华书局编辑部编《宋元方志丛刊·嘉泰会稽志》，中华书局 1990 年版，第 6711 页。

② （南宋）张淏：《会稽续志序》，中华书局编辑部编《宋元方志丛刊·宝庆会稽续志》，中华书局 1990 年版，第 7091 页。

续志》："其提刑、提举、进士题名，皆前志所未有，而人物一门，亦多补前志缺漏，吴越钱氏当称越州为会稽府，前志不载而独见于此书，或见其留心掌故矣。"① 续志所补内容甚多，末卷所载时人孙因撰《越问》，凡序1篇，赋15篇，皆论会稽之事，为志书多所增色。故该志历来受到人们好评，与《嘉泰会稽志》被誉为"志中双绝"。周中孚在《郑堂读书记补逸》中评论说："其叙述有法，条理缜密，因当与前志并骖，不容轩轾者也。"《四库全书总目提要》也说："淏所续亦简赅不苟，皆地志中之体要者。"②

《剡录》

在宋朝时期，绍兴地区首开县域志的编纂先河，《剡录》即是中国历史上见于史载的首部县志（嵊县），共分10卷，由宋人高似孙编纂。高似孙（1158—1231年），字续古，号疏寮，嵊县人，宋孝宗淳熙十一年（1184年）进士，历官校书郎，出倅徽州，迁守处州，"陈振孙《书录解题》称，似孙为馆职时，上《韩侂胄生日诗》九首，每首皆暗用锡字，寓'九锡'之意，为清议所不齿。知处州尤贪酷，其读书以奥僻为博，以怪涩为奇，至有甚可笑者，就中诗犹可观"。③他编撰的《史略》一书，论述历代史籍体例之流变。在地方志编纂方面，颇多创获。《剡录》高似孙自序曰："汉迨晋永和六百余年，右军诸人乃识剡；永和至皇宋嘉定几千年，史君尹剡访似孙。录剡事，剡始有史。"④ 时嵊县令史安之序曰："使剡古而有志，则历代因革废兴之典，百世可知也。予惧夫后之视今，亦犹今之视昔。故为《剡录》十卷，《录》皆高氏所作，凡山川城池，版图官治，人杰地灵，佛庐仙馆，诗经画史，草木禽鱼，无所不载。"⑤《剡录》中首创"大事记"条目，为后世方志编纂者普遍效仿，又创"书""文"等目，开

① （清）钱大昕：《十驾斋养新录》卷一四"宝庆续志"，江苏古籍出版社2000年版。

② （清）纪昀总纂：《四库全书总目提要》卷六十八·史部二十四。

③ 同上。

④ （南宋）高似孙：《序》，中华书局编辑部编《宋元方志丛刊·剡录》，中华书局1990年版，第7195页。

⑤ 同上。

方志记载地方著述条目的先河。《四库全书总目提要》评价云："其书首为县纪年，次为城境图；次为官治志，附以令丞簿尉题名；次为社志、学志，附以进士题名；次为寮驿、楼亭、放生池、版图、兵籍；次为山水志；次为先贤传；次为古奇迹、古阡；次为书；次为文；次为诗；次为画；次为纸；次为古物；次为物外记；次为草木禽鱼。征引极为该洽，唐以前佚事遗文，颇赖以存。其先贤传，每事必注其所据之书，可为地志纪人物之法。其山水记，仿郦道元《水经注》例，脉络井然，而风景如睹，亦可为地志纪山水之法。统核全书，皆序述有法，简洁古雅，迥在后来武功诸志之上，殊不见其怪涩可笑。陈振孙云云，殆不可解。"① 不过，或许高氏对地方志的理解有所偏颇，在部分内容的排列和表述方面令人有杂乱之感。如书中把书、文、诗、画等与《县纪年》《山川志》《先贤传》等并列一起；将仙道、高僧归入先贤之列，似亦有所不当；"版图"一目所讲内容却为田亩、赋税、户口等情况，目与文不符。

明万历《绍兴府志》亦收录了其他几部五代和宋朝时期的地方志："《吴越备史》，五代范坰撰文补遗。《吴越纪》，宋谢沉撰。《越州图经》，宋李宗谔撰。《四明志》，宋罗璿撰。《明越风物志》，宋姜屿撰。《会稽览古诗》，华镇撰。镇，会稽人，宋进士，事见人物志。其诗百余篇，凡山川人物，上自虞夏，至于五季，爰及宋有可撰者，皆序而咏歌之。历按史册，旁考传记，以及稗官琐语之所载，咸见采摭。傅松卿称其词格清丽、兴寄深婉，足以垂观来者。今其书亦罕川，旧郡志间引其语。"② 关于《吴越备史》，《四库全书总目提要》介绍云："旧本题宋武胜军节度使掌书记范坰、巡官林禹撰。载钱镠以下累世事迹，据旧目卷首列《年号世系图》、《诸王子弟官爵封谥表》、《十三州图》、《十三州考》，今唯存《十三州考》一篇，其图表俱佚。后附《补遗》一卷，则不载作者名氏。考陈振孙《书录解题》，载钱俶之弟俨，著《吴越遗

① （清）纪昀总纂：《四库全书总目提要》卷六十八·史部二十四。

② （明）萧良干等修，张元忭等撰：《中国方志丛书·（浙江省）（万历）绍兴府志（八）》，成文出版社有限公司印行1983年版，第3321—3322页。

事》，有开宝五年序。又谓《备史》亦俨所作，托名林范。今是书四卷之末有跋二首，一题嘉祐元年四代孙中孚，一题绍兴二年七代孙休涣。如据书中所记而言，则当从钱镠起算，不当从钱俶起算。所称四代、七代，显据作书者而言，则振孙以《备史》为俨撰，似得其实。钱曾《敏求记》云，今本为镠十七世孙德洪（案《吴越世家》疑辨作十九世孙，未详孰是）嘉靖间刊本。序称《补遗》为其门人马莐臣所续，序次紊乱。如衣锦城建金箓醮及迎释迦等事，皆失载。今是书于此数事，咸备无阙，则非德洪重刊之本。其以《补遗》为马莐臣所续，亦别无证据。莐臣曾撰《吴越世家疑辨》，自序谓曾作《备史》图表，亦不云又续其书。考此《补遗》之首有序一篇，不题名氏年月，序中有'家王故事'之语，当即中孚等所题。亦云不知作自何人，则不出于莐臣审矣。《备史》所记讫太祖戊辰，《补遗》所记讫太宗丁亥，与《中兴书目》所载'前十二卷尽开宝元年，后增三卷，尽雍熙四年'者正合。特并十二卷为四，并三卷为一耳。陈振孙谓今书起石晋开运，前阙三卷，勘验此本，所佚亦同。则是书自宋季以来，已非完帙。今无从校补，亦姑仍其旧焉。"①

第三节　明朝时期绍兴地方志的编纂

明朝时期，绍兴编纂了《绍兴府志》六部，《山阴县志》两部，《会稽县志》三部。

明初《绍兴府志》

永乐《绍兴府志》，据陈桥驿《绍兴地方文献考录》考证：永乐《绍兴府志》，编纂者不详。此书已佚。《乾隆余姚志》卷八载："余考《嘉泰会稽志》及《永乐绍兴府志》，俱云牟山湖灌田二万二千七百八十七亩。"同卷桐树湖、松阳湖、赤湖条后云："按三湖俱废于明初，而《永乐绍兴府志》尚存其名。"则此书乾隆时犹在，

① （清）纪昀总纂：《四库全书总目提要》卷六十六·史部二十二。

但《乾隆绍兴府志》对此只字未引，亦未见著录。故此书本末尚存疑窦。

《绍兴府志》二册，修纂者及具体修纂年代不详，此书已佚。《文渊阁书目》卷四、署字号第二厨书目、旧志类及施坚雅所著《浙江宁绍地区地方志目录》等收录，故此书可能成书于明初，但与上列《绍兴府志》是否同书，则不得而知。

《绍兴府志》，修纂者及修纂年代不详，此书已佚，《文渊阁书目》卷四、往字号第一厨书目、新志类著录，此书可能成书于明正统之前。

《大越事略》二册，撰者及撰修年代不详。此书已佚，《明书经籍志》史杂著录。《文渊阁书目》卷二、宙字号第二厨、史杂类著录有《大越史略额》二册，当系同书。①

弘治《绍兴府志》

弘治《绍兴府志》，明戴冠修纂，明弘治十三年（1500 年）修。

赵锦元《绍兴府志叙》云："弘、嘉间，戴公琥、南公大吉尝欲辑之，未就。"② "未就"，当为未刊之意。张元忭《绍兴府志序》云："弘、嘉之际，戴训、南守两尝辑之，而卒不就以去。"③《万历绍兴府志》卷五十孙鑛《序志》云："弘治中，戴冠尝重修郡志，未及梓，其书藏张修撰子苠家，以示余。繁简无法，且笔力萎弱，不脱学究气，又眷写差谬甚。冠字章甫，长洲人，府训导也，好吟，凡越中胜地皆有歌诗，与唐侍读之相赓和，篇虽富，亦鲜佳句。"④《乾隆绍兴府志》卷八十序则载："明宏（弘）治、嘉靖间，戴琥、南大吉监修未成。"⑤

---

① 本明初绍兴史志部分参见陈桥驿《绍兴地方文献考录》，浙江人民出版社 1983 年版，第 35—36 页。

② （明）赵锦元：《绍兴府志叙》，见（明）萧良干等修，张元忭等撰《中国方志丛书·（浙江省）（万历）绍兴府志（一）》，成文出版社 1983 年版，第 3 页。

③ 同上书，第 11 页。

④ （明）孙鑛：《序志》，见（明）萧良干等修，张元忭等撰《中国方志丛书·（浙江省）（万历）绍兴府志（一）》，成文出版社 1983 年版，第 3325—3326 页。

⑤ （清）李亨特总裁，平恕等修：《（乾隆）绍兴府志》，成文出版社 1975 年版，第 2017 页。

《雍正浙江通志》卷二五三、经籍十三云：“宏（弘）治庚申府训导长洲戴冠著，未及刊。”[①] 关于修纂者，所引同一《万历绍兴府志》中三处有两种说法。《乾隆绍兴府志》和《雍正浙江通志》一认为戴琥、一认为戴冠。戴冠（1442—1512 年），长洲人（今江苏苏州），弘治四年（1491 年）以贡生授绍兴府训导，《光绪苏州府志》卷八十六、人物十三有传。戴琥，江西浮梁人，明景泰元年举人，明成化九年至明成化十八年为绍兴知府，“持身廉介，驭八邑令长，凛凛无犯，暇则举行乡射，每进诸生，讲论经史，尤勤于水利，疏防得宜，功力甚溥”。[②]

按之各说，均认为各志修撰在明弘治年间，这与戴冠在绍兴的活动时间相合，而戴琥则于成化年间任绍兴知府，弘治时期则已离开绍兴，转任他处，不太可能撰辑《绍兴府志》。时人为何会有两种说法，缘由尚难以确定。陈桥驿先生认为戴琥当为戴冠之误。[③] 此书以后未正式刊行，原稿已佚，钞本亦无。《乾隆绍兴府志》《雍正浙江通志》《道光会稽县志稿》等均曾引用。光绪时《越中名胜百咏》卷内，对该志多所引征，说明直至光绪时期，原稿或抄本犹能得见。

嘉靖《绍兴府志》

嘉靖《绍兴府志》，十二卷，卷首一卷，明知府南大吉修纂。此书，乃明朝嘉靖初年修纂，但全书仅刊十二卷，未及完成。《嘉靖浙江通志》卷五十四、艺文志第八之三、图志类著录。《脉望馆书目》月字号、史类八、地志著录有抄白《绍兴府志》四本，当为此书。施坚雅《浙江宁绍地区地方志目录》著录。《万历绍兴府志》“序志”云：“首卷图数十页，凡境内胜迹及水利险要皆具，或但以其图形，曰《绍兴府县图》。”[④] 张元忭《万历绍兴府志》“序云”：“弘、嘉之际，戴训、南

---

① 《中国地方志集成·省志辑·浙江·雍正浙江通志（六）》，凤凰出版社、上海书店出版社、巴蜀书社 2010 年版，第 199 页。

② （清）清仁宗敕撰：《四部丛刊续编史部·嘉庆重修一统志（18）·绍兴府二》，上海书店出版社 1984 年版，第 8 页。

③ 陈桥驿：《绍兴地方文献考录》，浙江人民出版社 1983 年版，第 36 页。

④ （明）萧良干等修，张元忭等撰：《中国方志丛书·（浙江省）（万历）绍兴府志（八）》，成文出版社 1983 年版，第 3326—3327 页。

守两尝辑之，而卒不就以去。”① 南守，即为南大吉。《万历绍兴府志》卷五十《序志》云：“嘉靖初年，知府南公大吉又重修郡志，先伯父尚宾公时在邑庠与焉，今刻本则止列吕金、张牧、骆居敬名，亦皆诸生也。其叙山川，法《山海经》，近简古，然太略，中又好为史断，于郡既鲜关涉，且文亦漫衍寡裁，刻止十二卷，未竟。”② 可见，孙鑛在编纂《万历绍兴府志》过程中，定对其进行过细致阅览。今志已佚。修纂者南大吉，字元善，号瑞泉，陕西渭南人，“正德辛未进士，授户部主事，历员外郎、郎中，出守绍兴府，致仕。嘉靖辛丑卒，年五十五”。③

万历《绍兴府志》

万历《绍兴府志》五十卷，分疆域志、城池志、署廨志、山川志、古迹志、物产志、风俗志、灾祥志、田赋志、水利志、学校志、祠祀志、武备志、职官志、选举志、人物志、序志。明知府泾县萧良干等修，山阴张元忭、余姚孙鑛等纂，太子少保、兵部尚书兼都察院右都御使赵锦为之作序。该志修于万历十四年（1586 年），次年刊本，同时还有万历十四年张元忭序、萧良干后序。

萧良干（1534—1602 年），字以宁，号拙斋，明江南宁国府泾县（今属安徽省）人。隆庆五年（1571 年）进士，授户部主事，累迁陕西布政使，万历十一年（1583 年）以户部侍郎知绍兴府。

张元忭（1538—1588 年），字子盖（子荩），号阳和，山阴（今浙江绍兴）人，明末清初史学家、文学家张岱之曾祖父。明隆庆五年（1571 年）状元，授翰林院修撰，万历中为左谕德兼侍读，其学笃信王阳明。

孙鑛（1543—1613 年），字文融，号月峰、湖上散人，明代大臣、学者，浙江余姚人。隆庆举人，万历二年会试第一。授兵部主

---

① （明）张元忭：《绍兴府志序》，见（明）萧良干等修，张元忭等撰《中国方志丛书·（浙江省）（万历）绍兴府志（一）》，成文出版社 1983 年版，第 11—13 页。

② （明）萧良干等修，张元忭等撰：《中国方志丛书·（浙江省）（万历）绍兴府志（八）》，成文出版社 1983 年版，第 3326 页。

③ （清）黄宗羲著，沈善洪主编：《黄宗羲全集》（第 7 册），浙江古籍出版社 1992 年版，第 760 页。

事，官至兵部尚书士，加封太子少保，参赞机务。

赵锦（1516—1591 年），字元朴，号麟阳，余姚人。嘉靖进士，师事王守仁。授江阴知县，擢南京御史。隆庆初，以右副都御史巡抚贵州，镇压龙得鲧等苗民起事。万历初，历南京刑部、礼部、兵部尚书。

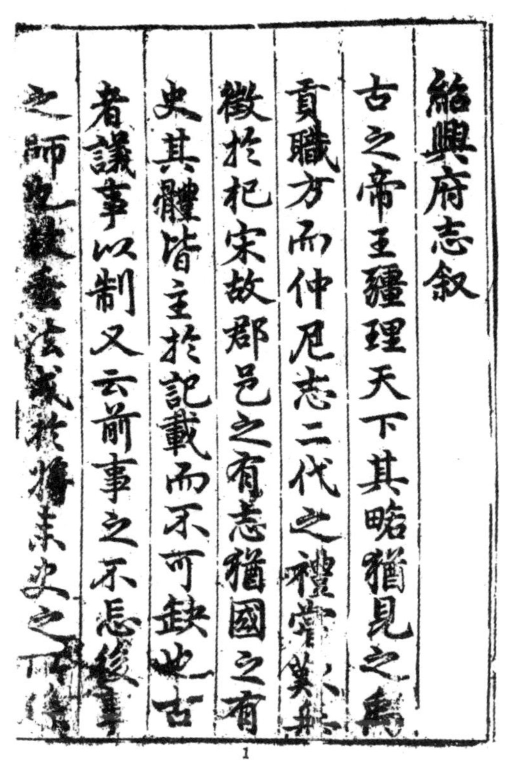

紹興府志叙
古之帝王疆理天下其晦猶見之禹
貢職方而仲尼志二代之禮常歎夫
徵於杞宋故郡邑之有志猶國之有
史其體皆主於記載而不可缺也古
者議事以制又云前事之不忘後事
之師也故書法戒於將來史之[illegible]
1

明万历十五年刊本《绍兴府志》

赵锦《绍兴府志叙》云：“为目凡二百有奇，厘为五十卷以传，其事具，其言核，统之有宗，而析之不紊，详载？乎，其言之矣。旁诹而慱考，酌古而准今，发前所未明，补前所未备，其用心亦勤且精矣。盖自陆志之后，历年不可谓不多贤守代作，任事不可谓无人，而一郡之巨典，迄于今始成。盖非诚知其重者，不知所图，而知所图者，时或未暇，其积之也弥久，则其图之也弥难。幸其之所重得乎时，且不阻于所难矣。又或不得其人以托之，则其成不传，盖事之不易图也如此。今张、孙二公，皆以中朝之望良史之才，先后予宁以归，故萧公得以其暇，相与商榷，而遂成此书，谓非越人之幸欤？越人之才贤，虽代不乏人，然亦未有卓然于斯道升堂入室若近世王公守仁之盛者。萧公渊源师友雅宗王公，故其施之政也，黜邪淫、举废堕、捍灾患，诸所注厝，大都以阜民生、正风俗、长养人才为务，不择利害为趋舍，剧易为前却，宦者之所顾忌，一切身任之弗辞。则萧公之贤，自足方驾古人，垂范来哲，而越产之盛，亦未有甲于此时者。笔之于书，可无愧色。庸讵非斯志之幸欤！异日者，国家发金匮石室之藏，以成一代之信史，亦将有徵于斯志，非苟然者。"[①] 张元忭的《绍兴府志序》描述了志书的编纂过程，"同年友宛陵萧侯以万历癸未（1583 年）来守郡，下车询掌故，知志久阙，状讶然咨嗟。明年甲申会余宅，忧亟以谋于余，余谢不敏。又明年乙酉，孙太常文融亦以太夫人之忧归，萧侯曰：'太常与太史皆庐居时，岂偶耶！'遂申前请孟勤，余与文融辞弗获，则取八邑志若诸史传，稍纂次之，而文融执礼不入郡。迺各就庐中，有事焉。萧侯又曰：'事不分任。'且久而罔功。于是以疆域诸志属之，文融以职官选举若人物志属之，余而又互相参订并志，殚精不辍寒燠，阅一岁而书成，为卷几五十有奇，揔之为纲，几十有六"。[②] 孙鑛在序志部分则言及该志尚需完善之处，"今郡中不逾数百里，鑛生于斯而未及遍历，惟以往籍证，难矣。此所以顾望未敢遂者也。异日得闲，尚期棹舟蹑屐，尽探诸名迹，询问遗老，补所阙，证谬误焉"。[③]

此志为编撰完善、体例精当的地方名志，《四库全书总目提要》介绍云："是志分十八门，每门以图列于书后。较他志易于循览，体例颇善。末为《序志》一卷，凡绍兴地志诸书，自《越绝书》、《吴

① （明）赵锦：《绍兴府志叙》，见（明）萧良干等修，张元忭等撰《中国方志丛书·（浙江省）（万历）绍兴府志（一）》，成文出版社 1983 年版，第 5—9 页。

② 同上书，第 11—13 页。

③ （明）萧良干等修，张元忭等撰：《中国方志丛书·（浙江省）（万历）绍兴府志（八）》，成文出版社 1983 年版，第 3341—3342 页。

越春秋》以下，一一考核其源流得失，亦为创格。”①

嘉靖《山阴县志》

嘉靖《山阴县志》十二卷，分为建置志、疆域志、山川志、物产志、风俗志、民赋志、水利志、祠祀志、学校志、选举表、官师表、宦绩传、寓贤传、人物传、人物外传、杂志。明朝山阴知县许东望纂修，知县江宁人杨家相重修，山阴张天复等撰。嘉靖二十一年（1542年）纂修，次年刊本，上海图书馆皮藏。隆庆元年（1567年）续修，刊本。关于该志纂修过程，雍正《浙江通志》载云：“《山阴县志》十二卷。向有修者，未成。嘉靖十七年（1538年），许东望除山阴知县，逾三年乃辑邑志，时张天复、柳文方有名于诸生间，许即以志属之，而聘耆儒傅易参校焉。隆庆改元，天复以江西左参政家居，值杨令君家相续县志，公再执笔增入近事甚多，独列传循故俟论定也。时传已久殁，柳方仕于外，公专其事。然今刻本犹称张天复、柳文纂，傅易校，以二公昔日尝同事也。”②

该志序云：“越故多贤之国，而人文与时宣昭，学术事功，风标节谊，扬其令芳，各以类著，人物不敢不详也。百家殊方，趋尚异?艺成术攻，讵可无纪列，而外之别异流示兼取也。事异法殊，体当慱备，归之杂志纪载之末例也。和斯致祥，垂乃兆，古天布政，民获攸塈，司上者不可不知也。故纪杂志，而以灾祥终焉。”③ 其“灾祥”载云：“正德元年，民间惊有怪物，夜入人家，为妖弥月不止，其实旱魃也。二年飓风大作，海水涨溢，顷刻高数丈许，并海风凡数举，灾遍于县。民讹言诏选女子，髫发之女，一时奔娶殆尽。”④

万历《会稽县志》

万历《会稽县志》，十六卷，明知县丹徒人杨维新修，山阴张元

---

① （清）纪昀总纂：《四库全书总目提要》卷七十四·史部三十。

② 《中国地方志集成·省志辑·浙江·雍正浙江通志（六）》，凤凰出版社、上海书店出版社、巴蜀书社2010年版，第200页。

③ 殷梦霞选编：《日本藏中国罕见地方志丛刊续编》（第3册），北京图书馆出版社2003年版，第376页。

④ 同上书，第112—113页。

忭、徐渭纂。万历三年（1575年）修，同年刊本。

万历《绍兴府志》叙述该志纂修经过云：“《会稽志》，嘉靖中无锡华舜钦为知县，时尝属金乐会堦、马金溪尧相辑之，未成。后南充张鑑来，属余姚岑原道为之，又未成。隆庆初，祥符杨节复经纪其事，已上记省司，将料费设馆。会以召行，而丹徒杨维新继之。时张修撰元忭子荩适请告家居，杨公遂绍前杨之绪，以志属子荩。子荩又荐徐生渭使专编摩，而子荩相雠榷焉。时岑稿已不复存，惟求得马氏本，加之十七，润色其山川。大约本郡旧志，文辞尔雅可观，而户赋徭役特祥核，为邑志最。人物传独出子荩手，人服其公。书十六卷。金堦、马尧相俱邑人，俱以岁荐起。堦乐会知县，尧相金溪知县。徐渭，亦邑人……”①

该志分为地书、治书、户书、礼书四部分，内容完备。该志有时任中宪大夫、绍兴知府彭富所作《会稽邑志叙》，叙云：“余读之，见其列书四首。首地书，次治书，再次曰户，曰礼，为养与教之书。而括其意，为养关于地之物产，教关于地之风俗。夫地当其始也，芒芒一物耳，虽未尝截然自为九州，又犁然自为郡与邑。而风气物产之呈，固隐然有九州郡邑之界存乎其间。而养与教之具，亦无烦于舍此而别有所求，而地之技止于是矣。于是州与郡邑之域，与长吏之治作，而养与教之道举。盖天地之权有所不行于风气物产之后，而始假吏以济之，是道也；高冠而谈者类知之，及书于册，则往往若有若无，杂见而错于纪。岂谓书志者与论治者固不相谋耶？其殆未知天地之与长吏交相济，以为治之理矣。而今四书中所列，正其义也。是义也，非太史不能阐，非令君不能信之，深而行之。敏若是，噫！吾于是而有以十会稽之治矣。”② 前会稽令杨节所撰《会稽志叙》云：“予读之，感曰：是书也，余当时颇以不及亲举为己咎。及今观之，使当时而果成，则未及太史之南安得董狐丘明笔，一光简册若今日哉！然则余

① （明）萧良干等修，张元忭等撰：《中国方志丛书·（浙江省）（万历）绍兴府志（八）》，成文出版社1983年版，第3330—3331页。

② （明）彭富：《会稽邑志叙》，见（明）杨维新修，张元忭、徐渭纂《（万历）会稽县志》，明万历三年（1575年）刻本，第1—2页。

之咎，殆书之幸也!”[①] 太仆寺卿商廷试之《会稽县志叙》则云：“稽于古而有获，通其变而使不倦，此在司民牧者加之意而已。则斯志也，固经世之典也。”[②]

嘉靖《越郡志略》

万历《越郡志略》，十卷，明司马相纂，此书已佚，《千顷堂书目》卷七史部、地理类中，《明史·艺文志》卷二史类、谱牒，《雍正浙江通志》卷二五三、经籍十三，施坚雅《浙江宁绍地区地方志目录》有著录。司马相，号菲泉，会稽人，正德十六年进士，《明史·艺文志》卷二云：“刑部主事，福建佥事，以大狱不称上志，遣归。”故此书修撰当在司马相遣归之后的嘉靖时期。《万历会稽县志》卷三风俗曾引司马相《越郡志略》，并注云：“书尚未出。”《万历会稽县志》修纂于明万历三年（1575 年），则《志略》付刊当在次之后。《康熙绍兴府志》卷五十八序志言“司马相撰《越郡志略》十卷，未行，其书亦为之见”，不确。应为刊印不多，所以流传甚稀。《乾隆绍兴府志》卷十八风俗有引及，可见乾隆时犹能得见。洪焕椿《浙江地方志考录》第 126 页云：“此书，乾隆是就不得见。”未悉其据。[③]

第四节　清朝时期绍兴方志的编纂

在清代，绍兴修志进一步发展，引领了全国修志之业。首要者，当为会稽县人傅王露等纂修的雍正《浙江通志》，该志 280 卷，首 3 卷。在《绍兴府志》的修纂方面，康熙时期，即五修《绍兴府志》：康熙十二年（1673 年）张三异修、王嗣皋纂“张志”；十四年（1675 年），许宏勋等修撰的“许志”；二十二年（1683 年），王之宾修、董

① （明）杨节：《会稽志叙》，见（明）杨维新修，张元忭、徐渭纂《（万历）会稽县志》，第 3 页。

② （明）商廷试：《会稽县志叙》，见（明）杨维新修，张元忭、徐渭纂《（万历）会稽县志》，第 6 页。

③ 参见陈桥驿《绍兴地方文献考录》，浙江人民出版社 1983 年版，第 36—37 页。

钦德纂“王志”；三十年（1691 年），李铎纂修“李志”；五十八年（1719 年），俞卿修、邹尚和周徐采纂“俞志”。此外，有乾隆五十七年（1792 年），李亨特等修、平恕及徐嵩等纂《绍兴府志》和李慈铭的《乾隆绍兴府志校记》1 册。在康熙、雍正、乾隆、嘉庆、道光年间，绍兴府属各县均数度修纂县志，今以《绍兴府志》《会稽县志》《山阴县志》为主，简要介绍之。

雍正《浙江通志》

雍正《浙江通志》由清浙江总督徐州李卫等修，会稽傅王露等纂。

雍正七年（1929 年），清政府为纂修《大清一统志》，下令各省限期编辑通志。浙江于此年开局编纂，至雍正十三年（1735 年）编纂成书，清乾隆元年（1736 年）刻印。主修者先后有总督李卫、郝玉麟、程元章、嵇曾筠，巡抚王国安，布政使王紘、张若震等人；编纂者有沈冀机、陆奎勋、傅王露等人，傅王露始终参与其事。

傅王露，字良木，号玉笥，又号阆林。浙江会稽人。清康熙五十四年（1715 年）乙未科进士，授翰林院编修。康熙六十年，傅王露充任会试同考官。雍正七年，傅王露出任江西省学政，提督学院。历任官至詹事府左中允左庶子，充武英殿纂修官，时以编纂在籍，出任《浙江通志》总纂。后傅王露告假回乡，不再出来为官，退归田里近四十年。著有《玉笥山房集》《晴溪诗钞》等。沈冀机，字西园，号澹初，海宁人，康熙进士，翰林院侍读学士，授编修官。陆奎勋，字聚侯，号星坡，又号陆堂，平湖人，康熙进士，翰林院检讨。

该书即有郝玉麟、程元章、张若震、李卫、王紘、嵇曾筠、傅王露所撰《饬修浙江通志序》。郝玉麟序言记载该志编纂过程云：“我世宗宪皇帝振纲肃纪，百废俱兴，特允廷臣之请命，将各省志书重加编纂，务得完善，以资采择。奉诏之后，即启馆聚书，遴聘淹贯之士，考核删订，经始于雍正九年，脱稿于雍正十二年冬，而缮本授梓则十三年秋也。为门五十有四卷，二百有八十，视旧志为加详焉。”① 程元

① （清）嵇曾筠、李卫等修：《（雍正）浙江通志（一）》，沈冀机等撰，凤凰出版社、上海书店出版社、巴蜀书社 2011 年版，第 3 页。

章序言述明了《浙江通志》编纂的重要性与涵括内容，“我朝重熙累洽，其轨同文，四远来宾，八荒在宥，方舆之式廓，声教之诞敷，为前古所未有。而两浙曾经圣祖仁皇帝翠华南幸，恩纶叠沛，六十余年，休养生息。人物之彬郁，都邑之雄富，水泉之疏衍，财赋之丰饶，风俗之淳茂，疆理之规划，至美且备，揽笔而书之，宜有以纪鸿懿而昭炳蔚矣。顾自康熙乙丑前抚臣赵士麟尝因薛志之旧，损益成书，而荟萃旧闻，尚多脱略，标序章宪，未见详明。兹特加博采，犂然具备。前志分三十七门，今引其绪而增益之类十有七，合五十四门，计二百八十卷”。[①] 该书人物一门增名臣、忠臣、循吏、武功、介节等目，并析出孝友、义行，所增经籍、碑碣两门，尤为详细。

此书流传各版本，除乾隆元年（1736 年）外，还有嘉庆十七年（1812 年）修补重刊本，光绪二十五年（1899 年）浙江书局复刻本，民国二十五年（1936 年）商务印书馆影印光绪二十五年本，2011 年凤凰出版社、上海书店出版社、巴蜀书社据此本重新影印刊行。台北成文出版社则据乾隆原刊本影印，编入《中国省志汇编》中。台北大通书局亦影印原刊本。此外，还有光绪五年（1879 年）墨润堂校刻巾箱本 14 卷，作者题为“留云借月轩主人”，内容则为该志水利及海防两门单刻本。北京图书馆藏有雍正间精钞本一部，240 卷，较正式刻本少 40 卷，当为全书未定之本。《四库全书》据原刊本著录。《四库全书总目提要》云：“所引诸书，皆具列原文，标列出典。其近事未有记载者，亦具列其案牍，视他志体例特善。其有见闻异辞者，则附加考证于下方。虽过求赅备，或不无繁复丛冗。然信而有征之目，差为不愧矣。”[②]

康熙《绍兴府志》

康熙《绍兴府志》，60 卷（目录标为 58 卷，标识有误），清知府沈阳人王之宾监修，会稽人董钦德编纂，康熙二十二年（1683 年）

---

① （清）嵇曾筠、李卫等修：《（雍正）浙江通志（一）》，沈翼机等撰，凤凰出版社、上海书店出版社、巴蜀书社 2011 年版，第 5 页。

② （清）纪昀总纂：《四库全书总目提要》卷六十八 · 史部二十四。

续修。王之宾,奉天人,荫生,康熙十九年(1680 年)起任绍兴知府。编纂者董钦德(1632—1715 年),字哲文,又字天心,号心庐,邑庠生,会稽县人。

张三异《绍兴府志序》阐述了撰志要旨:“故曰志犹史也,志分而史合。邑犹郡,郡犹省也,邑分而郡合,郡分而省合。惟不失体国经野、窥文奋武至意。即发而为天官、地理、本纪、世家、列传之仿佛,均不外是郡志云而哉。”[①] 许弘勋《绍兴府志序》阐明了修撰绍兴府志的重要性及续修府志的必要性,“从来经不可作则继之以史,史不及备则载之以志。惟志所以翼史,惟史所以卫经。虽曰缮史者褒讥并列,缮志者有褒无讥,乃惟公惟慎,郑重厥事,而兢兢不敢荒略滥加。即如信史传经,可以一日,可以亿万载。笔墨淋漓,日星彪炳,谁谓郡志非人,律也哉!况越志自陆游张淏以来,漫灭无存,入明惟孙司马、张修撰厘举告成,又百余岁矣。分野湖山,久无变更,而百年鼎迁,兵革烽火,其名臣义士,理学文词,卓荦一世,古今人不相掩者,惟越州为甚。有识者固知操觚者之最难也”。[②] 王之宾作《绍兴府志序》则介绍了府志撰写的过程,“庚申之春,予奉简命来守兹土,揽秀气于八山,询民瘼于三老。仿朱子之守南康,首取志书而曰之,因是而知汉之刘东莱、唐之庞泾阳、宋之范文正、明之汤笃齐,化民善俗,兴利剔弊,均徭定赋,濬湖建闸,公德一时,俎豆百世,企慕芳徽,怀想德泽。问其修志之人,前则有张阳和、孙月峰两先生,问其修志之时,则明万历乙酉也。夫宇内之称名志者,武功、鄠县、茶陵、耀州、汾州、沔阳,而郡志则居上焉。相去八十有九年,郡守张禹木先生延句章王德遇先生乃续成之。今当圣天子在上,车书一统,消除三逆,文教讫西隅,重译来东海,采列国风谣,成一代巨典。然必邑先郡、郡先省。盖由卑而至高,由小而极大,由分而得合也。予因谋诸郡之荐绅先生,及两邑宰开馆于龙山之阳,碧水池

① (清)张三异:《绍兴府志序》,见(清)王之宾监修,董钦德编纂《康熙绍兴府志》,张序,第 5 页。

② 同上书,王序,第 1—4 页。

上，属董生钦德亟为编辑，董生为宗伯中峰先生之后人，家学渊源，键户读书已逾数十载，今乃率其及门寝食其中，旦夕不倦，时未七旬，书已告成”。①

该志分为疆域志、城池志、署廨志、山川志、古迹志、物产志、风俗志、灾祥志、田赋志、水利志、学校志、祠祀志、武备志、职官志、选举志、人物志、序志，体例完备。

乾隆《绍兴府志》

乾隆《绍兴府志》，80卷，卷首1卷，清政府李亨特修，山阴人平恕等纂，乾隆五十七年（1792年）修，刊本。台北《中国方志丛书》系列影印，此书又见《清史稿·艺文志》《清朝续文献通考》著录。

修者李亨特（？—1815年），奉天铁岭汉军正蓝旗人，曾入赀授布政司理问，发河东委用，补兖州通判。清乾隆五十五年（1790年）知绍兴府，乾隆五十七年主修《绍兴府志》，五十八年调任杭州。嘉庆初年，累迁江苏按察使。嘉庆九年（1804年），擢河东河道总督。后仕途几起几落，嘉庆二十年（1815年）卒于黑龙江戍所。

纂者平恕（？—1804年），绍兴山阴人，乾隆三十七年（1772年）进士，入翰林院。四十年（1775年）授编修，四十三年（1778年）二月，以《四库全书》馆纂修行走，四十五年（1780年）充会试同考官。四十六年（1781年），擢翰林院侍讲。后官至户部侍郎，卒于任上。

该志李亨特所作《重修绍兴府志序》，阐明了修志的必要性与纂修过程，“谕旨颁布，准令地方有司修辑志乘。按府志自康熙己亥以后阙焉，失编凡田土垦辟、版户蕃滋、人物节孝、蚊帐甲科事迹，实繁有徒，不即不图，奚以备考镜、尊文献、维风化也。余守是邦之二年，年谷时熟，狱讼清简。既新黉序、举祀事、厘积牍、严考校，诵绎旧志、残缺漫漶，慨然思以修之，乃延郡人平宫詹、金匮徐孝廉共襄斯役。旁搜图籍、咨访耆旧、水利物产、人物经籍，宫詹任之；地理建置以下则

① （清）许弘勋：《绍兴府志序》，见（清）王之宾监修，董钦德编纂《（康熙）绍兴府志》，许序，第2—4页。

孝廉与金匮钱君、昆山朱君等共成之。期而书成，都为八十卷，事增文损，可以观焉”。①

该志由地理志、建置志、田赋志、水利志、物产志、风俗志、学校志、武备志、职官志、选举志、祠祀志、人物志、古迹志、陵墓志、金石志、经籍志、祥异志组成，内容丰富。

《乾隆〈绍兴府志〉校记》

《乾隆〈绍兴府志〉校记》，清会稽李慈铭校，蔡冠洛辑录。此书稿本今存，由台北文海出版社影印刊行原稿本，1 册，编入《清代稿本百种汇刊》。天津图书馆存有清抄本，钤有“荃孙”藏书印章，为江阴藏书家缪荃孙所藏。通行有民国十八年（1929 年）铅印本。

康熙《会稽县志》

康熙《会稽县志》28 卷，卷首 1 卷，清知县吕化龙修，董钦德辑。康熙十年（1671 年）创修，十三年（1674 年）刊本。此书，《八千卷楼书目》卷六《史部·地理类》有云：“康熙会稽县［志］，二十八卷，国朝王元臣撰刊本。”②《稽瑞楼书目》载云：“《会稽县志》二十八卷，康熙十二年修，八册。”③ 此志修者为吕化龙，广东冈州人，时为会稽县知事，道光《鹤山县志》有其传云：“吕化龙，字日御，楼冲人，弱冠以戴礼举于乡，授浙江会稽知县，县多豪猾，甫下车，即剔厘积弊，民皆畏服。勤心课士，后因南米室误，士民醵金抵。补授新昌不就，拂袖而归，讲学邑中，来学者多所成就，卒年六十九。”④ 纂者董钦德。该志于康熙二十二年（1683 年）由时任会稽县知事王元臣捐俸重修，董钦德、金烔纂。王元臣，字圣乘，系康熙九年（1670 年）进士。⑤ 绍兴县修志委员会于民国 25 年（1936 年）出版是志铅印本，题为《康熙会稽县志》。

---

① （清）李亨特：《重修绍兴府志序》，见（清）李亨特总裁，平恕等修《（乾隆）绍兴府志》，成文出版社 1975 年版，第 1—2 页。

② （清）丁仁：《八千卷楼书目》（卷六），1923 年铅印本，第 169 页。

③ 《丛书集成新编》（第 2 册），新文丰出版公司 2008 年版，第 209 页。

④ （清）徐香祖修，吴应逵纂：《道光鹤山县志》卷七，清道光六年刻本，第 183 页。

⑤ （清）王学浩纂：《道光昆新两县志》卷十五，道光六年刊本，第 439 页。

该志旧序云："夫以覆载之广博，缕而析之，及于一邑，以郡邑之森列，积而数之，及于会稽，以会稽肇邑之久远，编年纪事而及于今日，斯会稽志之所为作也。会稽之名山也，始于夏。名郡也，始于秦。其名邑也，始于隋。邑之有志也，始于宋，继以明。夫宋以施郡判之综核，陆待制之风雅，明以张宫谕之典则，徐文学之宏通。维时邑令，前有杨公节，后有杨公维新，兹数公者，览山川之胜概，辨风俗之贞淫，察原隰之高下，计物产之盈虚，其所为疆域之规险隘之势，人才盛衰之等，祀神保民礼教之方，岂不厘然具备？且生于其地者，古人之遗迹犹有存焉，然张宫谕、徐文学犹逊谢不遑，求之马尧相、金階二子之藏草，而书乃成，是知志会稽者之难也。迨于今九十余年，搜讨之役，起于辛亥，前令集邑中诸士，而书未成。余受事伊始，媿不敏焉，将以是而统于郡上于省会，备十五国之风而不遗于弹丸下邑之逸事，不甚难哉？虽然，遐陬僻壤，逖听风声，矧会稽素称礼仪之乡乎？闻之玉卮无当，虽宝非用；侈言无验，虽丽非经。余乃自壬子秋出试闱，辄取是编，删繁征信，博采旁咨，凡四阅月，学博沈君以牒来曰，有俞生嘉谟，实堪斯举。余固蚤识俞生，授以全编，重为参订，而书成。"① 序则云："董生钦德、金生炯而谋之，相与参酌义例，裨补阙略，比类连词，循绳属事，可幸无失者如斯而已。"②

《会稽县志》包括总论、疆域志、城池志、山川志、古迹志、物产志、风俗志、灾祥志、田赋志、水利志、祠祀志、武备志、职官志、选举志、人物志。《凡例》所载，指出了重修县志对旧志的补充完善之处，"一旧志以郡事人邑为悖，欲明乎沿革也，但未建邑以前，有神禹会计始皇游幸二大事，则邑所必载，谨备录以溯原委。一旧志阙学校，今志独学校为最详，盖朝廷建学育才，督以宪臣，联以师儒，典莫重焉。故源本阙里志苏州府学志，参酌成之。一兵农者，郡邑之大政，邑为郡辅，郡志辑武备，而邑志何阙焉。谨遵郡志，参贯

① （清）吕化龙：《康熙会稽县志旧序》，（清）董钦德辑：《康熙会稽县志》，成文出版社 1983 年版，第 3—4 页。

② （清）王元臣：《康熙会稽县志序》，（清）董钦德辑：《康熙会稽县志》，成文出版社 1983 年版，第 1 页。

古今，酌定条目，折衷于大易设险之义，故增武备以补昔贤所未及。一朝廷最重易名之典，而会稽之赐谥，诸公皆有功德于当时，彰彰于国史者，略举其人以志不朽。唐徐季海谥定元、韩明善谥庄节，明先中峰谥文简、陶南川谥庄敏、陶虞臣谥文僖、陶泗桥谥恭惠、罗一甫谥文懿、陶石篑谥文简、王墨池谥恭简、倪鸿宝谥文贞。一节烈与列传不同，列传有事业之高下，节烈则同一坚贞而已。如曰旌而后传。惟素对之家子孙昌大者，斯力为之，否则尽湮没矣。故舆论所推许者，多载数人，以励廉耻。至无子守节，尤不敢遗。若妾之守节，旧无旌表之例，故多阙焉，确有见闻者必及之”。①

道光《会稽县志稿》

道光《会稽县志稿》，25 卷，卷首 1 卷，清王藩、沈元泰修撰，修撰于道光二十五年（1845 年），原缺地理志下，建置志上、下，田赋志，灾异志，学校志，武备志，人物志 8 卷，又稿佚选举志、经籍志、金石志 3 卷，故今仅存原稿本 15 卷。又有民国二十五年（1936 年）绍兴县修志委员会铅印本，题签《道光会稽县志稿》（志末附有时任县长贺扬灵跋），亦是 15 卷本，美国斯坦福大学东亚藏书楼所收藏即为此本。此志卷一《地理志》记述“分野”内容之后，有“新增经纬度”一项，介绍杭州、会稽的经纬度以及与京师的时刻比较、太阳在南北半球的移动等内容，为此前绍兴府及山阴、会稽二县诸志所无，在一定程度上展现了地理、天文知识在清代中叶的发展情况。贺扬灵的《稿跋》言该志：“于人物志编列尤详，古迹、水利、风俗各志益足补《康熙会稽志》所未及，不可谓非名世方物也。”② 修撰者王藩，字蓉坡，会稽人，道光六年（1826 年）进士。沈元泰，字墨庄，会稽人，道光二十年（1840 年）进士。

康熙《山阴县志》

康熙《山阴县志》38 卷，清知县高登先修、沈麟趾等纂；知县

---

① （清）董钦德辑：《康熙会稽县志》，成文出版社 1983 年版，第 17—18 页。

② 贺扬灵：《道光会稽县志稿跋》，见（清）王藩、沈元泰修撰《道光会稽县志稿》，成文出版有限公司印行 1983 年版，第 995 页。

范其铸续修，高荃重编。

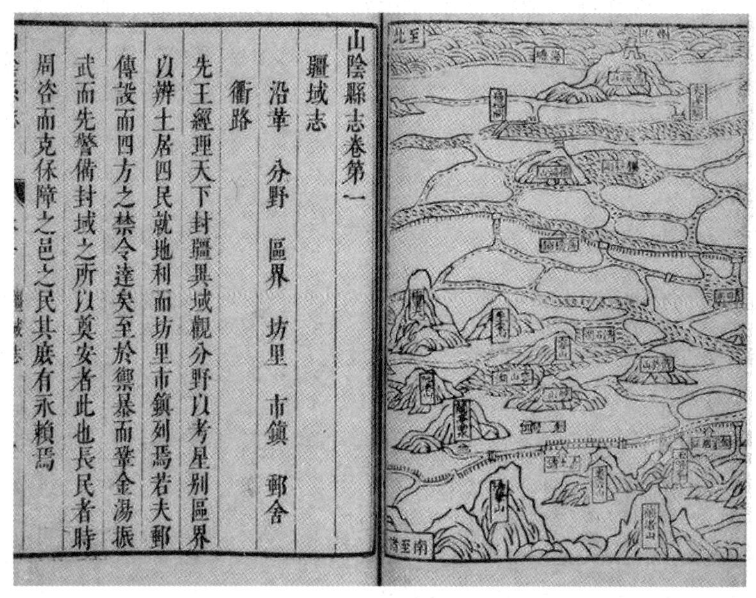

山陰縣志卷第一

疆域志

沿革　分野　區界　坊里　市鎮　郵舍

衢路

先王經理天下封疆異域覩分野以考星別區界以辨土居四民就地利而坊里市鎮列焉若夫郵傳設而四方之禁令達矣至於禦暴而肇金湯振武而先警備封域之所以奠安者此也長民者時周咨而克保障之邑之民其庶有永賴焉

康熙《山阴县志》

《雍正浙江通志》卷二五三·经籍十三，施坚雅《浙江宁绍地区地方志目录》等著录。雍正《山阴县志》卷三十八序志沈麟趾《重修山阴县志纪略》载：“即邻封荐绅，不辞就正，适慈邑王德迈先生（即王嗣皋，曾主纂康熙张志）过越，并祈于人物再为删定。”则此书之纂，王嗣皋亦曾参与其中。该志康熙十年（1671 年）所修及二十二年（1683 年）续修均有刊本。康熙十年刊本今存，二十二年版本今存于美国国会图书馆。修者高登先，字于岸，钟祥人，顺治己亥（1659 年）进士，康熙十三年（1674 年）任山阴县知县，《同治钟祥县志》卷十一·耆旧有传。续修者范其铸，字东岩，汉阳人，顺治戊戌（1658 年）进士，康熙十九年（1680 年）任山阴县知县。纂者沈麟趾，字天石，山阴人，康熙十三年府学贡生。重修者高荃，字基重，嘉兴人，山阴县教谕。

雍正《山阴县志》

雍正《山阴县志》，38 卷，此志清知县丁弘补修，鲁曾煜补纂。

该志，《振绮堂书目》卷三·史类·地志，施坚雅《浙江宁绍地区地方志目录》等著录。雍正二年（1724年）刊本，今存。嘉庆《山阴县志》卷二九《前志》载："其在我朝，则康熙十年辛亥，知县高登先重修，二十二年癸亥，知县范其铸再修之。厥后一补于四十年辛巳，知县顾？再补于雍正二年甲辰，知县丁弘。每修补一次，邑令与同官及一邑之士夫，率杂撰序文，累若干首置于卷端，而前志之体裁元本悉在，所略大抵草率应酬之作，故于书罕所发明。"此志卷次、目录、文字，均循高志之旧，新增者寥寥可数，不过序跋应酬及人物志等稍加数事而已。补修者丁弘，顺天府大兴人，雍正元年（1723年）起任山阴县知县。补修者鲁曾煜，字启人，山阴人，康熙辛丑（1721年）进士，《越风诗人小传》及《龙山诗巢志略》卷三有传。

嘉庆《山阴县志》

嘉庆《山阴县志》，30卷，卷首1卷，清知县徐元梅修，朱文翰、陈石麟等纂，嘉庆八年（1803年）修。

该志，《八千卷楼书目》卷七《史部·地理类》、《稽瑞楼书目》、《古越藏书楼书目》卷一五《舆地·古州郡县志》、《东洋文库地方志目录》、施坚雅《浙江宁绍地区地方志目录》等著录。清人李慈铭认为此志"尚为佳志"，[①] 同时指出其缺点云："而提例疏缪，纪载舛驳之处，盖已不胜音……《徐志》以土地、人民、政事三目为全书之纲，既非志体，区别又多混淆。"[②]《绍兴史迹风土丛谈》第一册"徐元梅重修《山阴县志》"条云："李元仲世熊《宁化志》，分土地、人民、政事为三大纲……盖本唐枢《湖州府志》也。嘉庆辛未（1811年）山阴县知县徐元梅重修《山阴志》，又本李仲元，最为谨严。"嘉庆原刊本今存，又有1936年绍兴县修志委员会铅印本，流传较广。修者徐元梅，河南罗山人，乾隆五十一年（1786年）举人，乾隆五十二年（1787年）进士。纂者朱文翰，安徽歙县人，字苍楣，号见庵，乾隆五十五年（1790年）进士。陈石麟，浙江海盐人，乾隆四

① （清）李慈铭：《越缦堂日记》第8册，广陵书社2004年版，第4291页。

② 同上书，第4291—4292页。

十八年（1783 年）举人。

《〈嘉庆山阴县志〉校记》

清李慈铭撰，俞奇曾辑录。此书系从李慈铭《越缦堂日记》中辑出，施坚雅《浙江宁绍地区地方志目录》著录。该书末有俞奇曾序，详述此书本末。上海图书馆藏有抄本，又有 1930 年铅印本，蔡元培题签误为《〈乾隆山阴县志〉校记》。又收录于 1938 年绍兴县修志委员会铅印《绍兴县志资料》第一辑。

《越中杂识》

《越中杂识》2 卷，清悔堂老人撰，乾隆五十九年（1794 年）撰。本志原无刊本，其乾隆抄本被收藏在美国国会图书馆。1980 年，美国斯坦福大学教授施坚雅将其复印本寄赠杭州大学陈桥驿教授，1983 年，浙江人民出版社出版了该抄本的排印本。卷首有编者所作序言，道出其编撰缘由及志书内容，“昔在越时，遍求郡志读之而不可得，故惟向所素悉者是游，故事其境之稍僻，则弗至焉。铁岭李公晓园守越之二年，敦请名流，重修越志，期月而书成。予从友人借读之，文简而该，事繁而核，考订极博，体例井然，堪与李敏达公《浙江通志》相颉颃，夫岂寻常志乘所可比拟者哉。闲居无事，摘而录之，而稍为之增损，并。一披览间，旧游之区，宛然在目，他日重游其地，按所识而考求之，则越之山川人物，古迹碑铭，当更一览无余矣。山陬下士，偶识旧闻，何敢自居于著述，故以《越中杂识》名编云”。①可见，该志是以李亨特所主修《乾隆绍兴府志》为摘录素材，并稍为之增损，另“以予昔所浏览见闻极真者参记其间”编纂而成。全志分为上下两卷，上卷分山川、桥梁、田赋、户口、水利、城池、衙署、学校、祠祀、寺观、帝王、名宦、乡贤、理学、儒林、文苑、忠节十七目，下卷分忠节（续上卷）、孝行、义行、隐逸、寓贤、后妃、烈女、仙释、方技、古迹、陵墓、碑版、著述、艺文凡十四目。撰者除序言中自述为西吴悔堂老人，时年六十五岁外，其余生平事迹

① （清）悔堂老人：《〈越中杂识〉序》，《越中杂识》，浙江人民出版社 1983 年版，第 1—2 页。

待考。

《绍兴掌故琐记》

《绍兴掌故琐记》，清董实秬重辑。据陈桥驿《绍兴地方文献考录》载，此书残损抄本一册藏于宁波天一阁，系会稽董氏行余讲舍钞本，共44页，首页至第六页缺损。天一阁书卡云："此书无书名，所记皆绍兴地区掌故，首缺6页，编纂者待考。"第四十四页末董实秬写云："此集已饱蠹鱼，所剩数纸，皆破碎不可读，今补缀录出，而益以近日所见琐词杂说，随笔摘录，俟成帙后再为校订，以续先人之志，实秬谨识。"据此推断，则此书为会稽董氏旧藏，并经董实秬重加增辑。此书虽残缺，但所存绍兴掌故谚语为数不少，如"绍兴人以不干己事从旁出头曰顶缸"，"夜饭少吃口，活到九十九"，"吃饭行百步，勿用见药铺"等。①

《梓里记》

《梓里记》，清吴凤翥撰。此书刊本不见，附录于吴隐编订《山阴州山吴氏支谱》，又收录于1938年绍兴县修志委员会铅印之《绍兴县志资料》第一辑第六册。内容系记录城西、州山及附近之地理风土，包括州山、蛇山、狮山、细山、五老峰、牛山、柯山、七星岩、刑塘、秋湖、洋湖、飘阁、石佛寺、七尺庙等，甚为详尽。卷末有吴寿昌识云："昔人评西山八记，穷奇尽变，镌镵造化，镇宰难为，吾于是篇云然。州山山川人物，有序、有记、有诗、有赋、有传、有志铭，裒然成集，然皆分类编志，未有合而成篇者，故公作此，仍以山水为主，人物则附记之。详所当详而略所当略，体裁宜尔。"撰者字青于，山阴州山人，乾隆乙卯（1795年）举人，《绍兴县志资料》第一辑第十四册之人物列传有载。② 方浚师所作该书序言云："举凡鹫峰凤岭，飘阁梅里诸境，尽人而知之矣。而情景之奇幻，未由知也。间有知情景之奇幻矣，而能摹绘情景，笔之于书，不特外游者未由知其妙，恐闭户者亦未由知其妙也。青于孝廉不以仕宦为荣，

① 参见陈桥驿《绍兴地方文献考录》，浙江人民出版社1983年版，第50—51页。

② 同上书，第70页。

老于其乡，雅具山水癖，尝荟萃州山之胜，条举而目张之，盖将借山水之奇踪，以发其胸中块垒不平之奇气。其间慨兴废、述祖德，隐然以记载为己任。”①

此外，绍兴亦有不少学者、官宦主纂或参修其他方志或外地方志。如傅王露除参修雍正《浙江通志》外，还参纂《西湖志》；施诚参纂《河南府志》与《鄢陵县志》；章学诚曾纂修《湖北通志》《和州志》《亳州志》《永清县志》，参修《荆州府志》《大名县志》等多部志书；陈宗海主修《丽江府志》《普洱府志》《思茅府志》《腾越府志稿》。据不完全统计，有清一代，绍兴官宦、学者纂修、参修外地地方志的有三四十人之多。

可见，由三类绍兴籍史学家所撰《后汉书》和三国两晋至清朝的地方志书的撰述可知，其撰述内容日益丰富、体例逐渐完备，编纂过程中的合作情形亦呈强化趋势，其所体现的史学思想亦随社会发展而不断发展，从而在中国史学发展进程中居于重要地位。

① （清）方浚师：《吴青于孝廉梓里记序》，（清）方浚师：《退一步斋文集》卷二，光绪十八年刊印本，第419页。

第三章　明清时期的绍兴史学家与其史学思想

在传统观念中，经学被视为圣学，史学则被视为末学，史学地位长期难以彰显。至南宋时期，经重史轻的状况在一定程度上得以改变。吕祖谦云："圣人之心，万物皆备，不见其为外也。史，心史也；记，心记也。"[①] 从而把经、史与心学思想的变动联系起来考察。此后，明朝著名思想家王阳明提出"《春秋》亦经，五经亦史"，"以事言谓之史，以道言谓之经。事即道，道即事。《春秋》亦经，五经亦史。《易》是庖牺氏之史，《书》是尧、舜以下史，《礼》、《乐》是三代史。其事同，其道同。安有所谓异"?[②] 又云："五经亦只是史。史以明善恶，示训戒。善可为训者，特存其迹以示法。恶可为戒者，存其戒而削其事以杜奸。"[③] 明后期的大儒刘宗周亦主张"以明经为主，兼通世事"。[④] 黄宗羲则明确提出"经世致用"，曾云"明人讲学，袭语录之糟粕，不以六经为根柢，束书而从事于游谈，故受业者必先穷经，经术所以经世，方不为迂儒之学，故兼令读史"。[⑤]

至清朝时期，绍兴史学家进一步大放异彩。其中，张岱可作为明

---

① （宋）吕祖谦：《东莱博议》，岳麓书社 1988 年版，第 103 页。

② （明）王阳明：《王阳明全集》，上海古籍出版社 1992 年版，第 10 页。

③ 同上。

④ （明）刘宗周：《刘子全书》（二），华文书局股份有限公司 1968 年版，第 905 页。

⑤ （清）全祖望：《梨洲先生神道碑文》，（清）黄宗羲著，沈善洪主编：《黄宗羲全集》（第十二册），浙江古籍出版社 2005 年版，第 8 页。

末清初过渡阶段遗民史学的代表人物。此后，浙东史学逐步成为执全国史学之牛耳的主流史学。浙东史学的人物大多出自绍兴、宁波、金华等浙东区域，其创始人乃是明末清初经学家、史学家黄宗羲。黄宗羲治经治史，率多出自王阳明、刘宗周之学并加以发展而成，梁启超即指出："梨洲学问影响后来最大者，在他的史学。现行的《明史》，大半是万季野稿本，而季野之史学，实传自梨洲"，[①]"大抵清代经学之祖推炎武，其史学之祖当推宗羲。所著《明儒学案》，中国之有'学术史'，自此始也"。[②]

继张岱、黄宗羲而起者，浙东学派之有名望之学人，则有万斯同、万斯大、全祖望、邵廷采、邵晋涵、章学诚、李慈铭等人。他们或治经，或研史，或经世兼修，引领了清代史学之趋向。如万斯同读书而不为时文，绝意科举仕宦，以布衣纂修明史，自署"布衣万斯同"。一生撰述颇丰，尤以《明史稿》500 卷和《儒林宗派》8 卷为代表之作，《清史列传》称许《儒林宗派》"自孔子以下，汉后唐前传经之儒，及两宋周、程、朱、陆各派，一一具列，其持论独为平允焉"，[③]这些著述使得浙东史学继黄宗羲之后进一步发展光大。全祖望，性亢直，"为士林仰重"，曾主讲绍兴蕺山书院和广东端溪书院，力倡梨洲之学。全祖望著作颇丰，撰有《鲒埼亭集》38 卷及《外编》50 卷、《经史问答》10 卷、《诗集》10 卷等，并续补黄宗羲之《宋元学案》，为后人留下了珍贵的文化遗产，"仪征阮元尝谓经学、史才、词科三者，得一足传，而祖望兼之，其《经史问答》实足以继古贤，启后学，与顾炎武《日知录》相埒"。[④]邵廷采广搜资料，本着经世致用的著史原则，孜孜不倦地从事于史学撰述，"尝从宗羲问逸事，于明末诸臣尤能该其本末，所作《宋明遗民所知传》，倪文正、施忠愍诸传，凡数十篇"，[⑤]辑有《思复堂文集》，在

---

① 梁启超：《中国近三百年学术史》，中国和平出版社 2014 年版，第 61 页。

② 梁启超：《清代学术概论》，上海古籍出版社 1998 年版，第 17 页。

③ 王钟翰点校：《清史列传》，中华书局 1987 年版，第 5466 页。

④ 同上书，第 5487 页。

⑤ 同上书，第 5337 页。

浙东史学中占有一席之地。章学诚是浙东史学的殿军，清代史学理论的集大成者，倡导“六经皆史”，将经史研究相结合，在推动史学发展过程中发挥了重要作用。梁启超云：“浙东学风，从梨洲、季野、谢山起以至于章实斋，厘然自成一系统，而其贡献最大者实在史学。”①

本章即主要以王阳明、张岱、黄宗羲、章学诚、李慈铭为考察个案，透视明清时期绍兴史学的发展历程。

第一节 王阳明的史学观

王阳明（1472—1529 年），名守仁，字伯安，自号阳明子、阳明山人，世称其为阳明先生，浙江绍兴府余姚县（今浙江省宁波余姚市）人，明代著名的思想家、哲学家、书法家兼军事家、教育家。明弘治乙未年（1499 年）登进士第，后历任刑部主事、贵州龙场驿丞、庐陵知县、右佥都御史、南赣巡抚、两广总督等职，晚年官至南京兵部尚书、都察院左都御史。因平定宸濠之乱等军功而封爵新建伯，隆庆时追赠侯爵。1529 年王阳明卒于江西南安，归葬于浙江山阴洪溪乡（今属绍兴县兰亭镇）。卒后三十八年，即明隆庆元年（1567 年），追赠新建侯，谥“文成”。

王阳明的学术思想主要表现于其王学（“阳明学”），王守仁（心学集大成者）与孔子（儒学创始人）、孟子（儒学集大成者）、朱熹（理学集大成者），并称为孔、孟、朱、王。黄宗羲高度评价王阳明的贡献云：“先生承绝学于词章训诂之后，一反求诸心，而得其所性之觉曰良知，因示人以求端用力之要，曰致良知。良知为知，见知不囿于闻见。致良知为行，见行不滞于方隅。即知即行，即心即物，即动即静，即体即用，即功夫即本体，即下即上，无之不一，以救学者支离眩骛，务华而绝根之病，可谓震霆启寐，烈耀破迷，自孔、孟以

① 梁启超：《论中国学术思想变迁之大势》，上海古籍出版社 2001 年版，第 124 页。

来，未有若此之深切著明者也。”① 《明史·王守仁传》云：“守仁天姿异敏。年十七谒上饶娄谅，与论朱子格物大指。还家，日端坐，讲读《五经》，不苟言笑。游九华归，筑室阳明洞中。泛滥二氏学，数年无所得。谪龙场，穷荒无书，日绎旧闻。忽悟格物致知，当自求诸心，不当求诸事物，喟然曰：‘道在是矣。’遂笃信不疑。其为教，专以致良知为主。谓宋周、程二子后，惟象山陆氏简易直捷，有以接孟氏之传。而朱子《集注》、《或问》之类，乃中年未定之说。学者翕然从之，世遂有‘阳明学’云。”② 梁启超说：“王阳明是一位豪杰之士，他的学术像打药针一样，令人兴奋，所以能做五百年道学总结，吐很大光芒。”③ 下文就王阳明的历史观作一简要介绍。

其一，王阳明强调通过个人修养和自省达到“致良知”，凸显了学人思维的自主性，为此后史学的发展提供了重要的思想支撑。王阳明认为，至善须求之于心，“心即理也”，心无私欲之蔽，即是天理，注重“去人欲，存天理”，强调自我修养的重要性，通过自我判别事物演变，从而增强了史家从事历史研究中的自主性，为中晚明及清初史学的发展起到了一定的促进作用。

在与弟子的对话中，王阳明阐明了经由求之于心以致良知的具体途径：

> 骤闻是说，皆目以为立异好奇，漫不省究。
>
> 爱问：“‘知止而后有定’，朱子以为‘事事物物皆有定理’，似与先生之说相戾。”先生曰：“于事事物物上求至善，却是义外也。至善是心之本体，只是‘明明德’到‘至静至一’处便是。然亦未尝离却事物。本注所谓‘尽夫天理之极，而无一毫人欲之私’者，得之。”
>
> 爱问：“至善只求诸心，恐于天下事理，有不能尽。”

---

① （清）黄宗羲著，沈善洪主编：《黄宗羲全集》（第七册），浙江古籍出版社1992年版，第14页。

② 参见（明）王阳明《王阳明全集》，上海古籍出版社1992年版，第1541页。

③ 梁启超：《中国近三百年学术史》，中国和平出版社2014年版，第3页。

先生曰："心即理也。天下又有心外之事，心外之理乎？"

爱曰："如事父之孝，事君之忠，交友之信，治民之仁，其间有许多理在，恐亦不可不察。"

先生叹曰："此说之蔽久矣，岂一语所能悟。今姑就所问者言之。且如事父，不成去父上求个孝的理；事君，不成去君上求个忠的理；交友、治民，不成去友上、民上求个信与仁的理。都只在此心。心即理也。此心无私欲之蔽，即是天理，不须外面添一分。以此纯乎天理之心，发之事父便是孝，发之事君便是忠，发之交友、治民便是信与仁。只在此心去人欲、存天理上用功便是。"①

王阳明进一步阐发了"致良知"须达致"中和"之境，如此才能不但窥悉良知之妙，而且能够用之于善。"问：'良知原是中和的，如何却有过、不及？'先生曰：'知得过、不及处，就是中和。''所恶于上'是良知，'毋以使下'即是致知。先生曰：'苏秦、张仪之智，也是圣人之资。后世事业文章，许多豪杰名家，只是学得仪、秦故智。仪、秦学术善揣摸人情，无一些不中人肯綮，故其说不能穷。仪、秦亦是窥见得良知妙用处，但用之于不善尔。'"② 在他看来，"道心"发自人之内心深处，并坚持不懈，圣人之学，即在于其将良知发于内心深处，并且贯彻始终，良知即天道，古之圣人之能致良知，源于其坚持本心，并发奋忘食。"夫圣人之学，心学也，学以求尽其心而已。尧、舜、禹之相授受曰：'人心惟危，道心惟微，惟精惟一，允执厥中。'道心者，率性之谓，而未杂于人。无声无臭，至微而显，诚之源也。人心，则杂于人而危矣，伪之端矣。见孺子之入井而恻隐，率性之道也；从而内交于其父母焉，要誉于乡党焉，则人心矣。饥而食，渴而饮，率性之道也；从而极滋味之美焉，恣口腹之饕焉，则人心矣。惟一者，一于道心也。惟精者，虑道心之不一，而

① （明）王阳明：《王阳明全集》，上海古籍出版社 1992 年版，第 1—2 页。

② 同上书，第 114—115 页。

或二之以人心也。道无不中，一于道心而不息，是谓‘允执厥中’矣”;[①] “天道之运，无一息之或停；吾心良知之运，亦无一息之或停。良知即天道，谓之‘亦’，则犹二之矣。知良知之运无一息之或停者，则知惜阴矣；知惜阴者，则知致其良知矣。‘子在川上曰：“逝者如斯夫，不舍昼夜。”’此其所以学如不及，至于发愤忘食也。尧舜兢兢业业，成汤日新又新，文王纯亦不已，周公坐以待旦，惜阴之功，宁独大禹为然”。[②]

王阳明强调人的自主意识重要性的主张，在明朝正德、嘉靖时期一经提出，在被原来程朱理学禁锢的思想界引起巨大反响，“一时心目俱醒，恍若拨云雾而见白日”。[③] 著名学者陈垣先生在《明季滇黔佛教考》中论述说：“明季心学盛而考证兴，宗门昌而义学起，人皆知空言面壁，不立语文，不足以相慑也，故儒、释之学同时丕变，问学与德性并重，相反而实相成焉。”[④]

其二，王阳明认为，历史撰述应合乎时代制度、思想等的变迁，而非泥古不化、一成不变。他以孔子作《春秋》阐述说：“今之《礼记》诸说，皆后儒附会而成，已非孔子之旧。至于《春秋》，虽称孔子作之，其实皆鲁史旧文。所谓‘笔’者，笔其书；所谓‘削’者，削其繁，是有减无增。孔子述六经，惧繁文之乱天下，惟简之而不得。使天下务去其文以求其实，非以文教之也。《春秋》以后，繁文益盛，天下益乱。始皇焚书得罪，是出于私意，又不合焚六经。若当时志在明道，其诸反经叛理之说，悉取而焚之，亦正暗合删述之意。自秦汉以降，文又日盛，若欲尽去之，断不能去。只宜取法孔子，录其近是者而表章之，则其诸怪悖之说，亦宜渐渐自废。”[⑤] 在王阳明看来，史学的撰述要适应时代的变迁，但他同时亦有一定的复古意识，主张回到“三代之治”，其变迁史观存在欠缺之处。

---

① （明）王阳明：《王阳明全集》，上海古籍出版社 1992 年版，第 256 页。
② 同上书，第 257—268 页。
③ （明）顾宪成：《顾端文公遗书》，清康熙刻本《小心斋札记》第三卷。
④ 陈垣：《明季滇黔佛教考》，河北教育出版社 2000 年版，第 303 页。
⑤ （明）王阳明：《王阳明全集》，上海古籍出版社 1992 年版，第 8 页。

爱曰："如《三坟》之类，亦有传者，孔子何以删之？"

先生曰："纵有传者，亦于世变渐非所宜。风气益开，文采日胜，至于周末，虽欲变以夏、商之俗，已不可挽，况唐、虞乎？又况羲、黄之世乎？然其治不同，其道则一。孔子于尧舜则祖述之，于文武则宪章之。文、武之法，即是尧、舜之道。但因时致治，其设施政令，已自不同，即夏、商事业施之于周，已有不合。故周公思兼三王，其有不合，仰而思之，夜以继日。况太古之治，岂复能行？斯固圣人之所可略也。"

又曰："专事无为，不能如三王之因时致治，而必欲行以太古之俗，即是佛、老的学术。因时致治，不能如三王之一本于道，而以功利之必行之，即是伯者以下事业。后世儒者许多讲来讲去，只是讲得个伯术。"

又曰："唐、虞以上之治，后世不可复也，略之可也。三代以下之治，后世不可法也，削之可也。惟三代之治可行。"①

王阳明指出，不同时期历史人物的思想和行为因时而变，这就意味着历史书写亦要因应时代变化，以反映历史的嬗变，他以尧、舜、周公、孔子为例进行说明，"圣人之心如明镜，只是一个明，则随感而应，无物不照。未有已往之形尚在，未照之形先具者。若后世所讲，欲是如此，是以与圣人之学大背。周公制礼作乐以文天下，皆圣人所能为，尧、舜何不尽为之而待于周公？孔子删述六经以诏万世，亦圣人所能为，周公何不先为之而有待于孔子？是知圣人遇此时，方有此事。只怕镜不明，不怕物来不能照"。② 同时他又指出，《诗》《书》《礼》《乐》《易》《春秋》六经乃人心之常道，乃是历史变迁进程中具有普遍规律性的重要组成部分，"通人物，达四海，塞天地，亘古今，无有乎弗具，无有乎弗同，无有乎或变者也，夫是之谓六经。六经者非他，吾心之常道也。故《易》也者，志吾心之阴阳消息

① （明）王阳明：《王阳明全集》，上海古籍出版社1992年版，第8—9页。

② 同上书，第12页。

者也；《书》也者，志吾心之纪纲政事者也；《诗》也者，志吾心之歌咏性情者也；《礼》也者，志吾心之条理节文者也；《乐》也者，志吾心之欣喜和平者也；《春秋》也者，志吾心之诚伪邪正者也。君子之于六经也，求之吾心之阴阳消息而时行焉，所以尊《易》也；求之吾心之纪纲政事而时施焉，所以尊《书》也；求之吾心之歌咏性情而时发焉，所以尊《诗》也；求之吾心之条理节文而时著焉，所以尊《礼》也；求之吾心之欣喜和平而时生焉，所以尊《乐》也；求之吾心之诚伪邪正而时辩焉，所以尊《春秋》也”。①

在此之前，史学家因受程朱理学的影响，以僵化的纲常礼教作为衡量历史事件和历史人物的标尺，形成历史撰写因循不化的现象，正如吴怀祺所指出的那样，“纲常名分成为评价历史事件、历史人物的准尺，历史的‘是’‘非’全以这把尺子来衡量。所以史学地位虽然重要，但最终又只能在从属理学的地位上”。② 王阳明学术撰述要应时而变的主张，对中晚明史学的变革无疑起到了重要的推动作用。葛兆光认为：“宋代史学的成就不仅没有成为元、明史学向前发展的基础，相反，其中的糟粕如理学式的封建纲常说教，却成了元、明史学家难以挣脱的一道绳索。……直到明、清之间（即明嘉靖至清雍正），中国史学才出现了又一次、也是封建时代最后一次高潮。”③ 在阳明心学的影响下，中晚明历史学者的自主性大为增强，对于原来已形成定论的一些历史人物亦给出了迥然不同的评价，如对冯道、谯周，起先的学者均从臣节等方面讨论，将他们视为异主求荣、毫无臣节的贰臣而加以彻底否定，而晚明著名思想家李贽则从安民、养民的新视角出发，将二人视为承担安民、养民责任的臣子，而予以充分肯定，其观点具有相当的颠覆性，“孟子曰：‘社稷为重，君为轻。’信斯言也，道知之矣。夫社者，所以安民也；稷者，所以养民也。民得安养而后君臣之责始塞。君不能安养斯民，而后臣独为之安养斯民，而后冯道

① （明）王阳明：《王阳明全集》，上海古籍出版社 1992 年版，第 254—255 页。

② 吴怀祺：《中国史学思想通史・宋辽金卷》，黄山书社 2002 年版，第 93 页。

③ 葛兆光：《明清之间中国史学思潮的变迁》，《北京大学学报》（哲学社会科学版）1985 年第 2 期。

之责始尽。今观五季相禅，潜移嘿夺，纵有兵革，不闻争城。五十年间，虽经历四姓，事一十二君并耶律契丹等，而百姓卒免锋镝之苦者，道务安养之力也。谯周之见，亦尤是也”。①

其三，提出“君之存亡，有系于民”，历史书写在于“明善恶，示训戒”“彰善杜恶”。面对当时的社会风气之颓靡，王阳明提出“易风俗，正人心”，并对正德皇帝耽于玩乐、荒于国政的行为进行直言劝谏。

在王阳明看来，君民关系是相互影响的统一体，二者不可偏于一方，民固然要从于君，君亦要应乎民。“君者民之主，君好于上，而民从于下，固亦理之必然欤！是则内外上下本同一体，而此感彼应，自同一机，人君之于民也，而可不慎其所以感之邪？抑论之，身固必从乎心矣；民固必从乎君矣；抑孰知心之存亡，有系于身，而君之存亡，有系于民乎？为人君者，但知下之必从夫上，而不知上之存亡有系于下，则将恣己徇欲，惟意所为，而亦何所忌惮乎？”② 历史撰述要发挥“明善恶，示训戒”“彰善杜恶”的作用。“先生曰：‘以事言谓之史，以道言谓之经。事即道，道即事。《春秋》亦经，五经亦史。《易》是包牺氏之史，《书》是尧、舜以下史，《礼》、《乐》是三代史。其事同，其道同。安有所谓异？’又曰：‘五经亦只是史。史以明善恶，示训戒。善可为训者，特存其迹以示法。恶可为戒者，存其戒而削其事以杜奸。’”③

鉴于历史兴亡的经验教训，王阳明对当时社会的颓靡之风忧心忡忡，“皆有可虑之实”，呼吁正人心，提出正忠信、贵廉洁、重朴直、论心术、尚狷介的主张，“天下之患，莫大于风俗之颓靡而不觉。夫风俗之颓靡而不觉也，譬之潦水之赴壑，浸淫泛滥，其始若无所患，而既其末也，奔驰溃决，忽焉不终，朝而就竭，是以甲兵虽强，土地虽广，财赋虽盛，边境虽宁，而天下之治，终不可为，则风俗之颓

① （明）李贽：《李贽文集》（第3卷），社会科学文献出版社2000年版，第1299页。

② （明）王阳明：《王阳明全集》，上海古籍出版社1992年版，第854页。

③ 同上书，第10页。

靡，实有以致之。古之善治天下者，未尝不以风俗为首务，武王胜殷，未及下车，而封黄帝、尧、舜之后；下车而封王子比干之墓，释箕子之囚，式商容之闾；当是时也，拯溺救焚之政，未暇悉布，而先汲汲于为是者，诚以天下风俗之所关，而将以作兴其笃厚忠贞之气也。故周之富强不如秦，广大不如汉，而延世至于八百年者，岂非风俗之美致然欤！今天下之风俗，则诚有可虑者，而莫能明言之，何者？西汉之末，其风俗失之懦；东汉之末，其风俗失之激；晋失之虚；唐失之靡；是皆有可言者也。若夫今之风俗，谓之懦，则复类于悍也；谓之激，则复类于同也；谓之虚，则复类于琐也；谓之靡，则复类于鄙也；是皆有可虑之实，而无可状之名者也"；[①] "盖今风俗之患，在于务流通而薄忠信，贵进取而贱廉洁，重儇狡而轻朴直，议文法而略道义，论形迹而遗心术，尚和同而鄙狷介；若是者，其浸淫习染既非一日，则天下之人固已相忘于其间而不觉，骤而语之，若不足以为患，而天下之患终必自此而起；泛而观之，若无与于乡愿，而徐而察之，则其不相类者几希矣。愚以为欲变是也，则莫若就其所藐者而振作之。何也？今之所薄者，忠信也，必从而重之；所贱者，廉洁也，必从而贵之；所轻者，朴直也，必从而重之；所遗者，心术也，必从而论之；所鄙者，狷介也，必从而尚之"。[②]

正是基于君王当为民表率，君明方能臣贤民良的观念，王阳明对其时的正德皇帝耽于玩乐、荒废国政的行为直言进谏，指出这将导致四方之民日兴怨怼、四方盗贼日益猖獗的局面；正德于后苑训练兵事并不能威慑寇盗，反而会损耗国家元气，使群臣惶惑、两宫忧危；正德不能日近儒臣、讲论道德，反而沉迷于骑射疲劳之事，必使国政日益荒废。他不畏天颜，直言批评正德皇帝的治国之失，劝谏其须振刷国政，励精图治，以恢复国家元气，振刷臣民生气，这无疑是王阳明将其历史观直接应用于现实国家政局的明显例证，"陛下有尧舜之资，臣等不能导陛下于三代，而使天下之民疾首蹙额相告，归咎怀愤，若汉、唐之季，臣等

① （明）王阳明：《王阳明全集》，上海古籍出版社 1992 年版，第 866 页。

② 同上书，第 866—867 页。

死有余罪矣。伏愿陛下继自今昧爽以视朝，励精而图治。端拱玄默以养天和，正《关雎》之风，毓《麟趾》之祥。日御经筵，讲求治道，务理义之悦心，去游宴之败度。正臣等不职之罪，罢归田里，举耆德宿望之贤，与共天职。使天下晓然皆知陛下忧悯元元之本心，由臣等不能极言切谏，以至于斯。自兹以往，务在休养生息，无复有所骚扰。躬修圣政，以弭天下之艰；屯广圣嗣，以定天下之危；疑勤圣学，以立天下之大本。其余习染，以次洗刷。则民生自遂，若阳气至而万物春；寇盗自消，若白日出而魍魉灭。上以承祖宗之鸿休，下以垂子孙之统绪；近以慰臣庶之忧惶，远以答四方之观向”。①

王阳明并非专门从事史学研究的历史学家，但他认为良知出于本心，重视人的独立思维精神，指出历史撰述须因时而变、合乎历史变迁规律，以及“君之存亡，有系于民”等观念，对于深受程朱理学观念束缚的明代中前期史学界来说，可谓振聋发聩，在一定程度上促进了此后史学观念和史学撰述的发展，应当引起我们的重视，当然此种史学观念也在一定程度上造成了史学撰述方面得以凸显，而史实考据不足的局限，需要加以救偏补弊，“王阳明心学对史学的积极意义是解放了史家的思想，使得史学从早期的苍白而到中晚明的异彩纷呈，但王学以尊德性为第一，而道问学为末的思想倾向，亦使史家过多关注于思想的表达，而对史实的考据重视不足”。②

第二节　张岱《石匮书・石匮书后集》的历史观

一　张岱生平与著作

张岱（1597—约 1680 年），初字维城，后字宗子，又字天孙，《石匮书》为其代表性著作，人称“石公”，故又字石公，号陶庵，晚号六休居士、蝶庵、古剑老人（一作古剑陶庵老人）、渴旦庐等，浙江山阴

---

① （明）王阳明：《王阳明全集》，上海古籍出版社 1992 年版，第 1017 页。
② 李孔胜：《阳明心学与晚明史学的新变化》，《学习与探索》2014 年第 2 期。

（今浙江绍兴）人，祖籍四川剑门（故自称“蜀人”），明末清初史学家、文学家，与谈迁、万斯同、查继佐并称为“浙东四大史家”，文学创作方面以小品文见长，以“小品圣手”闻名于世。

张岱出身于官宦家庭，其高祖张天复（1513—1573 年），官至云南按察副使、太仆寺卿。曾祖张元忭（1538—1588 年），隆庆五年（1571 年）状元及第，授翰林院修撰、万历中为左谕德兼侍读。祖父张汝霖，约生于嘉靖四十年（1561 年），卒于天启五年（1625 年），万历二十三年（1595 年）进士，官至广西参议。父张耀芳（1574—1632 年），副榜出身，为鲁藩右长史。因之，张岱出身于书香门第，家学渊源深厚。天复、元忭父子曾撰修《绍兴府志》、《会稽志》及《山阴志》，张岱具有史学研究的家学根基。张岱幼年时即非常聪慧。“六岁时，大父雨若翁携余之武林，遇眉公先生跨一角鹿，为钱唐游客，对大父曰：‘闻文孙善属对，吾面试之。’指屏上李白骑鲸图曰：‘太白骑鲸，采石江边捞夜月。’余应曰：‘眉公跨鹿，钱唐县里打秋风。’眉公大笑起跃曰：‘那得灵隽若此，吾小友也。’”① 因少年时生活优裕，张岱常游山玩水，落拓不羁，“少为纨绔子弟，极爱繁华。好精舍，好美婢，好娈童，好鲜衣，好美食，好骏马，好华灯，好烟火，好梨园，好鼓吹，好古董，好花鸟”。② 明亡后，张岱避居剡溪中，困窘异常，“兼以茶淫桔虐，书蠹诗魔，劳碌半生，皆成梦幻。年至五十，国破家亡，避迹山居，所存者破床碎几，折鼎病琴，与残书数帙，缺砚一方而已。布衣蔬食，常至断炊。回首二十年前，真如隔世”，③ 在艰难困苦之中，张岱保持了一个明遗民的坚贞气节，他抱持“为故国留信史”的信念，笔耕不辍，以著述聊生，“学书不成，学剑不成，学节义不成，学文章不成，学仙学佛、学农学圃俱不成，任世人呼之为败子、为废物，为顽民，为钝秀才，为瞌睡汉，为死老魅也已矣”。④

① （清）张岱：《琅嬛文集》，岳麓书社 1985 年版，第 201 页。

② 同上书，第 199 页。

③ 同上。

④ 同上书，第 200 页。

在其漫长的人生历程中，张岱撰写了大量有影响力的著作，其《自为墓志铭》云："好著书，其所成者有《石匮书》《张氏家谱》《义烈传》《琅嬛文集》《明易》《大易用》《史阙》《四书遇》《梦忆》《说铃》《昌谷解》《快园道古》《傒囊十集》《西湖梦寻》《一卷冰雪文》行世。"① 《自为墓志铭》又云："明年，年跻七十。"② 可见，张岱撰写《自为墓志铭》时当为公元1665年，时为69岁。其未著录者尚有《夜航船》《张子诗秕》《茶史》《老饕集》《陶庵肘后方》《皇华考》《越绝诗》《冰山集》《石匮书后集》等。69岁以后，张岱又先后完成了《明纪史阙》《琯朗乞巧录》《有明于越三不朽图赞》等著作，另外，还参与编写了《明史纪事本末》《会稽县志》等，计所著述，近30种。

《石匮书》《石匮书后集》是体现张岱史学观念的代表性著作。《石匮书》220卷，又名《石匮藏书》，为张岱利用家藏资料所撰写的纪传体明史，"发端自至正末季，备考其甲坼勾萌；断简至天启七年，余俟其事久论定"。③ 《石匮书后集》计63卷，记载了崇祯朝及南明史事变迁。《石匮书》内容分为：《本纪》、《世表》、《年表》、《志》（包含天文、地理、礼乐、科目、百官、河渠、刑名、兵革、马政、历法、盐业、漕运、艺文诸目）、《世家》、《列传》（包含主要大臣、名士的列传及义人、列女、宦者、盗贼、逆党、循吏、孝子、独行、儒林、文苑、隐逸、妙艺、方术、名医、货殖、佞幸、群雄、四夷等列传）、《朝贡诸夷考》等。《石匮书后集》主要分为《本纪》《世家》《列传》三类。因《石匮书后集》主要描述的是明清鼎革时期的历史变迁，故其内容包括了大量反映明末君臣、民众抵抗李自成、张献忠军队和清军并英勇殉难的事迹，《列传》下便包含了《石匮书》所未有的内容，如《流寇死战列传》《甲申殉难列传》《甲申勋戚殉难列传》《乡绅死义列传》《乙酉殉难列传》《江南死义列传》《丙戌

---

① （清）张岱：《琅嬛文集》，岳麓书社1985年版，第200页。

② 同上书，第201页。

③ 同上书，第110页。

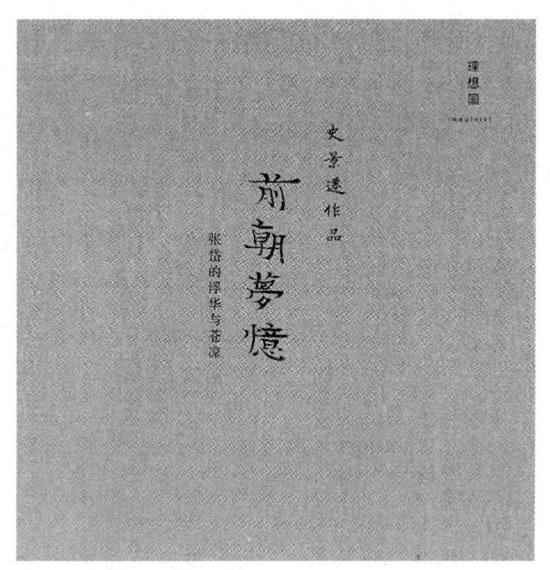

明朝灭亡时，张岱四十八岁，尔后他得去面对一个残酷的事实：让他活得多姿多彩的辉煌明朝，被各种竞逐的残暴、野心、绝望、贪婪力量所撕裂，土崩瓦解，蒙羞以终。他反复追思回想，事情愈是清晰：如迷雾笼罩的路径，于眼前重现，诸多以往的嘈嘈低语，也喧哗四起……

Return to Dragon Mountain, Memories of a Late Ming Man

史景迁《前朝梦忆：张岱的浮华与苍凉》

殉难列传》《江右死义列传》《辛卯殉难列传》等。张岱为撰写《石匮书》《石匮书后集》，历时30余年。撰史之时，正值明清鼎革、天崩地坼之际，尽管遭遇了国破家亡之厄，张岱仍以其顽强的毅力，完成这一皇皇巨著，后人称之为《明史记》。因成书之日，明朝已亡，因名为《石匮藏书》，以示忠于前朝之意。张岱曾揭示其忍辱不死，撰著《石匮书》之缘由，“余一生受义之累，家以此亡，身以此困，八口以此饥寒，一生以此贫贱，所欠者但有一死耳。然余之不死，非不能也，以死而为无益之死，故不死也。以死为无益而不死，则是不能死，而窃欲自附于能死之中；能不死，而更欲超出于不能死之上。千磨万难，备受熟尝。十五年后之程婴，更难于十五年前之公孙杵臼；至正［至元］二十六年之谢枋［得］，更难于至正（至元）十九年之文天祥也”。[①] 因之，张岱致力于史书的撰写，以为故国留信史，此一追求正表明了在王朝鼎革之际，以著史彰显自身忠贞志向的明季遗民的心声所在，“明清鼎革的‘残山剩水’之现实注定张岱他们这些明季遗民有着更高的追求。对于张岱而言，这种追求就是‘存国史’的宏愿，而‘存国史’即‘存明’、‘复明’、‘复国’之意，充分表露了明季遗民的心声”。[②]

《史阙》亦是张岱的重要史学作品。“史阙”即史之阙文，张岱在《史阙》序言中云“阙文也，有所疑而阙之也”。[③]《嘉庆山阴县志》著录云：“《史阙》，无卷数，六册写本，国朝张岱撰。”[④] 是书内容上起三皇五帝，下迄辽金元。其所叙述，“有与正史事同而文异者，有与正史全异者。辩证博洽，持论平允，尤非熟读百史而得洵者”。[⑤]据黄裳《张岱的〈史阙〉》一文云：“此稿本不分卷，分订六帙而已。原稿竹纸黑格，半叶八行，白口单边。笔迹用纸都与《琅嬛文集》无异。卷中还保存着剪贴的痕迹，可以推知，作者开始时是见书即抄，积累了大量的长篇素材，最后才编纂粘接成书的”；“卷首有大字序四页，序末题‘古剑陶庵老人张岱撰’，下钤‘张岱之印’，‘天孙’二印，俱白文。每卷首大题下署‘古剑陶庵张份绸’”。[⑥] 台北华世出版社 1977 年出版的清人郑佶所编《史阙·附明纪史阙》一书，所列《史阙》内容，包含 14 卷，分别为：三皇五帝纪、夏商周纪、春秋列国纪、西汉纪、东汉纪、三国纪、晋纪、南北朝纪、隋纪、唐纪、后五代纪、北宋纪、南宋纪、辽金元纪。其所附《明纪史阙》则为旧抄本，为郑佶未得见者。张岱之所以编纂《史阙》，显然并非仅为补前史之缺漏，更在于通过补史之阙，使原来隐匿的历史得以彰显，客观描述历史的真实，他认为：“书之义也，不书义也，不书而又书之，

① （清）张岱：《石匮书·石匮书后集》（三），上海古籍出版社 2008 年版，第 50 页。

② 陈斌：《张岱的明亡之思与自处之道》，硕士学位论文，华中师范大学，2014 年。

③ 转引自胡益民《张岱研究》，安徽教育出版社 2004 年版，第 208 页。

④ （清）徐元梅、朱文翰纂修：《嘉庆山阴县志》，嘉庆八年（1803 年）修，1936 年绍兴县修志委员会校排印本，第 1007 页。

⑤ （明）张岱：《史阙》，郑佶编十四卷本跋。

⑥ 黄裳：《张岱的〈史阙〉》，《读书》1988 年第 1 期。

亦义也。故不书者，月之阙也，不书而书者，月之食也。月食而阙，其魄未始阙也，从魄而求之，列其全魄见矣。由唐言之，六月四日，语多隐微，月食而匿也。太宗令史官直书玄武门事，则月食而不匿也。食而匿，刚更之道不存，食而不匿，别更之道存。不匿，别人得而指之，指则鼓，鼓别驰，驰别走。走者救也，救者更也。使太宗异日而悔焉，则更之道也，太宗不自悔，而使后人知鉴焉，亦更之道也。此史之所以重且要也。虽然，玄武门事，应匿者也，此而不匿，更无可匿者矣。"① 正如美国学者史景迁所指出的那样，"张岱还探索另一种历史书写的想法，他相信这能让我们对历史知识有更深的理解。这正是《史阙》书名的用意所在，以期胜过现存的记载，创造更深刻、更令人深省的历史水平"。②

二　张岱的史学观念

张岱具有治史的家学传承和浓厚的学术根基，其身处明亡清兴的大转折时代，家国兴亡的经历在其史学撰述中留下了深刻的烙印，其史学观念无疑彰显了历史变革和自身经历的鲜明特色。因此，在中国史学观念变革历程中亦有其一席之地。

其一，推崇君明臣贤的王朝治国模式，认为政权的良性发展需要君民一体，拥有相当程度的民本意识。

张岱对明朝开国君主朱元璋给予了高度评价，他从民族意识出发，指出朱元璋反抗元朝统治、建立明朝的功绩远超商汤、周武、汉高祖，可为万世之功，"汉高皇帝之功，胜汤武矣；桀纣龁痛其国人，不能遍四夷也。我高皇帝之功胜舜禹矣，洪水灾而居贫瘠耳，人犹人也。故夫汉高帝之功，一世功也；高皇帝之功，万世功也"。③ 明成祖朱棣作为一个以下犯上、昌乱弑君与雄才韬略的有为之君二者兼具的

① （明）张岱：《史阙·附明纪史阙》，华世出版社 1977 年版，第 1—2 页。

② ［美］史景迁：《前朝梦忆：张岱的浮华与苍凉》，温洽溢译，广西师范大学出版社 2010 年版，第 124 页。

③ （清）张岱：《石匮书·石匮书后集》（一），上海古籍出版社 2008 年版，第 21 页。

君主，对其作为，张岱主张要辩证看待。一方面，不能完全遮蔽其不符合正统君王之道的行为，对坚决拥护建文帝的臣子给以充分的肯定，赞扬其忠君行为。另一方面，又对朱棣的行为予以回护，认为不能以“拘挛之行”评价“上圣之主”，成祖处“草除之际”，不能以常理视之，且对做出巨大功绩的一代雄主明成祖来说，应将其历史放在主要位置。“吾夫子之志，在春秋也，犹于定哀多征词焉。况我草除之际乎，韩高之疏中格，而齐黄之策用，皆天也。累累殉国，千古罕俪，拊心腐笔而已。呜呼！此非臣子之所得言也”；[①]“夫拘挛之行，岂所以论上圣之主哉？成祖居极，以唐太宗自拟，有唐家法则，非我俦。盖汤武耶，盖汤武耶”！[②]

对明孝宗以仁孝治国，君明臣良、僇力同心，形成盛世局面的模范治国秩序，张岱给以高度赞许，他认为“至治”的达成需要君臣合力，用当其才，以民为本，“孝宗朝有三大臣，为王恕、马文升、刘大夏。君明臣良，一日千古。其余如秦纺、余子俊、倪岳、戴珊、许进、周经、韩文、张敷华辈，扬历中外，无不用当其才，僇力同心，克襄至治。成弘之际，可谓盛矣”。[③] 对于忠于故国，不应朱元璋之征召、饮鸩而亡的元朝遗民，张岱同样给予相当肯定，“上令郡国胪举故元耆硕，不应者坐大辟。江西布政使密言［伯颜］子中，于上上束币征之。使者至，子中曰：‘死后矣。’具牲酒祭其祖父师友，为歌七章，饮鸩而亡。……天下尽属明分已定久。子中亦几无日哉，处死矣。诏至乃引从容仰鸩，竟示不臣忠之时也，而诸荐绅先生，薄元卤，谓亡所当殉于乎，卤不得君臣哉”。[④]

在张岱看来，君明臣贤的关键在于统治政权的君主执政之明，实行合乎历史发展的政策。因之，臣子择主便非常重要，“有死主之勇，须先有择主之明。苟死托身非人，不能见几，复为死难，则是蔡邕之

① （清）张岱：《石匮书·石匮书后集》（一），上海古籍出版社 2008 年版，第 21 页。

② 同上书，第 53 页。

③ 同上书，第 118 页。

④ （清）张岱：《石匮书·石匮书后集》（三），上海古籍出版社 2008 年版，第 308—309 页。

哭董卓，扬雄之死王莽，徒资万世笑骂耳，何义之与有”?①

其二，批判明朝中后期统治之弊，认为明朝的败亡，犹如草蛇灰线，经历了一个逐步演变的过程，提出明之衰亡始于万历末季、实亡于天启的观点。

“在社会与军事双双崩解的脉络中，张岱撰述明史所面临的挑战之一，就是必须找出明朝由盛转衰的时刻。”② 张岱敏锐地指出，在明中期的明武宗时期，国家局势已是危机萌生，隐患迭起，这乃是武宗耽于享乐、荒于政务所造成的：“武宗英果刚决，是大有为之君，使其循规蹈矩，一出于正，以之绳文皇帝之武，不难也。乃流连荒亡，恣意游佃，万乘之躯，等于一掷，其不致颠覆社稷者亦幸矣！乃七年以前受逆珰之祸，九年以后受巡幸之苦，其间巨贼强藩，四下蜂起，卒赖贤臣次第扑灭。非祖宗积德之厚，其能奠安若此也哉?”③ 明神宗长期荒于国政，重用宦官，致使明后期国是日非，张岱对其进行了激烈的批判，“辟如养痈，特未溃耳。故戊午前后，地裂山崩，人妖天变，史不胜书。盖我明之亡徵，已见之万历末季矣”;④ “神宗静摄三十余年，太阿之柄不至旁落，颇得驾驭之术。及至熹庙柔闇，魏珰弄权，变起同文，衅成锢党，苌弘之血，埋土犹碧。自古貂珰之衡，至此已极矣。甲申之变，曹化淳犹开门逆贼，妇寺之祸，遂与国终始，为人主者，可不知戒哉”;⑤ “我明三百年宦官之祸，始于正统，横于

① 转引自胡益民《张岱研究》，安徽教育出版社2004年版，第62页。

② ［美］史景迁:《前朝梦忆：张岱的浮华与苍凉》，温洽溢译，广西师范大学出版社2010年版，第170页。

③ （清）张岱:《石匮书·石匮书后集》（一），上海古籍出版社2008年版，第138页。

④ 同上书，第192页。

⑤ （清）张岱:《石匮书·石匮书后集》（三），上海古籍出版社2008年版，第241页。文中简单称曹化淳“开门逆贼”，似因受制于时代与立场，而观点有所偏颇之处。刘仲孝通过分析乾隆《武清县志》对曹化淳事迹的记载，认为曹氏并没有开广安门迎大顺军入城（刘仲孝:《曹化淳“开城门”辨》，《紫禁城》1994年第4期）。谢正光亦通过对木陈道忞《北游集》及相关诗文史料的考察，指出曹化淳自万历末年入宫后，始终秉承当时宦官“多学能书”及“宛然有儒风”的传统，深得崇祯之倚重。清人入关后，曹氏倡议为崇祯帝后营葬筑陵，历三载而事成。迨顺治亲政，曹氏被委为“帝师”，授顺治以汉土典籍及天竺佛法；暇时教以书画怡情，复为历数先朝旧事。因之顺治对崇祯之遭际深表同情，至引以为异代知己。曹化淳一生之行事，似非“卖主求荣”一语足以概之（谢正光:《新君旧主与遗臣——读木陈道忞〈北游集〉》，《中国社会科学》2009年第3期）。

正德，复横于天启。正统、正德犹对口发背之症，壮年力旺，毒不能内攻，几死复活。天启则病在命门，精力既竭，疽发骨旋，痈溃毒流，命与俱尽矣”。[①] 在张岱看来，奸佞之臣，历朝皆有，其关键即在于为帝者能否知人善用，亲贤臣、远小人，自设防维，如君主用人不明，则可能造成“鱼肉天下，倾覆国家”的下场，“是以我明佞幸多在，成祖、英宗、武宗、世宗之朝，如纪纲、汪直、刘瑾、钱宁、江彬、陶仲文、邵元节之辈，狐假虎威，热可炙手。列宗虽明察如神，为其煬蔽，竟若罔闻。至如熹宗昏髦，客魏提挈，弄如傀儡。则又毕□不足数矣。故如毒虫挚兽，何地无之？特人不遭逢，则亦与泥沙等弃耳。何朝无佞？何人无佞？特佞人之有幸有不幸，是在人主之自设防维也……千古之巨憝大恶，皆千古之明君察相以为不足重轻而奴隶蓄之者也。嚬茂一窃，用以鱼肉天下，倾覆国家，止在其咄嗟顾盼间，而有余矣。可不慎哉！可不慎哉！”[②]

其三，从多方面分析明思宗朱由检亡国因由，指出明朝的灭亡是多种合力共同作用的结果。

张岱从过于节俭、边患丛生、朝令夕改、君臣离心等方面深入分析了造成崇祯亡国的因素，既对崇祯的气节与勤政给予充分肯定，又对其性格的内在缺陷予以深刻的考察。他高度评价了崇祯皇帝“焦心求治，旰食宵衣”的精神，认为“即古之中兴令主无以过之”，但结局是“竟以萑苻剧贼，遂至殒身”，“凡我士民，思及甲申三月之事，未有不痛心呕血，思与我先帝同日死之之为愈也”。[③] 对崇祯的节省，张岱给予一定认同，但同时指出崇祯的节俭过度、不知变通，导致军士无饷、边患四起，而人无资财，财尽归于勋臣戚畹、内珰，矛盾日积，危机四伏。因之，要做到“拨乱反正之主”，则必须“倜傥轻财”。“盖我先帝惟务节省，布衣蔬食下同监门，遂以宫中内帑，视为千年必不可拔之基。祖宗所贻，不可分毫取用，致使九边军士，数年

① （清）张岱：《石匮书·石匮书后集》（一），上海古籍出版社2008年版，第208页。
② （清）张岱：《石匮书·石匮书后集》（三），上海古籍出版社2008年版，第271页。
③ 同上书，第444页。

无饷，体无完衣，其何以羁縻天下哉！臣尝谓中兴之主，与创业无疑，捐金百万，全不介怀。如我光宗皇帝，一月之内，发帑金三百余万，神宗皇帝四十八年之郁积政，欲得一豁达大度之主以疏壅滞，以救败亡。可惜吾光宗皇帝之受祚不长也。陶朱公之救中男，不遣长子而遣少子亦政是此意也。先帝起信邸，知民间疾苦，不肯轻用一钱，故省织造省宴会省驿递，使天下无所不节省，而人日贷之勋臣，日贷之戚畹，日贷之内珰，天下视之，真谓帑藏如洗矣。而逆闯破城，内帑所出，不知几千百万，而先帝何苦日事居积、日事节省、日事加派、日事借贷，京师一失，无不尽出以资盗粮，岂不重可惜哉！故为天下求一拨乱反正之主，必如秦皇汉武之倜傥轻财，方可有济。使斤斤自守，如汉之文帝、唐之德宗，又何足以拯溺救焚、再造斯世也哉！嗟乎！痛定思痛，不得不重为吾先帝一下轮台之悔也。”①

南炳文、汤纲在其撰写的《明史》中认为：“明思宗喜听相同的意见，厌恶逆耳之词，这便给善于逢迎的大大小小奸佞之徒窃取官位大开了方便之门。”② 对崇祯用人，张岱进行了详细的分析，他认为崇祯帝虽焦于求治、渴于用人，但其朝令夕改、用人多疑、刻薄寡恩、杀人太骤，以致君臣离心，群臣多以崇祯之是非为是非，犹如鹦鹉学语、随声附和，至国事危难之时则人心涣散，竟无一人为崇祯分忧宣力。张岱深入揭示了明朝的灭亡与崇祯的个人因素的内在关联，“先帝焦于求治，刻于理财，渴于用人，骤于行法，以致十七年之天下，三翻四覆，夕改朝更。耳目之前，觉有一番变革，向后思之，讫无一用，不亦枉却此十七年之精励哉！即如用人一节，黑白屡变，捷如弈棋，求之老成而不得，则用新进；求之科目之不得，则用荐举；求之词林而不得，则用外任，求之朝宁而不得，则用山林；求之荐绅而不得，则用妇寺；求之民俊而不得，则用宗室；求之资格而不得，则用特用；求之文科而不得，则用武举。愈出愈奇，愈趋愈下。荐举盛典

① （清）张岱：《石匮书·石匮书后集》（三），上海古籍出版社 2008 年版，第 444—445 页。

② 南炳文、汤纲：《明史》，上海人民出版社 2014 年版，第 877—878 页。

也，倪文正贤者也，其所举用者当不啻如何郑重，乃登之荐剡者，则一顽钝不灵之内弟。其他不肖之人，更不可知已。以先帝一片苦心，仅足为在廷诸臣行私示恩之地，真可为痛哭流涕长太息者矣。及至流贼临城，先帝日日召对，诸臣林立，言某事当做，则群应之以某事当做；言某事不当做，则群应之以某事不当做。毫无筹划，但有伊阿。先帝见之，每日必哭泣而起，掩袂进宫。有君如此，乃忍负之，在廷诸臣亦可谓忍心害理之极矣！揆厥所系，只因先帝用人太骤、杀人太骤，一言合则欲加诸膝，一言不合则欲堕诸渊，以故侍从之臣，止有唯唯否否，如鹦鹉学语，随声附和已耳。则是先帝立贤无方，天下之人无所不用，及至危急存亡之秋，并无一人为之分忧宣力。从来孤立无助之主，又莫我先帝若矣。‘诸臣误朕’一语，伤心之言，后人闻之，真如望帝化鹃、鲜血在口，千秋万世，决不能干也。呜呼痛哉！呜呼痛哉”①。《剑桥中国明代史》对崇祯有个中肯的评价，“尽管朱由检后来成了一个比许多年来任何一个皇帝远为认真负责的统治者，但这不能弥补他的缺乏经验，多疑和刚愎自用——这些性格特点促成他的王朝的覆灭。无论将来的研究可能揭示出什么，朱由检都不大可能被看成是中国历史上的一个好统治者”。② 作为与崇祯同时代的张岱，在明朝覆亡时刻即能得出与《剑桥中国明代史》所论相同的认识，可见其史观之深刻与敏锐。

张岱一方面对崇祯帝的为政之失进行了深入的剖析，另一方面则充分肯定了崇祯的气节与勤政，称之为“失天下之正”，“于烁皇明千秋万祀为不可几及也已”，明朝在崇祯帝时期败亡，乃是“天道至以颠倒极矣”。正是在这个意义上，张岱将南明政权仅列为世家，而不列为本纪，这正是源于张岱对崇祯气节与勤政的认同和对南明诸统治者腐化、无能的强烈批判。“古今得天下之正，无过吾高皇帝；而失

① （清）张岱：《石匮书·石匮书后集》（三），上海古籍出版社2008年版，第445—446页。

② ［美］牟复礼、［英］崔瑞德编：《剑桥中国明代史（1368—1644年）·上卷》，张书生、黄沫、杨品泉等译，中国社会科学出版社1992年版，第661—662页。

天下之正，亦无过吾烈皇帝。于烁皇明千秋万祀为不可几及也已”；[①]“我朝天下不亡于正德，应亡于天启。若我先帝，勤俭精明，锐意图治，宵衣旰食，惕历焦劳，其乃有君无臣，社鼠城狐，共亡其国。实是中兴之令主，反为亡国之孱王。天道至以颠倒极矣。但其正命殉亡身死社稷，千秋抱痛，万姓悲思。汉唐宋末代之君，所不能效其万一者也。余故于甲申三月，遂痛明亡，乃以弘光、永历仅列世家，不入本纪，此则痛思先帝，真同鹃泣”。[②]

清初名士戴名世对明朝中后期的党政深恶痛绝，他认为党争之祸比明末农民起义还要厉害：“当是时，天下承平久，人不知兵，士大夫漫不以贼为意，而行间大吏相继纵贼，以成贼之强。中朝以门户相争，而操持阃外之事，使任事者辗转彷徨而无所用其力，直至于国亡君死而后已焉。此其罪甚于盗贼万万。”[③] 而早在戴名世是论之前数十年，张岱即有与其基本相同的认识，张岱认为明朝中后期臣属的结党营私、各谋私利是时局败坏、朝代更易的重要缘由，他对明末东林党恶性发展所造成的朋党之祸深恶痛绝，严厉抨击东林党将个人恩怨和党派利益置于国家时局之上的做法。他在致友人的书信中阐述了对东林党“朋党之祸”的看法，“蒙兄台过誉，谓‘当今史学，无逾陶庵’。伯乐一顾，遂多索看之人，而中有大老，言此书虽确，恨不拥戴东林，恐不合时宜。弟闻斯言，心殊不服，特向知己辨之。夫东林自顾泾阳讲学以来，以此名目，祸我国家者八九十年。以其党升沉，用占世数兴败。其党盛，则为东南之捷径；其党败，则为元祐之党碑。风波水火，龙战于野，其血玄黄。朋党之祸，与国家相为始终。盖东林首事者实多君子，窜入者不无小人；拥戴者皆为小人，招徕者亦有君子。……今乃当东林败国亡家之后，流毒昭然，犹欲使作史者曲笔拗笔，此某所痛哭流涕长太息者也”。[④] 同时，他以明末农民起义军兴起时，下层官员蒙瞒不报，造成国家危局不可收拾为例，阐明明

---

① （清）张岱：《石匮书·石匮书后集》（三），上海古籍出版社2008年版，第447页。
② 同上书，第453—454页。
③ （清）戴名世：《戴名世集·孑遗录自序》，中华书局1986年版，第309页。
④ （清）张岱：《琅嬛文集》，岳麓书社1985年版，第146　147页。

末官吏对下欺压、对上蒙蔽所造成的恶果，“余昔游淮泗，亲见献贼之破六合，四方商贾截手而归者，呼号彻夜……咲夫，圣君在上，残贼横行，至截一县之手而蔽不以闻，则天下事，更孰有大于此者乎？后至君死国亡而蒙蔽始破，天乎冤哉！先帝之目其不瞑矣”。[①]

张岱以太子朱慈烺被大顺军俘虏后对李自成所言，叙述崇祯时期文武官吏，“皆不忠不义之徒”。“太子曰：‘如是当听吾一言，一不可惊我祖宗陵寝，二速以礼葬殡我父王母后，三不可杀戮我百姓。’太子又曰：‘一班文武官吏，皆不忠不义之徒。明日来朝，宜尽杀之。’贼皆唯唯。”[②] 正如史景迁所指出的那样，“张岱与其时代之人所悲痛吞下的，正是腐败结成的苦果”。[③]

其四，深刻分析了南明政权抗清失败的内在缘由，剖析南明统治集团奢侈腐化、结党营私、君臣失和，最高统治者腐败堕落、唯事奔逃、识人不明乃是其抗清失败的重要原因。

张岱指出，本应挽救明朝危亡局势的南明诸王，却或奢侈腐化、荒淫无度，或志得意满、只图身享旦夕之乐，或唯事奔逃，或识人不明，或臣属陷于内争，难以负起挽救危亡、抵御外敌的艰巨使命。因之，南明政权的覆亡便具有了其必然性。“甲申北变之后，诸王迁播，但得居民拥戴，有一成一旅，便志得意满，不知其身为旦夕之人，亦只图身享旦夕之乐，东奔西走，暮楚朝秦，见一二文官便奉为周召，见一二武弁便倚作郭李，唐王粗知文墨，鲁王薄晓琴书，楚王但知痛哭，永历惟事奔逃；黄道周、瞿式耜辈欲效文文山之连立二王，谁知赵氏一块肉，入手即臭腐糜烂。如此庸碌，欲与图成，真万万不可得之数也。余故以我朝得天下之正，无过太祖。失天下之正，无过思宗。崇祯甲申三月，便是明亡。而幸吾先帝，不系子婴之组，不入景阳之井，身死社稷，决烈光明，四海之内，无不痛心疾首，思与先帝同日死者。作史于此，获麟绝笔，岂不圆成我大明之天下以正始以正终，轰轰烈烈，可与日月争

① （清）张岱：《石匮书·石匮书后集》（三），上海古籍出版社2008年版，第803页。

② 同上书，第447页。

③ ［美］史景迁：《前朝梦忆：张岱的浮华与苍凉》，温洽溢译，广西师范大学出版社2010年版，第173页。

光。而后乃缀附弘光痴如刘禅，淫过隋炀，更有马士英为之颠覆典型，阮大铖为之掀翻铁案，一年之内，贪财好杀，殢酒宣淫，诸凡亡国之事，真能集其大成。故主之思涂抹殆尽。余故以五王之事迹，仍散见于各藩之世家，而若夫成败之始末，迁播之方隅，羁縻之岁月，拥戴之臣工，则未之详也，为作明末五王世家。”①

张岱对南明唐王朱聿键徒自夸张、毫无实际，以致中途受缚、国破家亡；鲁王朱以海识人不明、身无主见，最终随风飘荡、无所终薄的情况进行了明晰的阐述。“唐王任意竟行，未免受卤莽决裂之报。当其请缨御贼，则径自出境，流离入闽，则径自称尊，敌未临城，则径自逃窜。登极三诏，徒自夸张，毫无实际，则所筹皆纸上空言，所行则蒙皮弱质，欲以羁縻天下、恢复皇国，盖断断不能者也，是以在闽之日，亦受制强藩，几同汉献。称制之后，欲并吞鲁地，妄效祖龙，中途受缚，国破家亡，则何所拯救哉？唐王多读书史，倘见本地王传，自应媿死矣”；②“从来求贤若渴、纳谏如流，是帝王美德。若我鲁王，则反受此二者之病。鲁王见一人则倚为心膂，闻一言，则信若蓍龟。实意虚心，人人向用。乃其转盼则又不然，见后人则前人弃若弁毛，闻后言则前言视为冰炭。及至后来，有多人而卒不得一人之用。附疏满廷，终成孤寡。乘桴一去，散若浮萍；无舵之舟，随风飘荡，无所终薄矣。鲁王之智，不若一舟师，可与共图大事哉”！③ 囿于历史条件所限，张岱在撰写南明历史时，对其后期局势的变动状况，

① （清）张岱：《石匮书·石匮书后集》（三），上海古籍出版社 2008 年版，第 450—451 页。

② 同上书，第 456 页。朱聿键（1602—1646 年），字长寿，河南南阳人，南明第二位皇帝，明太祖朱元璋第二十三子唐王朱柽的后裔，明太祖八世孙。崇祯帝在北京自缢后，明朝宗室在江南建立了南明。1644 年福王朱由崧建立了弘光政权。1645 年弘光帝被清军俘获亦死，郑芝龙、黄道周等人扶持朱聿键于福州登基称帝，改元为隆武，后世称为隆武帝，也称唐王。1646 年，清军入福建，隆武帝在汀州被掳，绝食而亡。

③ （清）张岱：《石匮书·石匮书后集》（三），上海古籍出版社 2008 年版，第 466 页。朱以海（1618—1662 年），字巨川，号恒山，别号常石子，山东滋阳（今山东兖州）人，明朝藩王，明太祖朱元璋第十子鲁王朱檀后人。崇祯十七年（1644 年），袭鲁王封爵。次年，清兵攻陷南京，张国维、钱肃乐等起兵浙东，拥朱以海在绍兴监国，与在福建称帝的唐王政权相倾轧。隆武二年（1646 年），清兵攻占浙东，朱以海流亡海上，依附张名振，后至舟山。永历七年（1653 年），取消监国名义，1662 年病逝于金门。

掌握得并不是很清楚，因此对桂王朱由榔[①]和鲁王朱以海事迹的描述皆中途而止，没有明确的交代。

张岱对南明政权内部的钩心斗角深恶痛绝，他曾上书鲁王朱以海，要求诛杀弄权内斗的弘光朝首辅大臣马士英，“为监国伊始，万目具瞻；恳祈立斩弑君卖国第一罪臣，以谢天下、以鼓军心事。巨闻舜受尧禅，诛四凶而天下咸服；孔子相鲁，诛少正卯而鲁国大治。在彼盛时，犹借风励；况当天翻地覆之时、星移宿易之际！世惟悖逆反常，人皆顽钝无耻。反身事仇，视为故套；系颈降贼，奉作法门；士风至此，扫地尽矣！倘不痛加惩创，则此不痛不痒之世界，灭亡无日矣！安问中兴、安问恢复哉……臣见贼臣马士英者，鬼为蓝面，肉是腰刀，借兵权为公论，妄称定策元勋；以紊序为私恩，遂欲门生天子。倾酒为池，悬肉为林”。[②] 对尽心辅佐南明政权、以身殉国的苏观生、瞿式耜，张岱则赞其才略忠勇，而叹息时势之溃烂，忠臣义士虽有补天之才而无用武之地。“死一君复立一君，间作继统，视为儿戏，亦如文天祥所谓立君以存宗社，存一日则尽臣子一日之责，蕞尔须史，所以不计也。益王既殂，卫王继立。苏观生得其死所，以了生平，则亦已矣。若以成败利钝，责备观生，是犹责文天祥以燕馆徒生，责张世杰以崖山空死也。设身处地，亦复奈何”；[③] “及入粤之后，辅佐永历，拯溺救焚，大见才略，事虽无成，鞠躬尽瘁死而后已，古之诸葛又何加焉？独恨少主轻狂，闻警即走，出师之表方上，

---

① 朱由榔（1623—1662 年），北直隶顺天（今北京市）人，南明末代皇帝。明神宗朱翊钧之孙，桂端王朱常瀛之子，1646 年至 1662 年在位，年号永历，故称永历帝。天启三年（1623 年），朱由榔隆武二年（1646 年）袭封桂王，同年在广东肇庆称监国，11 月 18 日宣布即皇帝位，改第二年为永历元年。朱由榔依靠大西军余部李定国、孙可望等部在西南一带抵抗清朝。1661 年，清军攻入云南，朱由榔逃至缅甸曼德勒，被缅王收留，后吴三桂攻入缅甸，缅王将其献与吴三桂，1662 年 6 月在昆明被杀害，时年 40 岁。

② （清）张岱：《石匮书·石匮书后集》（三），上海古籍出版社 2008 年版，第 684—685 页。马士英（约 1591—1646 年），贵州贵阳人。明万历己未（1619 年）进士，授南京户部主事，后历官严州、河南、大同知府、庐凤总督等职。甲申之变以后，马士英与南京兵部尚书史可法、南京户部尚书高弘图等拥立福王朱由崧为帝。因拥立有功，升任东阁大学士兼兵部尚书，都察院右副都御史，成为大明弘光王朝首辅。后国事不济，马士英殉国而死。

③ （清）张岱：《石匮书·石匮书后集》（三），上海古籍出版社 2008 年版，第 457 页。

灵武之驾已驰”。[①]

其五，如实描述明末臣民英勇抵抗清军入侵、舍身殉国的忠贞气节，于历史书写中贯穿鲜明的民族意识。

对明清鼎革之际清军对抗清臣民和广大无辜民众的杀戮，作为故国遗民的张岱深为痛恨，他将强烈的民族意识隐伏于心底，凝聚于笔端。他赞扬广大民众宁死不屈的抗清义举，如描述清军攻陷定海时民众以身殉难的情形，“百姓皆忠义，无一室不自焚，或持槊于道，清曰弃槊活汝，必迎刃冲数武，自尽死，余不及尽数”。[②] 他对念念忠于明朝，以身殉国的祁彪佳、刘宗周深表认同：“余生平慕文山、叠山之为人，而恨不得与之同世，乃日对二君子而不知，文山、叠山之日在吾侧也。岂不陋哉?”[③] 张岱同样负有与祁彪佳、刘宗周同样的民族意识，正如前文所言，他之所以没有在当时以身殉国，乃是为了在隐忍中以一支秃笔记载和保存故国的信史，他所一直孜孜追求的也正在于此。

在张岱对太子朱慈烺事迹的描述中，亦隐含对太子不屈行为的认同、对清政权暴行的抨击：“周奎不敢隐，缚太子出献，摄政王命都督谢弘仪收官，百姓闻先帝太子尚在，馈送牲牢礼币者甚众。摄政王恐生他变，命旧讲官谢升识认，升承旨力言不是，复令宫主认之，宫主见太子泪下，周奎掌其颊，宫主惊走，亦言不是，遂发刑部拟罪。主事钱凤览力争太子是真，彼敕即讯法吏曰：‘易言则生，不易则

---

① （清）张岱：《石匮书·石匮书后集》（三），上海古籍出版社2008年版，第717页。

② 同上书，第466页。

③ 同上书，第625页。祁彪佳（1602—1645年），明代政治家、戏曲理论家、藏书家，山阴（今浙江绍兴）人，天启二年进士，崇祯四年升任右佥都御史，后受权臣排斥，家居8年，崇祯末年复官。清兵入关时，祁彪佳力主抗清，任苏松总督。清兵攻占杭州后，祁彪佳自沉殉国；刘宗周（1578—1645年），字起东，别号念台，汉族，明朝绍兴府山阴（今浙江绍兴）人，因讲学于山阴蕺山，学者称蕺山先生。他是明代最后一位儒学大师，也是宋明理学（心学）的殿军。他著作甚多，内容复杂而晦涩。他开创的蕺山学派，在中国思想史特别是儒学史上影响巨大。1601年，刘宗周考取进士，但因母亲去世，他没有受官。此后先后任任行人司行人、礼部仪制司添注主事、尚宝少卿、通政司右通政、顺天府尹、工部左侍郎、左都御史。甲申之变后，刘宗周任弘光政权左都御史、希望弘光政权改弦易辙，计不得纳，刘宗周辞职回绍兴。1645年五月，清兵攻破南京，福王被俘遇害，潞王朱常淓监国，六月十三日，杭州失守，潞王降清。刘宗周决意殉国，前后绝食两旬而死。

死。’凤览曰：‘太子是真，断不可易。’竟坐诛死。太子亦即遇害，后数日，谢升于白日见凤览，仆地咋舌而死……毅宗早听李邦华计，使太子抚军江南，则渑池奋翼，事犹可为，亦何至狼狈若此耶？况吾太子，见贼不屈，自堪与北地争烈，而猥使一载，子婴衔璧道左，乃可为昭烈之后，其皆刘禅哉？”[①] 对投降清军，并积极镇压南明人民抗清斗争的贰臣，张岱则集抨击于叙述之中，如他对向清政府献薙发之策的孙之獬事迹的描述，便体现了这一点，“孙之獬，淄川人，系天启壬戌进士，官至侍讲，阙罪，城旦辕书曰：‘中崔铎，啧有人言，哭要典，大贻嗤笑。’之獬仕卤，为江西招抚时，江南尚未薙发，之獬言满汉异制，则心不归一，即行天下，逼勒薙发。山东民变，缚之獬父子于麓谯脔割之”。[②]

当然，在当时由于部分史实真相不明，张岱在历史撰述中难免出现讹误之处，如他在描述抗清名将袁崇焕的事迹时，便将其描述为一个外形粗陋、性格暴躁、大言不惭的形象，殊与真正的袁崇焕形象不符，“袁崇焕短小精悍，形如小猱，而性极躁暴，攘臂谈天下事，多大言不惭，而终日梦梦，堕幕士云雾中，而不知其着魅着魔也。五年灭寇，寇不能灭，而自灭之矣。呜呼！秦桧力主和议缓宋亡且二百余载，崇焕以龌龊庸才，焉可上比秦桧！亦犹之毛文龙以么魔小卒，焉可上比鄂王！论者乃取以比拟，不特开罪鄂王，亦且唐突秦桧矣”。[③] 因之，清末学者丁秉衡在该篇袁崇焕传记后批注云：“崇焕被反间而死，至今冤已大白。此传所记皆据稗史传闻，非信史也。”[④]

其六，在一定程度上摆脱了传统历史书写对农民起义的丑化态

---

① （清）张岱：《石匮书·石匮书后集》（三），上海古籍出版社 2008 年版，第 448 页。此处叙述与《石匮书后集》中另一处叙述有矛盾之处，其叙述云：“以伪皇后童氏送至南京，弘光不认，下狱论死。又无几，有伪太子王子明事，命内外诸臣及曾任东宫讲官者严加识认，诸臣以其应对舛错，皆斥为假冒。独问官刑部主事钱凤览上疏力争，谓看验皆实。上怒下狱，法吏讽之曰：‘苟易汝言，则生矣。’凤览抵死争之，坚不可易，竟坐诛死。”［（清）张岱：《石匮书·石匮书后集》（三），上海古籍出版社 2008 年版，第 452 页。］

② （清）张岱：《石匮书·石匮书后集》（三），上海古籍出版社 2008 年版，第 4 页。

③ 同上书，第 497 页。

④ 同上。

度，能够以相对客观的笔触描述明末农民起义事迹。

张岱在叙述明末李自成起义军史迹时，能够以相对客观的笔触加以描述，他虽然仍将农民军视为“贼寇”，但在描述中能以客观态度呈现其事迹，如描述农民军在行军中军令严明、秋毫无犯，得到民众拥护，而明军则师无纪律、纵兵抢掠，以致民不堪命的情况，“［李自成军］遂破南阳，改南阳为安乐府，自称奉天征讨文武大将军，署置官属，众数十万，号百万，驻匝南阳，分兵攻汝宁，陷之，所属州县，多望风纳款。城下，贼秋毫无犯。自成下令曰：‘杀一人者，如杀吾父；淫一女者，如淫吾母。’得良有司礼而用之，贪污吏及豪强富室籍其家以赏军。人心大悦，风声所至，民无固志，故一岁间略定河南南阳、汝宁四十余州县，兵不留行，海内震焉。时丧乱之余，白骨蔽野，荒榛弥望，自成抚流亡、通商贾、蕃民垦，田牧其籽粒以饷军，贼令严明，将吏无敢侵略。明季以来，师无纪律，所过镇集，纵兵抢掠，号曰‘打粮’，井里为墟，而有司供给军需，督逋赋甚急，敲扑煎熬，民不堪命。至是陷贼，反得安舒，为之歌曰：‘杀牛羊，备酒浆，开了城门迎闯王，闯王来时不纳粮。’”① 如实呈现起义军的声威，“大旗一动，势如排山倒海……居民望风迎附”。② 显然，这在当时是难能可贵的。

由上可知，作为一位满腹才华、命运动荡漂泊的变世历史学家，张岱将他对历史兴亡规律的体验凝结于笔端，主要表现在他所著的《石匮书·石匮书后集》中。他对明朝中后期帝王的荒怠腐化、举措乖张及臣属的结党营私、残民以逞大加批判，指出明朝的灭亡与这些因素密切相关。他呼唤君臣合力，实行兴国利民之举措，这无疑符合了广大民众的利益和历史的发展规律。在朝代鼎革之际，张岱在文中描述了他的隐士生活景象，但正如史景迁所指出的那样，张岱的描述一方面表现了他对生活安乐、不知魏晋的社会状况的向往；另一方面则表达了他对内斗不止、民乱四起、外敌入侵、朝代更易、民生悲惨

---

① （清）张岱：《石匮书·石匮书后集》（三），上海古籍出版社 2008 年版，第 798 页。

② 同上书，第 800 页。

的社会现实状况的痛苦与愤懑，“如果外在世界能像桃花源那样不知日月，根据生死的自然律动过活，一切将会更美好。……张岱的笔下也有一迷途之人，不过他是书生，不是渔人；而且这位书生发现的不是落英缤纷的溪流，无忧无虑的农村，而是在石上打盹、愤世嫉俗的隐士”。①

第三节　黄宗羲的史学著作与史学观念

一　黄宗羲生平和主要著作

黄宗羲（1610—1695 年），字太冲，一字德冰，号南雷，别号梨洲老人、梨洲山人、古藏室史臣等，学界称其“梨洲先生”，浙江绍兴府余姚县通德乡黄竹浦人，明末清初史学家、思想家、经学家、地理学家、天文历算学家、教育家。黄宗羲七世孙黄炳垕所撰《黄梨洲先生年谱》简述其一生行迹云：“公讳宗羲，字太冲，号南雷，忠端公之长子。居余姚通德乡黄竹浦。明鲁监国时，以副宪从亡，鼎革后，讲学甬、越间，屡征不起，大江以南之士多从之。世称梨洲先生。卒后，门人私谥曰‘文孝’。”②

黄宗羲“生而岐嶷，壮能举鼎，貌古而口微吃，额角有红黑痣如钱，左右各一。或曰‘此日月痣’云”。③ 黄宗羲父亲黄尊素（1584—1626 年），万历年间进士，东林党人。1623 年，黄尊素授山东道监察御史，黄宗羲随父入京邸，完课之余广泛阅读各种小说。“好窥群籍，不琐守章句。忠端公课以制义，公于完课之余，潜购诸小说观之。太夫人以告，忠端公曰：‘亦足开其智慧。’”④ 1625 年，黄尊素因弹劾魏忠贤而被削职归籍，1626 年被逮下狱，同年 6 月死于诏狱。当黄尊

① ［美］史景迁：《前朝梦忆：张岱的浮华与苍凉》，温洽溢译，广西师范大学出版社 2010 年版，第 194 页。

② （清）黄炳垕：《黄梨洲先生年谱》，沈善洪主编：《黄宗羲全集》（第 12 册），浙江古籍出版社 2005 年版，第 18 页。

③ 同上。

④ 同上书，第 20 页。

素被逮途中，他告诉黄宗羲："学者不可不通知史事，将架上《献徵录》涉略可也。"① 黄宗羲自此发愤读书，自明十三朝《实录》，上溯二十一史，每日丹铅一本，迟明而起，鸡鸣方罢，两年而毕。崇祯元年（1628 年）魏忠贤、崔呈秀伏诛，其父冤案获平反。《清史列传》对当时黄宗羲入京诉冤、锥击仇人、祭奠忠臣的事迹有如下描述："宗羲年十九，袖长锥入京颂冤，至则魏阉已磔，即疏请诛曹钦程、李实，又于对簿时，锥许显纯流血，殴崔应元胸，拔其须，归祭其父。又与吴江、周延祚等锥牢子叶咨、颜文仲，应时立毙。时钦程已入逆案，宗羲复于对簿时，锥实。狱竟，偕同难诸子弟设祭诏狱中，哭声如雷，闻禁中。及归，从刘宗周游，姚江末派援儒入释，宗羲力摧其说。时称御侮陈贞慧等作南都防乱揭，署名日，被难诸家推宗羲居首。"②

崇祯十七年（1644 年）春，明朝灭亡。同年五月，南明弘光政权建立，阮大铖为兵部侍郎，编《蝗蝻录》（诬称东林党为蝗，复社为蝻），大兴党狱，据《留都防乱公揭》署名捕杀，黄宗羲等被捕入狱。清顺治二年（1645 年）五月，清军攻下南京，弘光政权分崩离析，黄宗羲乘乱脱身返回家乡。是年闰六月，余姚孙嘉绩、熊汝霖起兵抗击清军南侵。黄宗羲变卖家产，"纠合黄竹浦子弟数百人，随诸军于江上，时呼世忠营"，③ 在四明山一带与清军辗转作战。并撰写《监国鲁元年大统历》，由鲁王宣付史臣颁之浙东。顺治三年（1646 年）二月，被鲁王任命为兵部职方司主事。五月，指挥"火攻营"渡海抵乍浦城下，"约崇德义士孙爽等为内应"，④ 旋因力量悬殊兵败。六月，清军占领绍兴，黄宗羲与王翊残部入四明山，"余兵愿从者五百人，结寨自固（公有《四明山寨记》）。公驻军杖锡寺，微服潜出，

① （清）黄炳垕：《黄梨洲先生年谱》，沈善洪主编：《黄宗羲全集》（第 12 册），浙江古籍出版社 2005 年版，第 24 页。

② 王钟翰点校：《清史列传·黄宗羲》，中华书局 1987 年版，第 5438 页。

③ 同上。

④ （清）黄炳垕：《黄梨洲先生年谱》，沈善洪主编：《黄宗羲全集》（第 12 册），浙江古籍出版社 2005 年版，第 32 页。

欲访监国消息，为扈从计。山民畏祸，突焚其寨，部将茅瀚（字飞卿，归安人）、汪涵（字叔度，梅谿人）死之”。[①] 黄宗羲归来后，因清廷“搜捕之檄累下”，奉母命避居化安山。

顺治六年（1649 年）朝见鲁王，晋左佥都御史，再晋左副都御史。同年冬，与阮美、冯京第出使日本乞兵，渡海至日本长崎岛、萨斯玛岛，“不得请”。[②] 顺治七年至十一年（1650—1654 年），黄宗羲遭清廷三次通缉，仍捎鲁王密信联络金华诸地义军，派人入海向鲁王报清军将进攻舟山之警。期间，其弟宗炎两次被捕，几处极刑；儿孙三人夭折；故居两次遭火。黄宗羲感到复明无望，遂隐居乡间，著书立说，不再任职鲁王行朝。

康熙二年至康熙十八年（1663—1679 年），黄宗羲于慈溪、绍兴、宁波、海宁等地设馆讲学，撰成《明夷待访录》《明儒学案》等。康熙十七年（1678 年），诏征“博学鸿儒”，学生代为力辞。康熙十九年（1680 年），康熙帝命地方官“以礼敦请”赴京修《明史》，黄宗羲以年老多病疏辞。康熙帝令地方官抄录其所著明史论著、史料宣付史馆，总裁又延请其子黄百家及弟子万斯同参与修史。万斯同入京后，也执意“以布衣参史局，不署衔、不受俸”。是年黄宗羲停止讲学，悉力著述。康熙二十二年（1683 年），参与《浙江通志》的修纂。

康熙二十五年（1686 年），王掞视学浙江，倡议在黄宗羲故居黄竹浦重建忠端公（黄尊素）祠，黄宗羲写了《重建先忠端公祠堂记》。次年，王掞又捐俸汇刻刘宗周文集，宗羲与同门友董玚、姜希辙一起编辑了《刘子全书》，并为之作序。康熙二十七年（1688 年），黄宗羲将旧刻《南雷文案》等文集删削修改，定名《南雷文定》重行刊刻。是年，他“筑生圹于忠端公陇畔，内设石床，有《筑墓杂言》”。[③]

---

① （清）黄炳垕：《黄梨洲先生年谱》，沈善洪主编：《黄宗羲全集》（第 12 册），浙江古籍出版社 2005 年版，第 32—33 页。

② 同上书，第 34 页。

③ 同上书，第 52 页。

康熙二十九年（1690 年），康熙帝又欲召黄宗羲进京，曰：“可召至京，朕不任以事，如欲回，即遣官送之。”徐乾学以“老病恐不能就道”代辞，康熙叹息说：“人才之难如此!”[1] 黄宗羲时年八十，至杭州、苏州等地寻访旧迹，拜访朋友。次年，应新安县令靳治荆之邀游黄山，并为汪栗亭《黄山续志》作序。

康熙三十一年（1692 年），黄宗羲病重，闻知贾润刊刻其《明儒学案》将成，遂抱病为序，由黄百家手录。同年著成《今水经》。次年，《明文海》编成，宗羲又选其精粹编为《明文授读》。

康熙三十四年七月三日（1695 年 8 月 12 日），黄宗羲去世。他于病中作《梨洲末命》和《葬制或问》，嘱家人丧事从简：死后次日，“用棕棚抬至圹中，一被一褥，不得增益”，遗体“安放石床，不用棺椁，不作佛事，不做七七，凡鼓吹、巫觋、铭旌、纸幡、纸钱一概不用”。[2] 他去世后，门人私谥曰“文孝”，其墓在今余姚市陆埠镇十五岱村化安山下，1981 年被列为浙江省省级重点文物保护单位，2006 年被列为全国重点文物保护单位。

黄宗羲一生行迹波澜壮阔、著述宏丰。李隶求指出：“宗羲之理学文章，圣祖仁皇帝知之，固当炳炳百世，特是不可以一节求。其始入京讼冤，对簿复仇，为孤儿；继而南渡，为党臣；继而起兵、出师、立寨、乞师、从亡，为孤臣；继而乞养为孝子，为遗臣，而卒为大儒，有千百古人行之而不能终者。”[3] 仇兆鳌高度赞扬了黄宗羲的学问人品，“少而忠孝性成，髦则隐居著述，学问人品，诚卓然不愧于诸儒矣”。[4]《清史列传》亦对黄氏著述的特点及历史地位进行了高度评价，“宗羲之学，虽出宗周，不恣言心性，教学者，说经则宗汉儒，立身则宗宋学。尝自谓受业蕺山时，颇喜为气节斩斩一流，所得尚浅，忧患之余，始多深造。又谓明人讲学，袭

① （清）黄炳垕：《黄梨洲先生年谱》，沈善洪主编：《黄宗羲全集》（第 12 册），浙江古籍出版社 2005 年版，第 53 页。

② 同上书，第 55 页。

③ 同上书，第 92 页。

④ 同上书，第 165 页。

《语录》之糟粕，不以《六经》为根柢，束书而从事于游谈，更滋流弊，故学者必先穷经。然拘执经术，不适于用。欲免迂儒之诮，必兼读史。又谓读书不多，无以证理之变化，多而不求于心，则为俗学。故上下古今，穿穴群言，自天官地志、九流百家之教，无不精研”。①

黄宗羲像（取自 1928 年修《浙江余姚黄氏宗谱》）

据吴光考证，黄宗羲著作总计为 110 种，1300 余卷，不少于两千万字。这些“著作”，并非全属黄宗羲本人撰著，其中十余种近千卷是由黄宗羲主持编撰的宋、元、明人著作。按著作性质分类，则可分为三类：一是文选汇编类，如《明文案》《明文海》《明史案》，共 19 种，约 1000 卷；二是自撰专著类，如《行朝录》《易学象数类》《明儒学案》等，共 64 种，约 300 卷（其中《宋元学案》按一百卷计，单非全由宗羲编著）；三是自著诗文集类，如《南雷文案》《文定》

① 王钟翰点校：《清史列传·黄宗羲》，中华书局 1987 年版，第 5439 页。

《诗历》等，共28种，70余卷（其中多数是重复结集，如删其重出者，则只有40余卷）。现在尚存者，有文选10种，895卷；专著26种，209卷；诗文集18种，67卷（其中有重复计算者）。“总计尚存54种，1170卷，其中属于宗羲本人撰著的仅存44种，200余卷。其他都已亡佚难寻了。”①

二 黄宗羲的史学观念

黄宗羲生活的时代，正逢明清鼎革之际，那是一个风云激荡、天崩地坼的时代。士林在遭受风诡云谲的命运变动的同时，学术观念亦经历了一个交融激荡的过程，黄宗羲的史学观念上承汉儒宋学之绪，下肇浙东史学之端，既具有鲜明的时代特色，又富含其自身创新性。择其要者，可见以下几个方面。

其一，于历史研究中贯注强烈的现实关怀，在具体的历史书写中寄托兴亡之慨。

黄宗羲史学研究的重要特点即是他对于当代史（明清鼎革之际）尤其是南明行朝抗清史迹的关注。《弘光实录钞》《行朝录》《绍武争立记》《海外恸哭记》《日本乞师记》《沙定洲纪乱》《四明山志》等著作即阐述了南明行朝政权辗转各地、持续抗清的史迹，其中既讴歌了南明统治阶层及普通民众凛然不屈的抗清精神，又客观呈现了南明政权在面临外部强敌之时仍内争不已的状态，彰显出南明政权败亡的某种历史必然性。

在《弘光实录钞》中，黄宗羲详细记载了南明御史、左良玉部监军黄澍上疏弹劾权臣马士英的情形，一针见血地指出，这并非忠奸之争，而是“诈之见诈”之举。

> 士英补疏，奏：“黄澍谓臣弃陵。臣因南中诸大臣大逆不道，谋立疏藩，乃与诸镇歃血祖陵之前，勒兵江上，主持大义，何云

① （清）黄宗羲著，沈善洪主编：《黄宗羲全集》（第12册），浙江古籍出版社2005年版，第265—266页。

弃陵?奉皇上睿旨,入朝面议登极大典,又何云弃陵?皇上试问黄澍,承天之陵,曾否恢复?澍之此来,奉何宣召?是否弃陵在澍?为党人主使,牵引左镇以要挟皇上,为门户出力,此是年来言路常态。而奏对之间,忽出内臣睁眉怒目,发口相加,以内臣叱辱阁臣,辱大臣则辱朝廷矣。臣何颜复入纶扉之殿,何面再登司马之堂?乞皇上将臣官阶尽行削夺,或发建阳旧地,或充凤阳陵户,以快奸党之心。"

……士英以四镇兵威胁诸朝臣,澍以左镇兵威胁士英,所谓诈之见诈也。向若澍无所挟,谠论如是,忠矣哉!①

在黄氏看来,南明在面对闯军、清军的威胁之时,不思君臣一心、抗敌自救,而是将不用命、互相倾轧,这正是其统治日弱以致败亡的深刻内在缘由。

良玉之下,唯清君侧为名。而其驻武昌也,败于闯贼,人马既多损失,部曲亦多叛之而去者。四月初二日,至九江,遂郁郁而死。其子梦庚统其兵,初七日下安庆,遂攻池州,为黄得功击退。北兵逼维阳,梦庚遂降。②

史臣曰:当闽、浙立国之时,诚能悉发舟师,一屯于舟山,一屯于崇明,相为首尾,窥伺长江,断其南北之援,即需之岁月,亦可使疲于奔命矣。孙恩、徐海以盗贼之智,尚能及此,而况国家之大计乎!逮夫闽、浙既亡,穷岛孤军,亦何能为!以此形胜之地,仅以田横岛结局,悲夫!③

他为南明政权的消亡而感慨不已,为弘光帝、隆武帝、鲁王、永历帝等南明君主的颠沛流亡经历而嗟叹痛惜,在对南明故主的娓娓记

① (清)黄宗羲著,沈善洪主编:《黄宗羲全集》(第2册),浙江古籍出版社1986年版,第17—18页。

② 同上书,第86页。

③ 同上书,第179页。

述中，黄宗羲这个清初变革社会中故国遗臣的形象跃然纸上。

甲辰，（弘光）帝被执，靖国公黄得功死之。得功以御左兵调芜湖，帝幸其营。北兵追帝，而得功前锋马岱已降。得功督兵前进，岱断浮桥，士卒溺死者无算。得功惶急过刘良佐船，不知良佐亦降，中箭不死，遂自刎。得功死而帝北狩，至明年八月遇害。隆武即位，豫以质宗谥之，得功增淝水王。①

史臣曰：帝英才大略，不能郁郁安于无事。在藩服之时，已思拨乱而反之正。及其遭逢患难，磨砺愈坚。两京既覆，枕戈泣血，勑断荤酒，后宫不满三十人，半系老妪，于世之嗜好淡如也。性喜文词，手撰三诏，见者无不流涕感动。于制《祖训后序》、《行在缙绅便览序》，皆典雅可诵。所至访求书籍，亲征亦载书数十乘。故太祖命名诗于唐王位下，有"嘉历协名图"之句，不可谓非天生之令主也。论者徒见不能出关，遂言其好作聪明，自为张大，无帝王之度，此以成败而论也。夫郑氏以盗贼之智，习海岛无君之俗，据有全闽，始愿已不及此，既无鞠躬尽瘁之忠，难责以席卷天下之志，谋身谋国，两者俱乖，不亦宜乎。帝之托于郑氏，所谓"祭则寡人"而已。其一二心膂之臣，所藉以经营恢复者，汝黄道周、苏观生，皆有儒者气象，未尝非诸葛之亚也，而束缚其手足，使之不能一展其所长。蛟龙受制于蝼蚁，可责其雷雨之功哉！向使蜀汉有窃命之雄，诸葛不能发其一甲，转其斗粟，则虽欲成三分之业，亦其可得乎！故帝之亡，天也，势也。②

史臣曰：唐、桂之构，外惧方张，又生内忧，观生之罪，又何逃焉！然观生受隆武特达之知，其立绍武也，与荀息之不食其言，可以并称矣，岂仅仅修丁魁楚之隙哉！若（绍武）帝之从容

---

① （清）黄宗羲著，沈善洪主编：《黄宗羲全集》（第2册），浙江古籍出版社1986年版，第93页。

② 同上书，第120—121页。

遇难，可以追配毅宗，所谓“亡国而不失其正者”，宁可以地之广狭、祚之修短而忽之乎?①

史臣曰：当义旗初建，士民喟然有吞吴、楚之气，方、王肯受约束，趋死不顾厉害，竟渡钱塘江。此时，北师之席未暖，三吴豪杰，寻声而向臻，未必不可与天下争衡也。某尝与王之仁言：“公等不从赭山以下进师，而攻其有备，意盖在自守也。蕞而两府，以供十万之众，即北师坐视不发一矢，一年之后，亦涤地无遗类矣。”之仁韪其言而不能用，日与两督师争长短，一死不足赎也。②

己亥六月，上遣官祭光禄寺卿陈士京，后闻鲁王为郑成功沉之海中。史臣曰：上自浙河失守以后，虽复郡邑，而以海水为金汤，舟楫为宫殿，陆处者惟舟山二年耳。海泊中最苦于水，侵晨洗沐，不过一盏。舱大周身，穴而下，两人侧卧，仍盖所下之穴，无异处于棺中也。御舟稍大，名河船，其顶即为朝房，诸臣议事在焉。落日狂涛，君臣相对，乱礁穷岛，衣冠聚谈。是故金鳌橘火，零丁飘絮，未罄其形容也。有天下者，以兹亡国之惨，图之殿壁，可以得师矣!③

史臣曰：越、闽之事，方国安以累败之余，郑芝龙以鼋鼍鱼鳖之众，而欲使新造之唐、鲁以力征经营天下，此必不可得之数也。惟（永历）帝当李成栋、金声桓之反正，向非高进库梗之于赣州，则其势必合，合则江左偏安之业成矣。逮夫李定国桂林、衡州之捷，两蹶名王，天下震动，此万历以来全盛之天下所不能有，功垂成而物败之，可望之肉其足食乎！屈原所以呵笔而问天也!④

① （清）黄宗羲著，沈善洪主编：《黄宗羲全集》（第2册），浙江古籍出版社1986年版，第125页。

② 同上书，第131页。

③ 同上。

④ 同上书，第168页。

正是源于对南明行朝腐败和内讧行为的痛惜及民众遭受变乱之苦的深刻同情，黄宗羲极为重视对明清鼎革之际历史变迁的阐述，借以总结明亡之历史教训，阐释朝代兴亡的历史规律。他阐述《弘光实录钞》的编撰缘由云：

> 为说者曰："实录，国史也。今子无所受命，冒然称之，不已僭乎？"臣曰："国史既亡，则野史即国史也。陈寿之《蜀志》，元好问之《南冠录》，亦谁命之？而不谓之国史，可乎？"为说者曰："既名实录，其曰钞者，不已赘乎？"臣曰："钞之为言，略也。凡书自备而略之者，曰钞。实录纂修，必备员开局。今以一人之阅见，能保其无略乎？其曰钞者，非备而钞之也，钞之以求其备也。"臣既削笔洗砚，慨然而叹曰："帝之不道，虽竖子小夫，亦计日而知其亡也。然诸坏政，皆起于利天下之一念。归功定策，怀仇异议。马阮挟之以翻逆案，四镇挟之以领朝权，而诸君子以遂有所顾忌而不敢为，于是北伐之事荒矣。迨至追理三案，其利灾乐祸之心，不感恩于闯贼者仅耳。传曰：'临祸忘忧，忧必及之。'此之谓也！呜呼！南都之建，帝之酒色几何，而东南之金帛聚于士英，士英之金帛几何，而半世之恩仇快于大钺。曾不一年，而酒色、金帛、恩仇不知何在？论世者徒伤夫帝之父死于路而不知也。尚亦有利哉！"①

基于悲明之亡的遗民心绪，黄宗羲将故国之思聚于笔端，就其所见所闻逐次撰述，以为故国之变在历史长河中留下真实的印记。"岂知海外一二遗老孤臣，心悬落日，血溅鲸波，其魂魄不肯荡为冷风野马者，尚有此等人物乎？"②

对于保持忠贞气节、坚持抗清斗争、殉清死节的明朝臣子和百

---

① （清）黄宗羲著，沈善洪主编：《黄宗羲全集》（第2册），浙江古籍出版社1986年版，第1—2页。

② 同上书，第111页。

姓，黄宗羲将对他们的赞叹之情凝结于史书撰写的字里行间。他在《弘光实录钞》中详细记载了南明大学士、抗清志士史可法痛切上书言不可偏安并坚持抗清斗争、至死不渝并以身殉国的事迹。

大学士史可法痛愤上陈偏安必不可保。疏曰："晋之东也，其君臣日图中原，而仅保江左，宋之季也，其君臣尽力楚蜀，而仅困临安。盖偏安者恢复之退步，未有志在偏安而遽能自立者也。屡得北来塘报，皆言□必南窥。尽河以北，悉染腥膻，而我河上之防，百未料理。复仇之师，不闻及于关陕，讨贼之约，不闻达于□庭。一似君父之仇，置诸膜外。近见□示，公然以'逆'之一字加之于南，是和议固断难成也，先帝以圣明罹惨祸，此千古以来未有之变也。先帝崩于贼，恭皇帝亦崩于贼，此千古以来未有之仇也。先帝待臣以礼，驭将以恩。一旦变出非常，在北诸臣死节者寥寥，在南诸臣讨贼者寥寥，此千古以来所未有之耻也。庶民之家，父兄被杀，尚思穴胸断脰，得而甘心，况在朝廷，顾可膜置？皇上嗣承大统，原于前代不同。诸臣但有罪之当诛，实无功之足录。臣于登极诏稿，将加恩一款特为删除，不意颁发之时，仍复开载。闻□□见此亦颇笑之。今恩外加恩，纷纷未已。武臣腰玉，直等寻常。名器滥觞，于斯为极。今宜以爵赏专待战功，钱粮尽济军需。不急之工役，可已之烦费，一切报罢。盖贼一日不灭，□一日不归，即有宫室，岂能宴处？即有锦衣玉食，岂能安享？此时一举一动，皆人情向背所关，狡□窥伺所在也。"①

可法字道邻，祥符人，戊辰进士。十五日，北兵薄城下。遣降将李世春说降，可法叱之。又遣乡约捧令旨至，可法使健丁投令旨并乡约于水。十七日，豫王移书数通，皆不发而焚之。监军高岐凤，总兵李岐凤，逾城出降。可法呼副将史得威，以遗表遗书授之，曰："死，葬我于高皇帝之侧！"二十五日，城陷，自刎

① （清）黄宗羲著，沈善洪主编：《黄宗羲全集》（第2册），浙江古籍出版社1986年版，第66—67页。

> 不死，命得威刃之，得威痛哭不敢仰视。参将张友福拥史可法出小东门。北兵至，可法大呼："史可法在此!"豫王犹欲降之，可法曰："天朝大臣岂肯偷生作万世罪人?"遂遇害。[①]

对于明臣洪承畴的降清行为，黄宗羲通过南明臣子孙兆奎对其的诘问予以嘲讽，这在当时显然是需要相当勇气的。"兆奎字君昌，吴江人。被执，见北相洪承畴而问曰：'先帝时有洪承畴者，死于节矣。今汝亦名洪承畴。一人耶，两有耶?'承畴曰：'汝莫问其为一人两人，只做汝一人事耳！'斩之。"[②]

在《行朝录》和《海外恸哭记》中，黄宗羲赞扬吏部侍郎朱永佑宁死不剃发的不屈精神，"吏部侍郎朱永佑被执，北帅令剃发活之。永佑曰：'吾发可削，何待今日！'砍其胁死。仆负尸出城，流血沾衣，仆哭曰：'主生前好洁，今无知耶！'血遂止";[③]"朱永佑，号闻玄，昆山人也。甲戌进士，吏部主事。虏南下，避入浙东，依平海将军周鹤芝，为监军，同鹤芝取海口。海口陷，复至舟山，上以为吏部侍郎。虏执永佑，欲剃发活之。永佑曰：'吾发可剃，何俟今日?'虏砍其胁死。仆负尸出城，流血沾服。仆哭曰：'主生前好洁，今岂无知耶?'血遂止"。[④] 他高度赞扬南明兵部左侍郎王翊不惧酷刑、凛然赴死的精神："翊坐地上曰：'毋多言！成败利钝，天也，汝又何知！'刘帅注矢射之中肩，田帅中颊，金帅中胁，翊不稍动，如贯植木。绝其吭，始仆。从翊者二人皆不跪，掠之，则跪而向翊。北人见之，皆为泣下，曰：'非独王公忠也，乃其从者，亦义士也！'"[⑤] 他描述南明东阁大学士张肯堂在舟山城破之时从容自缢尽节的情形，"肯堂蟒衣南面，视其妾周氏、方氏、姜氏、璧姐、子妇沈氏、女孙茂漪皆缢

---

① （清）黄宗羲著，沈善洪主编：《黄宗羲全集》（第2册），浙江古籍出版社1986年版，第90页。

② 同上书，第104—105页。

③ 同上书，第140页。

④ 同上书，第239页。

⑤ 同上书，第188页。

死，然后题诗襟上云：‘虚名廿载著人间，晚节空劳学圃闲；漫赋归来惭靖节，聊存正气学文山。君恩未报徒忧瘁，臣道无亏在克艰；传与千秋清史笔，衣冠二字莫轻删。’乃自缢”。[①] 对忠贞事君、不屈服于敌的赞许贯穿于客观的史事叙述之中，其慨叹时代兴亡，为故国留信史的治史观念亦因此得以彰显。

李成栋，原为李自成农民起义军的一名将领，后投降南明，清军南下时，又投降清军，并率清军屠戮嘉定军民，并率军射杀南明隆武帝、生擒绍武帝，扫平两广。后因清政府重用“辽人”佟养甲治粤，提防和压制李成栋，而愤愤不平，加之受到南明抗清志士行为的刺激、身边原明朝官绅的策动、爱妾以死相激励等的影响，他决定反清归明，被南明永历帝封为惠国公，后在清军南下攻破信丰城池时，突围坠马溺死。对于这样一位一生行迹复杂的人物，黄宗羲在撰写其事迹时，秉持客观公正的态度，既不虚扬其功，亦不文饰其非，其描述李成栋抗清失败之时的情形云，“高进库以方胜之师还拒成栋，成栋退走信丰，兵溃不可制。成栋断后，策马渡河，马不胜甲而沉。兵部尚书张调鼎、监军道姚生文俱死于乱兵。成栋死而金声桓亦亡”。[②] 黄宗羲充分肯定郑成功驱逐荷兰殖民者、收复台湾领土的爱国行动，“自缅甸蒙尘以后，中原之统绝矣。而郑氏以一旅存故国衣冠于海岛，称其正朔。在昔有之，周厉王失国，宣王未立，召公、周公二相行政，号曰共和。共和十四年，上下系于历王，下不系于宣王，后之君子，未尝谓周之绝统也”。[③] 他将南明抗清名将张煌言与南宋末年的抗元名臣文天祥相提并论，高度赞扬二人“愚公移山”“精卫填海”不懈御敌的斗争精神，指出“两公之心，匪石不可转，故百死之余，愈见光彩”。

语曰：“慷慨赴死易，从容就义难。”所谓慷慨、从容者，非以一身较迟速也。扶危定倾之心，无身一日可以未死，吾力一丝有

---

① （清）黄宗羲著，沈善洪主编：《黄宗羲全集》（第2册），浙江古籍出版社1986年版，第237页。

② 同上书，第151页。

③ 同上书，第200页。

> 所未尽，不容但已。古今成败利钝有尽，而此不容已者，长留于天地之间。愚公移山，精卫填海，常人藐为说铃，贤圣指为血路也。是故知其不可而不为，即非从容矣。宋、明之亡，古今一大厄会也。其传之忠义与不得而传者，非他代可比。就中险阻艰难，百挫千折，有进而无退者，则文文山、张苍水两公为最烈。……间尝以公与文山并提而论，皆吹冷焰于灰烬之中，无尺地一民可据，止凭此一线未死之人心以为鼓荡。然而形势昭然者也，人心莫测者也。其昭然者不足以制，其莫测则亦从而转矣。唯两公之心，匪石不可转，故百死之余，愈见光彩。文山之《指南录》，公之《北征纪》，虽与日月争光可也。①

在对明朝覆亡进行叙述时，黄宗羲并不局限于史实的简单铺陈描述，而是着眼于从明亡清兴、中原板荡的历史巨变中，进一步思考社会演进、朝代嬗替的内在缘由，认为明代之败亡，源于中后期的君主荒政腐化、阉党为祸、朋党内争，崇祯即位后，虽力图励精图治，并在一定程度上消除了阉党之祸，但又因刻薄多疑、严刑峻法、君臣失睦等因素，使得非但未能挽救明朝败亡之势，反而在内忧外患下继续滑向朝代覆亡的历史循环之中。对此，黄宗羲有着清晰的阐述，“今天子纂修明史，追数明室之亡，在于天启。昔伍员之谏夫差也，谓二十年之后，吴其为沼。当员谏时为鲁哀公元年，至二十二年，其言始验，而越灭吴。先公之谏熹宗，为甲子岁，至乙酉而明亡，亦二十二年。故先公绝命诗‘钱塘有浪胥门目’，不特痛其遭遇如员，而于国家兴亡之数，亦前知之矣”；②“烈皇拨乱反正之才，有明诸帝皆所不及。承熹宗芜秽之后，锐于有为。向若始事即得公等六七人而辅之，开诚布公，君臣一体，全不提防，其于致治也何有。自蒲州出而失望，见制于小人，所谓君子者，往往自开破绽。烈皇遂疑天下之士莫

① （清）黄宗羲著，沈善洪主编：《黄宗羲全集》（第10册）［《南雷诗文集（上）》］，浙江古籍出版社1993年版，第280、286页。

② 同上书，第120—121页。

不食欺，颇用术辅其资，好以耳目隐发为明。陆敬舆曰：‘驭之以智则人诈，示之以疑则人偷，然后上下交战于影响鬼魅之途。’烈皇之视其臣工，一如盗贼，欲不亡也得乎”。[①] 他对明末名臣袁崇焕的被杀与钱龙锡的冤狱叹息不已，指出崇祯帝的多疑与朝臣的内争乃是冤案的重要原因，“汤汤冤血，沉埋故鬼。己巳之役，坐袁大逆。佥曰胁和，孤注一掷。爰书里喭，同者十百。岂有天朝，受汝绳尺。岛帅狡狯，皆曰可杀。辅臣大计，原无藤葛。奈何讳之，若恐相涅。云非公意，亦为饰说。烈皇在位，两大冤案：郑鄤之狱，督师之叛。马角不生，白虹不贯。水落石出，疑信犹半。反间之意，不在辅臣；小人之怨，不在于袁。瓦堕头碎，适尔无根。天之所遣，百尔魔君”。[②] 他认为只有有了死天下之心、成天下之事的君子，君臣相谐，协力谋治，才能使政权兴盛，臻于大治，否则难脱朝代覆灭的结局，“古之君子，有死天下之心，而后能成天下之事；有成天下之心，而后能死天下之事。事功节义，理无二致。今之君子，以偷生之心，行尝试之事，亦安有不败乎？……明之为治，未尝逊于汉、唐也，则明之人物，其不逊于汉、唐明矣。其不及三代之英者，君亢臣卑，动以法制束缚其手足，盖有才而不能尽也”。[③]

其二，通过对历史的深刻反思，总结了秦汉以来，特别是明代兴亡的历史教训，批判了君主专制制度，提出“天下为主，君为客”等一系列比前人更为进步的历史观。

黄宗羲于1663年撰成《明夷待访录》，这是一部具有启蒙性质的批判君主专制，呼唤民主政体的名著。“明夷”是《周易》中的一卦，其爻辞为：“明夷于飞，垂其翼；君子于行，三日不食。有攸往，主人有言。”[④] “明夷”是指有智慧的人处在患难地位。“待访”即等待后代明君来采访、采纳。《明夷待访录》文字的特点是对君主专制

---

① （清）黄宗羲著，沈善洪主编：《黄宗羲全集》（第10册）［《南雷诗文集（上）》］，浙江古籍出版社1993年版，第239页。

② 同上。

③ 同上书，第49—50页。

④ （清）张澍辑：《子夏易传》卷四，清二酉堂丛书本，第102页。

制度的现状，进行了非常尖锐的批判，是文披着夏、商、周三代之世的外衣，期望实现其君民共治的社会理想。

《明夷待访录》包括《原君》《原臣》《原法》《置相》《学校》《取士上》《取士下》《建都》《方镇》《田制一》《田制二》《田制三》《兵制一》《兵制二》《兵制三》《财计一》《财计二》《财计三》《胥吏》《奄宦上》《奄宦下》，共计21篇论文。

在《原君》篇中，黄宗羲从“有生之初”谈起，指出在有生之初，人各自私，人各自利。天下有公利而不能兴之，有公害而不能除之。有圣人君子出世，不以一己之利为利，而使天下均受其利；不以一己之害而为害，而使天下释其害。故这些人勤劳之程度，必定千万倍于天下之人。所以以千万倍之勤劳，则己又不享其利，必非天下常情所乐于为之。“故古人之君，量而不欲入者，许由、务光是也；入而又去之者，尧、舜是也；初不欲入而不得去者，禹是也。岂古之人有所异哉？好逸恶劳，亦犹夫人之情也。”待至后之君主，则行为为之一变，以为天下利害之权皆出于自身，故以天下之利尽归于己，以天下之害尽归于他人，亦无不可。使天下之人不敢自私，不敢自利，以其自身之大私为天下之大公。始而惭愧，久而安然，视天下为莫大之产业，传之子孙，受享无穷。出现这种情况之所以的原因即在于，“古者以天下为主，君为客，凡君之所毕世而经营者，为天下也。今也以君为主，天下为客，凡天下之无地而得安宁者，为君也”。所以“其未得之也，屠毒天下之肝脑，离散天下之子女，以博我一人之产业，曾不惨然，曰：‘我固为子孙创业也。’其既得之也，敲剥天下之骨髓，离散天下之子女，以奉我一人之淫乐，视为当然，曰：‘此我产业之花息也。’然则为天下之大害者，君而已矣！向使无君，人各得自私也，人各得自利也。呜呼！岂设君之道固如是乎”？[①] 他大声疾呼皇帝是“天下之大害”“敲剥者”，这在当时可说是石破天惊的骇世之论！他对君主专制制度进行激烈的批判，认为之所以造成统治者残民以逞、朝代兴废循环局面的根本原

① （清）黄宗羲著，沈善洪主编：《黄宗羲全集》（第1册），浙江古籍出版社1985年版，第2—3页。

因即在于专制皇帝的权力独大，“以自身之大私为天下之大公”，要打破此种历史循环，就必须改正专制君主独揽一切的局面，民众与君主各负其责。“岂天地之大，于兆人万姓之中，独私其一人一姓乎？是故武王圣人也，孟子之言，圣人之言也。后世之君，欲以如父如天之空名，禁人之窥伺者，皆不便于其言，至废孟子而不立，非导源于小儒乎？虽然，使后之为君者，果能保此产业，传之无穷，亦无怪乎其私之也。既以产业视之，人之欲得产业，谁不如我？摄缄縢，固扃鐍，一人之智力，不能胜天下欲得之者之众。远者数世，近者及身，其血肉之崩溃，在其子孙矣。昔人愿世世无生帝王家，而毅宗之语公主，亦曰：‘若何为生我家！’痛哉斯言！回思创业时，其欲得天下之心，有不废然摧沮者乎？是故明乎为君之职分，则唐、虞之世，人人能让，许由、务光非绝尘也；不明乎为君之职分，则市井之间，人人可欲，许由、务光所以旷后世而不闻也。然君之职分难明，以俄顷淫乐不易无穷之悲，虽愚者亦明之矣。”①

立足于限制君权，跳出朝代兴亡的历史怪圈，黄宗羲大力倡导君臣共治，臣子出仕的缘由是天下万民之悲欢，非为君主一姓之忧乐，“缘夫天下之大，非一人之所能治，而分治之以群工。故我之出而仕也，为天下，非为君也；为万民，非为一姓也。吾以天下万民起见，非其道，即君以形声强我，未之敢从也，况于无形无声乎！非其道，即立身于其朝，未之敢许也，况于杀其身乎！不然，而以君之一身一姓起见，君有无形无声之嗜欲，吾从而视之听之，此宦官宫妾之心也；君为己死而为己亡，吾从而死之亡之，此其私昵者之事也。是乃臣不臣之辨也”。② 是以，天下之乱缘由，不在于一姓之兴亡，而在万民之忧乐。他指出，正因为随着桀、纣的败亡，天下得以为治；而秦政、蒙古的兴起，乃是动乱的原因。“晋、宋、齐、梁之兴亡，无与于治乱者也。”如为臣者轻视民众的困苦境遇，即使能辅佐君主兴盛，

---

① （清）黄宗羲著，沈善洪主编：《黄宗羲全集》（第1册），浙江古籍出版社1985年版，第3页。

② 同上书，第4页。

或追随君主而殒命，亦未尝不背离为臣之道。真正的治国之道，需君臣携手，各司其职，“夫治天下犹曳大木然，前者唱邪，后者唱许。君与臣，共曳木之人也；若手不执绋，足不履地，曳木者唯娱笑于曳木者之前，从曳木者以为良，而曳木之职荒矣”。[①] 他得出这样的结论：为臣者“不以天下为事，则君之仆妾也；以天下为事，则君之师友也”。[②] 正是基于反对君主专权的立场，黄宗羲抨击说“后之人主，既得天下，唯恐其祚命之不长也，子孙之不能保有也，思患于未然以为之法。然则其所谓法者，一家之法而非天下之法也。是故秦变封建而为郡县，以郡县得私于我也；汉建庶孽，以其可以藩屏于我也；宋解方镇之兵，以方镇之不利于我也。此其法何曾有一毫为天下之心哉，而亦可谓之法乎”？[③] 他反对“一家之法”，主张“天下之法”，强调“有治法而后有治人”，倡言非废除秦汉以来的“非法之法”不可；要求得天下太平，非废除专制的君本制度不可。

在黄宗羲的历史观念中，已有责任内阁制的萌芽存在，他强调指出，有明一代之所以无善治，“自高皇帝罢丞相始也”，[④] 认为“有明之阁下，贤者贷其残膏剩馥，不贤者假其嬉笑怒骂，道路传之，国史书之，则以为其人之相业也。故使宫奴有宰相之实者，则罢丞相之过也”。[⑤] 作为宰相，一要是贤人，二是要有职有权的人，只有君相分权，限制“天子之位过高”的弊端，君臣之义立，方能“四方上书言利弊者及待诏之人皆集焉，凡事无不得达”。[⑥]

在《学校》篇中，黄宗羲已萌生出议会政治的萌芽思想。他高度评价东汉的太学清议“危言深论，不隐豪强，公卿避其贬议”。[⑦] 黄宗羲的理想是，“太学祭酒，推择当世大儒，其重与宰相等，或宰相

---

① （清）黄宗羲著，沈善洪主编：《黄宗羲全集》（第 1 册），浙江古籍出版社 1985 年版，第 5 页。

② 同上。

③ 同上书，第 6 页。

④ 同上书，第 8 页。

⑤ 同上书，第 9 页。

⑥ 同上书，第 10 页。

⑦ 同上书，第 11 页。

退处为之。每朔日，天子临幸太学，宰相、六卿、谏议皆从之。祭酒南面讲学，天子亦就弟子之列。政有缺失，祭酒直言无讳”。[①] 在地方政府，郡县官都要在地方学官的面前就弟子之列，“北面再拜”，学官对于地方政事缺失，则“小则纠绳，大则伐鼓号于众”。[②]

明清变革之际，随着城市经济的发展，出现了资本主义的工场手工业，反映到意识形态上，便产生了黄宗羲具有资本主义萌芽思想的市民政治学说。中国封建社会，一向采取“重农抑商”政策。而黄宗羲鉴于社会的发展，提出“工商皆本”的学说，他认为经济政策要随历史的演进而相应变革，不可因循守旧，“治之以末，倡优有禁，酒食有禁，除布帛外皆有禁。今夫通都之市肆，十室而九，有为佛而货者，有为巫而货者，有为倡优而货者，有为奇技淫巧而货者，皆不切于民用”，如果一概禁绝，是不切合历史发展需要的，“此古圣王崇本抑末之道。世儒不察，以工商为末，妄议抑之。夫工固圣王之所欲来，商又使其愿出于途者，盖皆本也”。[③] 黄氏工商皆本的观念，有利于商品流通和工商业的发展，具有朴素的唯物主义经济史观的因子，可谓开启了现代经济政策的先河。

为使经济发展，民众富裕，黄宗羲提出“天下大公”之策。在他看来，土地制度的改革，其理想是恢复古代井田制度。故他主张“齐之均之”，认为土地应收为国家所有，然后平均分配给农民耕种。他指出：“授田于民，以什一为则。未授之田，以二十一为则。其户口则以为出兵养兵之赋，国用自无不足，又何事于暴税乎？”[④]

黄宗羲在《明夷待访录》中所提出的各种设想，目的在于限制专制皇权，但其并未进一步提出主权在民和政治由公意所定等近代民主理念，其主张仍局限于儒家思想范围之内，可说是古之民本观念的改进版，其虽欲有所突破，但就其观念而言，总体上仍未超越传统朝代

① （清）黄宗羲著，沈善洪主编：《黄宗羲全集》（第1册），浙江古籍出版社1985年版，第12页。

② 同上。

③ 同上书，第41页。

④ 同上书，第27页。

循环的历史观。从根本上来说：黄宗羲是传统皇权时代一心一意专事“补天”的“修补匠”，而非专制皇权的掘墓人。

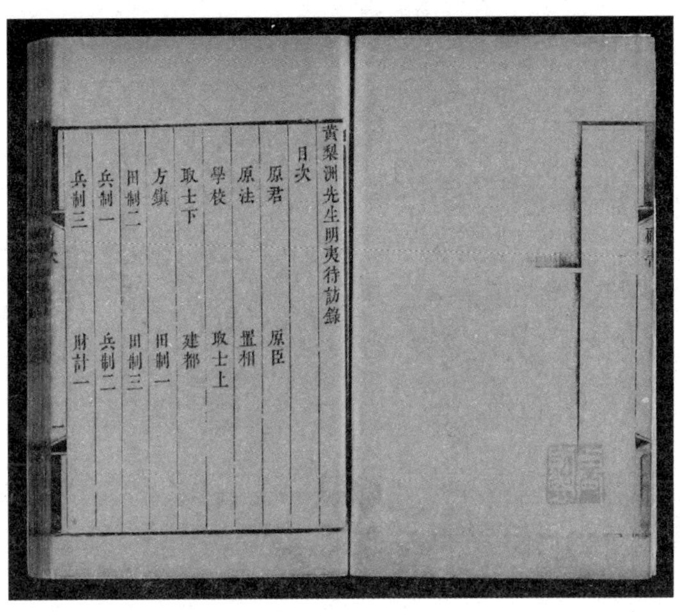
黃梨洲先生明夷待訪錄

目次

原君 原臣
原法 置相
學校 取士上
取士下 建都
方鎮 田制一
田制二 田制三
兵制一 兵制二
兵制三 財計一

黄宗羲《明夷待访录》

近代以来，一批又一批力图富国强民、挽救国家危亡的志士仁人，从固守传统的专制皇权观念转为向西方先进思想观念学习，因之具有相当批判意识的黄氏《明夷待访录》成为他们批判专制统治、呼唤现代化变革的有力武器。著名思想家郑观应《盛世危言》一书中所收的《原君》《学校》《奄宦》等文，均直接采用《明夷待访录》的原有篇目名称，可见其受到黄宗羲的明显影响。至戊戌变法时期，黄宗羲的著作对梁启超、谭嗣同乃至康有为等人亦产生深远影响。梁启超高度评价黄宗羲《明夷待访录》之历史地位，“梨洲有一部怪书，名曰《明夷待访录》，这部书是他的政治理想。从今日青年眼光看去，虽像平平无奇，但三百年前——卢梭《民约论》出世前之数十年，有这等议论，不能不算人类文化之一高贵产品”，[①] 他并论及是书对其从

① 梁启超：《梁启超全集》，北京出版社 1999 年版，第 4451 页。

事政治运动的影响，“在三十年前——我们当学生时代，实为刺激青年最有力之兴奋剂。我自己的政治运动，可以说是受这部书的影响最早而最深”。[①] 维新派干将谭嗣同，对《明夷待访录》极为推崇，他指出：“君统盛而唐、虞后无可观之政矣，孔教亡而三代以下无可读之书矣！乃若区玉检于尘编，拾火齐于瓦砾，以冀万一有当于孔教者，则黄梨洲《明夷待访录》，其庶几乎！其次为王船山之遗书。皆于君民之际，有隐恫焉。”[②] 其反君主专制的思想明显源自黄宗羲，在《仁学》中他明确指出：“生民之初，本无所谓君臣，则皆民也。民不能相治，亦不暇治，于是共举一民为君。夫曰共举之，则非君择民，而民择君也。夫曰共举之，则其分际又非甚远于民，而不下侪于民也。夫曰共举之，则因有民而后有君，君末也，民本也。天下无有因末而累及本者，亦岂可因君而累及民哉？夫曰共举之，则且必可共废之。君也者，为民办事者也；臣也者，助办民事者也。赋税之取于民，所以为办民事之资也。如此而事犹不办，事不办而易其人，亦天下之通义也……岂谓举之戴之，乃以竭天下之身命膏血，供其盘乐怠傲，骄奢而淫杀乎？供一身之不足，又滥纵其百官，又欲传之世世万代子孙，一切酷毒不可思议之法，由此其繁兴矣”，“一姓之兴亡，渺渺乎小哉，民何与焉”？[③] 这些观点与黄宗羲《明夷待访录》中的观点颇有相似之处。谭嗣同痛斥“俗学陋行，动言名教，敬若天命而不敢渝，畏若国宪而不敢议”[④] 的“小儒”。此种观点，与黄宗羲对固守纲常名教的“小儒”的抨击正可谓一脉相承。侯外庐先生即指出，谭嗣同的社会思想“一望而知为《明夷待访录》的继承者”。[⑤]

其后，资产阶级革命派继续运用黄宗羲《明夷待访录》这一思想武器。著名革命思想家章太炎认为，黄宗羲的观念有其缺陷，但黄氏主张公天下，否定君主的至尊地位，是值得充分肯定的，在历史上具有重

① 梁启超：《梁启超全集》，北京出版社 1999 年版，第 4452 页。
② 蔡尚思、方行编：《谭嗣同全集》（增订本，下册），中华书局 1981 年版，第 338 页。
③ 同上书，第 338、339 页。
④ 同上书，第 299 页。
⑤ 侯外庐：《中国近代启蒙思想史》，人民出版社 1993 年版，第 111 页。

要地位，“乃满洲贵胄，无所恶于衡阳王氏，而恳恳欲黜余姚，汉人之处枢密者，则愿为余姚藩蔽，斯可怪矣。衡阳者，民族主义之师；余姚者，立宪政体之师。观《明夷待访录》所持重人民、轻君主，固无可非议也；至其言有法治无人治者，无过欺世之谈，诚使专重法律，足以为治”。[①] 革命宣传家邹容，于1902—1903年写成了震惊中国的《革命军》一书，大力抨击君主专制制度，指斥秦始皇统一全国后君主们“悍然尊大，鞭笞宇内，私其国，奴其民，为专制政体”，“以保其子孙帝王万世之业”[②] 的家天下行为，进而指出“有生之初，无人不自由，即无人不平等，初无所谓君也，所谓臣也。若尧、舜，若禹、稷，其能尽义务于同胞，开莫大之利益以孝敬于同胞，故吾同胞视之为代表，尊之为君，实不过一团体之头领耳，而平等自由也自若。后世之人，不知此义，一任无数之民贼独夫，大盗巨寇，举众人所有而独有之，以为一家一姓之私产，而自尊曰君，曰皇帝，使天下之人，无一平等，无一自由”。[③] 这些言语与黄宗羲《原君》篇中对于君权的批判显然有共通之处，可以说是明显受到了《明夷待访录》的影响。这表明，黄宗羲对君主专制体制的批判，尽管仍属儒学观念，但其中的大量观点为构建现实的民主体系提供了强有力的理论支撑。[④]

其三，黄宗羲认为历史真理有其自身的演变过程，历史变革源于社会现实的需要。

黄宗羲通过对历史变革的细致考察，指出历史进程的发展既非一成不变地固守祖宗成法，亦非杂乱无序，而是依据社会现实的变动轨迹，有其自身发展的规律所在，“器敝改铸之为革，天下亦大器也，礼乐制度，人心风俗，一切变衰，圣人起而革之，使就我范围以成器。后世以力取天下，仍袭亡国之政，恶乎革”，[⑤] “天生仲尼，当吴

---

① 章太炎著，汤志钧编：《章太炎政论选集》（上册），中华书局1977年版，第427页。

② （清）邹容：《革命军》，华夏出版社2002年版，第9页。

③ 同上书，第37—38页。

④ Elton Chan，“Huang Zongxi as a Republican：A Theory of Governance for Confucian Democracy”，*Dao*（17），2018，p. 204.

⑤ （清）黄宗羲著，沈善洪主编：《黄宗羲全集》（第1册），浙江古籍出版社1985年版，第20—21页。

伯之衰，而不能为太和之春者，何也？时未臻乎革也”。[①] 学术研究与经世救民互为依存，在一定条件下可相互转化，“盖忠义者天地之元气，当无事之日，则韬为道术，发为事功，漠然不可见。及事变之来，则郁勃而四出，贤大夫歘起收之，甚至为碧血穷磷，次之为土室牛车，皆此气之所凭依也”。[②] 他对于以元代宋之变的批判，固然有华夷之别的因素在，但其论述主要着眼于元朝自身统治的野蛮残酷性违背了历史发展的正常轨迹。“元之法律曰：‘蒙古人殴汉人，汉人勿得还报，蒙古人殴死汉人者，断罚出征。’彼方以禽兽加之人类之上，何尝以中国之民为民乎？”[③]

黄宗羲指出著史之功能，正在于经世致用，以为世人之借鉴，他痛惜于科举之学对经世之学的危害，批评传注、时文之学既不能真正提供历史借鉴，亦不能作为现实经世之方，只能导致“空华臭腐”，“丧乱之后，藏书之家，多不能守。异日之尘封未触，数百年之沉于瑶台牛箧者，一时俱出，于是南北大家之藏书，尽归先生……自科举之学盛，世不复知有书矣。六经子史，亦以为冬华之桃李，不适于用。先儒谓传注之学兴，蔓词衍说，为经之害，愈降愈下。传注再变而为时文，数百年亿万人之心思耳目，俱用于揣摩剿袭之中，空华臭腐，人才阘茸，至于细民亦皆转相模锓，以取衣食。遂使此物汗牛充栋，障蔽聪明，而先王之大经大法，兵、农、礼、乐，下至九流六艺，切于民生日用者，荡为荒烟野草。由大人之不说学以致之也”。[④] 著史之体有编年、列传、纪事三类，著史之诉求，要在“通知一代盛衰之始终”。[⑤]

---

① （清）黄宗羲著，沈善洪主编：《黄宗羲全集》（第9册），浙江古籍出版社1992年版，第272页。

② （清）黄宗羲著，沈善洪主编：《黄宗羲全集》（第10册），浙江古籍出版社1993年版，第519—520页。

③ （清）黄宗羲著，沈善洪主编：《黄宗羲全集》（第11册），浙江古籍出版社1993年版，第12页。

④ （清）黄宗羲著，沈善洪主编：《黄宗羲全集》（第10册），浙江古籍出版社1993年版，第129—130页。

⑤ 同上书，第262页。

其四，在学术史研究方面，黄宗羲独辟蹊径，提出了学术多元、道无定体的撰史方针，开创了学案式的断代学术史体，这突出体现在他撰写的《明儒学案》一书上。

黄宗羲积多年之功撰著的《明儒学案》一书，共立学案19个，分为62卷，上起明初方孝孺、吴与弼、薛瑄、陈献章，中经王学各派及王艮、赵贞吉等，下至明末东林学者顾宪成、高攀龙、刘宗周等人，述及有明一代学者20余人，系统记载和评论了明代儒学各主要流派、各重要学者的生平、事迹及学术思想情况。在每个学案中，首列小序一篇，次为个人小传，次选载传主之著作、语录或书函，其间夹杂黄氏按语或评论。其中以王阳明及其后学所占比重最大，以显明代学术重心之所在。在是书中，黄宗羲提出一本万殊、道无定体的治史理念，阐释了其学术流派殊途，但均有其一定的发展规律，自有其分合之由，学术发展的阐述可彰显历史兴衰、思想流变的史学观。他明确提出："学术之不同，正以见道体之无尽。[即如圣门，师、商之论交，游、夏之论交，何曾归一？终不可谓此是而彼非也。] 奈何今之君子，必欲出于一途，剿其成说以衡量古今，稍有异同即诋之为离经叛道，时风众势，不免为黄茅白苇之归耳。"① 社会变迁之气理不能以固守、僵化的态度看待，"理为气之理，无气则无理。以大德敦化者言之，气无穷尽，理无穷尽，不特理无聚散，气亦无聚散也。以小德川流者言之，日新不已，不以已往之气为方来之气，亦不以已往之理为方来之理，不特气有聚散，理亦有聚散"。② 在他看来，学术流派之变迁正如众川奔流、终归大海一样，道无定体，一本万殊。"夫道犹海也，江、淮、河、汉以至泾、渭、蹄涔，莫不昼夜曲折以趋之，其各自为水者，至于海而为一水矣。使为海若者汰然自喜曰：'咨尔诸水，导源而来，不有缓急平险、清浊远近之殊乎？不谓尽吾之族类也，盍各返尔故处？'如是，则不待尾闾之泄，而蓬莱有清浅之患矣。

① （清）黄宗羲著，沈善洪主编：《黄宗羲全集》（第10册），浙江古籍出版社1993年版，第79页。

② （清）黄宗羲著，沈善洪主编：《黄宗羲全集》（第7册），浙江古籍出版社1992年版，第112页。

今之好同恶异者，何以异是?"[①] 贾润在为《明儒学案》撰序时即指出是书的重要价值，"盖明儒之学多门，有河东之派，有新会之派，有余姚之派，虽同师孔、孟，同谈性命，而涂辙不同，其末流益歧以异，自有此书，而支分派别，条理粲然。其与诸儒也，先为叙传，以纪其行，后采语录，以列其言。其他崛起而无师承者，亦皆广为网罗，靡所遗失。论不主于一家，要使人人尽见其生平而后已"。[②] 纪昀等亦对《明儒学案》给予高度评价，称赞其乃"千古之炯鉴"，"宗羲此书，犹胜国门户之余风，非专为讲学设也。然于诸儒源流分合之故，叙述颇祥，犹可考见其得失，知明季党祸所由来，是亦千古之炯鉴矣"。[③] 近代学者梁启超指出，撰著学术史需要四个必要条件，黄宗羲的明儒学案正具备了这些条件，"著学术史有四个必要的条件：第一，叙一个时代的学术，须把那时代重要各时代全数网罗，不可以爱憎为去取；第二，叙某家学说，须将其特点提挈出来，令读者有明晰的观念；第三，要忠实传写各家真相，勿以主观上下其手；第四，要把各人的时代和他一生经历大概叙述，看出那人的全人格。梨洲的《明儒学案》，总算具备这四个条件"。[④] 正如吴保传所指出的那样，"豪杰精神、天地元气孕育和蕴含于文集史料中；故学术史研究可以阐扬和保存天地之元气"。[⑤] 可见《明儒学案》在学术史上的历史地位与学术价值所在。

三　结语

作为明末清初的著名史学家、思想家，黄宗羲一生撰写和编纂了大量论著，涉及历史学、哲学、经学、易学、历学、地理学、诗文等

---

① （清）黄宗羲著，沈善洪主编：《黄宗羲全集》（第10册），浙江古籍出版社1993年版，第75—76页。

② （清）黄宗羲著，沈善洪主编：《黄宗羲全集》（第12册），浙江古籍出版社2005年版，第166页。

③ 同上书，第195页。

④ 梁启超：《梁启超全集》，北京出版社1999年版，第4453页。

⑤ 吴保传：《社会与学术：黄宗羲与明清学术思想史的转型》，博士学位论文，西北大学，2010年。

诸多领域，“上下古今，穿穴群言，自天官地志、九流百家之教，无不精研”。[①] 在学术撰著中，黄宗羲尤为关注总结历史变迁的经验教训，注重在具体的历史书写中寄托兴亡之慨，这突出表现在他对南明历史的秉笔直书上。在《明夷待访录》中，通过对历史的深刻反思，黄宗羲总结了秦汉以来，特别是明代兴亡的历史教训，批判了君主专制制度，提出“天下为主，君为客”等一系列比前人更为进步的历史观。其目的在于在不废除君主政体的情况下，寻求限制其权力；在不舍弃等级制的同时，利用等级制的优长之处以对其进行整合；在不排斥对英明领导者需求的情况下，寻求以适当的法律限制权力的运用；在不丢弃政治美德的前提下，探求以完善的机构使其得以彰显。[②] 他认为历史真理有其自身的演变过程，历史变革源于社会现实的需要。在学术史研究方面，黄宗羲独辟蹊径，提出了学术多元、道无定体的撰史方针，开创了学案式的断代学术史体，其撰写的《明儒学案》具有重要的学术价值和历史地位。正是通过宏丰和创新性的学术撰著，黄宗羲成为百科全书式的学者，并成为清代浙东史学的杰出开创者。

第四节　章学诚的史学理论

一　章学诚的生平与著作

章学诚（1738—1801 年），字实斋，号少岩，浙江会稽（今绍兴）人，是清代杰出的史学理论家、思想家，方志学奠基人，有“浙东史学殿军”之誉。

其父章镳勤于治学，对学诚循循善诱。章学诚幼时体弱多病，

① 王钟翰点校：《清史列传·黄宗羲》，中华书局 1987 年版，第 5439 页。

② Elton Chan, “Huang Zongxi as a Republican: A Theory of Governance for Confucian Democracy”, *Dao* (17), 2018, p. 216.

“资质锥鲁，日诵才百余言，辄复病作中止”，[①] 每日诵读仅百余字，就又得病中止学业。仅十四岁就已娶妻，当时对四书的学习还没有完成。其父聚徒授经，学诚闻经史大义，“已私心独喜”“知识渐通”。[②] 其自叙当时状况云：“祖父尝辨《史记索隐》，谓‘十二木纪法十二月，十表法十干’诸语，斥其支离附得。吾时年未弱冠，即觉邓氏《函史》上下篇卷分配阴阳老少为非，特未能遽笔为说耳。邓氏《函史》上下篇卷，分配阴阳老少为非，特未能遽笔为说耳。又十五六岁时，尝取《左传》删节事实。祖父见之，乃谓编年之书，仍用编年删节，无所取裁，曷用纪传之体，分其所合，吾于是力究纪传之史，而辨析体例，遂若天授神诣，竟成绝业。祖父当时，亦诧为教吾之时，初意不及此也，而不知有开于先，固如是尔。吾读古人文字，高明有余，沈潜不足，故于训诂考质，多所忽略，而神解精识，乃能窥及前人所未到处。”[③] 其后，章学诚的学术功力日渐深厚，“廿一二岁骎骎向长，纵览群书，于经训未见领会，而史部之书，乍接于目，便似夙所攻习然者，其中利病得失，随口能举，举而顿当……乃知吾之廿岁后与廿岁前，不类出于一人。自是吾所独异，非凡人生过廿岁，皆可一日而千里也”。[④]

学诚多次参加乡试考试，皆未能中举。他寓居京师期间，师事于内阁学士朱筠，“朱筠多藏书，好宾客，一时名流学者如戴震、钱大昕、程晋芳、任大椿、汪辉祖、邵晋涵、周永年、洪亮吉等多出入其门，章学诚也因此而得与他们论交”。[⑤] 至乾隆四十二年（1777 年）秋，应顺天府乡试中举。乾隆四十三年（1778 年），章学诚中进士，时年 41 岁，曾官国子监，但自认迂疏，始终未入仕。《清史列传》云其：“性耽坟籍，不甘为章句之学，从山阴刘文蔚、童钰游，习闻蕺

① （清）章学诚：《章学诚遗书》，文物出版社 1985 年版，第 224 页。
② 同上。
③ 同上书，第 92 页。
④ 同上书，第 93 页。
⑤ 史城：《影印〈章学诚遗书〉序》，载（清）章学诚《章学诚遗书》，文物出版社 1985 年版，序言第 1 页。

山、南雷之说，言明季党祸源起、奄寺乱政，及唐鲁二王本末，往往出于正史之外。”[①] 秀水郑虎文称赞其有良史之才，曾与戴震、汪中同客宁绍台道冯廷丞署，廷丞对其甚为礼敬。在方志编纂方面，章学诚颇多创获，称得上方志学理论的奠基性人物，“震论修志，谓悉心于地理沿革，则志事以竟；侈言文献，非所急务。阳湖洪亮吉尝撰辑《乾隆府厅州县志》，其分部乃以布政司分隶厅州县，学诚均著论相诤。所修和州、亳州、永清县诸志，论者谓是非斟酌，非兼才学识之长者，不能作云”。[②]

章学诚像

章学诚一生著述颇丰，代表作有史学理论著作《文史通义》和校雠学著作《校雠通义》。在《文史通义》一书中，章学诚提出了“六

① 王钟翰点校：《清史列传》，中华书局1987年版，第5945页。

② 同上。

经皆史”、“通经致用”和“史德”等著名论断，建立起系统的史学理论体系。同时，就志书编纂提出了“志属信史”和建议州县“特立志科”等重要观点，建立了方志理论体系。《校雠通义》则以“辨章学术，考镜源流”为诉求，指出“非深明于道术精微群言得失之故者，不足与此”。[①] 在毕沅主持编纂《续资治通鉴》时，学诚曾襄助其事。章学诚编纂的方志，据载有《和州志》《亳州志》《永清县志》《荆州府志》《常德府志》《湖北通志》等，创立了一套完整的修志义例。自称《亳州志》体例始称完备，至《湖北通志》，更为精审。他在《与族孙汝楠论学书》中言及撰述的艰辛状况，“作书数篇，讨论笔削大旨，而闻见寥寥，邈然无成书之期。况又牵以时文，迫以生徒课勉，未识竟得偿志否也。他所撰著，归正朱先生外，朋辈徵蕴，不特甘苦无可告语，且未有不视为怪物，诧为异类者。意气寂寞，追忆曩游，不觉泪下”。[②]《清史列传》对其学术志业给予高度评价：“其中倡言立论，多前人所未发。大抵推原官礼，而有得于向、歆父子之传，故于古今学术之原，辄能条别而得其宗旨。自谓卑论仲任，俯视子玄，未免过诩，然亦夹漈之伯仲也。”[③]

乾隆五十九年（1794 年），在外漂泊 40 多年的章学诚返回家乡。嘉庆五年（1800 年），因贫病交迫，双目失明，犹坚持不辍，从事著述。次年（1801 年）十一月，章学诚去世。

二　章学诚的史学理论

章学诚生活的时代，正是被称为康乾盛世的乾隆统治时期，士林的思想也从明末清初的激荡交融状态演化到一个建构统合的阶段，强调学术的经世致用，以服务于清政府的大一统统治秩序，成为此时帝王统驭士林、化育民众的重心所在。章学诚的史学理论，既是历史上的史学观念发展演变的结果，又与清代意识形态的嬗变密切相关。

① （清）章学诚著，叶瑛校注：《文史通义校注》，中华书局 1985 年版，第 945 页。
② （清）章学诚：《章学诚遗书》，文物出版社 1985 年版，第 224 页。
③ 王钟翰点校：《清史列传》，中华书局 1987 年版，第 5945—5946 页。

其一，强调会通，认为要将历史变迁置于大的时空中进行系统考察，倡导通史的编纂，主张通过历史撰述实现“百川归海”“成一家之言”。

治史贵通，是中国史学自古即有的传统。《史记》是中国纪传体通史的鼻祖，司马迁自述其撰述宗旨为“亦欲以究天人之际，通古今之变，成一家之言”，[①] 郑樵继承了司马迁“通古今之变”的撰史风格，在《通志·总序》中云：“百川异趋，必会于海，然后九州无浸淫之患；万国殊途，必通诸夏，然后八荒无壅滞之忧。会通之义大矣哉!”[②] 郑樵力主“通古今之变”，撰成《通志》这部贯通古今的纪传体通史著作。然而成书后，颇受后人讥评。章学诚通过对历史撰述的深入考察，为郑樵《通志》辩护，主张历史撰述要“百川归海”“成一家之言”。他阐述了历代撰史历程，高度评价郑樵的会通撰史风格，“梁武帝以迁、固而下，断代为书，于是上起三皇，下讫梁代，撰为《通史》一编，欲以包罗众也。史籍标通，以滥觞也。嗣是而后，源流渐别。总古今之学术，而纪传一规乎史迁，郑樵《通志》作焉（《通志》精要，在乎义例。盖一家之言，诸子之学识，而寓于诸史之规矩，原不以考据见长也。后人议其疏陋，非也）。统前史之书志，而撰述取法乎官《礼》，杜佑《通典》作焉（《通典》本刘秩《政典》）。合纪传之互文（纪传之文，互为详略），而编次总括乎荀、袁（荀悦《汉纪》三十卷，袁宏《后汉纪》三十卷，皆易纪传为编年），司马光《资治通鉴》作焉。汇公私之述作，而铨录略仿乎孔、萧（孔逭《文苑》百卷、昭明太子萧统《文选》三十卷），裴潾《太和通选》作焉。此四子者，或存正史之规（《通志》是也。自《隋志》以后，皆以纪传一类为正史），或正编年之的（《通鉴》），或以典故为纪纲（《通典》），或以词章存文献（《通选》），史部之通，于斯为极盛也”，[③] “郑樵生千载而

① （汉）班固撰，（唐）颜师古注：《汉书》，中州古籍出版社 1991 年版，第 448 页。

② （宋）郑樵：《通知略》，上海古籍出版社 1990 年版，序言第 1 页。

③ （清）章学诚著，叶瑛校注：《文史通义校注》，中华书局 1985 年版，第 373 页。

后，慨然有见于古人著述之源，而知作者之旨，不徒以词采为文，考据为学也。于是遂欲匡正史迁，益以博雅，贬损班固，讥其因袭，而独取三千年来，遗文故册，运以别识心裁，盖承通史家风，而自为经纬，成一家言者也”。[①] 对袁枢的纪传体著作《纪事本末》给予高度评价：“按本末之为体也，因事命篇，不为常格，非深知古今大体，天下经纶，不能网络隐括，无遗无滥。文省于纪传，事豁于编年，决断去取，体圆用神，斯真《尚书》之遗也。”[②]

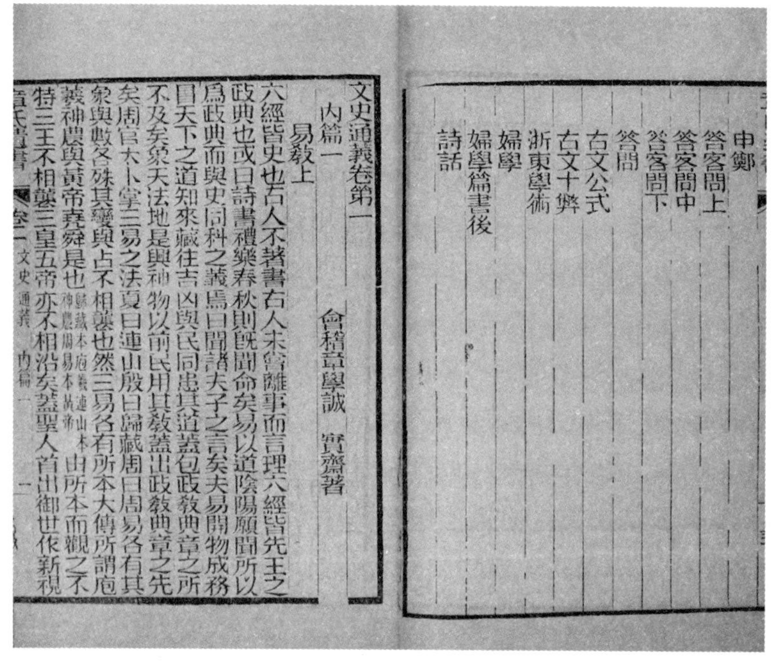
申鄭
答客問上
答客問中
答客問下
答問
古文公式
古文十弊
浙東學術
婦學
婦學篇書後
詩話

文史通義卷第一
內篇一　會稽章學誠　實齋著
易教上
六經皆史也古人不著書古人未嘗離事而言理六經皆先王之政典也或曰詩書禮樂春秋則既聞命矣易以道陰陽願聞所以為政典而與史同科之義焉曰聞諸夫子之言矣夫易開物成務冒天下之道知來藏往吉凶與民同患其道蓋包政教典章之所不及矣象天法地是興神物以前民用其教蓋出政教典章之先矣周官太卜掌三易之法夏曰連山殷曰歸藏周曰周易各有其象與數各殊其變與占不相襲也然三易各有所本大傳所謂庖犧神農與黃帝堯舜是也歸藏本庖羲連山本神農周易本黃帝由所本而觀之不特三王不相襲三皇五帝亦不相沿矣蓋聖人首出御世作新視

卷一　文史通義　內篇一　一

《文史通义》光绪三年刻本

章学诚主张以发展变通的眼光来考察史书体例的发生和发展过程，指出通史糅合编年、纪传、纪事本末等各史书体例之长，而又“自为义例”，杂糅数个断代史的史书编纂方式，乃是集史，并非真正的通史，“刘知几六家分史，末为笃论，《史记》一家，自是通

① （清）章学诚著，叶瑛校注：《文史通义校注》，中华书局1985年版，第463页。

② 同上书，第51—52页。

史，其家学流别，余别有专篇讨论，刘氏以事罕异闻，语多重出讥之，非也。至李氏《南北史》，乃是集史，并非通史。通史各出义例，变通亘古以来，合为一家记载。后世如郑樵《通志》之类，足以当之，集史虽合数朝，并非各溯太古，自为家学者可比。欧氏《五代史记》，与薛氏《旧史》是其同类，与通史判若天渊者也。盖通史各溯古初，必须判别家学，自为义例，方不嫌于并列，否则诚不免于复沓之嫌矣。集史原有界面，李延寿行之于前，薛欧行之于后，各为起讫，无所重复，虽为一家凡例，两书可通用也，刘氏牵合为一，非其质也”。①

章学诚把史籍分为“撰述”（又称为“著述”“著作”）和“记注”（又称为“比类”“纂辑”）两类，并用《周易》中“圆神”“方智”的用语来概括这两大类的特征，“《易》曰：‘蓍之德圆而神，卦之德方以智。’间尝窃取其义，以概古今之载籍，撰述欲其圆而神，记注欲其方以智也。夫智以藏往，神以知来，记注欲往事之不忘，撰述欲来者之兴起，故记注藏往似智，而撰述知来拟神也。藏往欲其赅备无遗，故体有一定，而其德为方；知来欲其决择去取，故例不拘常，而其德为圆”。② 可见，记注的主要功能是保存与编纂史料，重在藏往；而撰述要在抉择去取，例不拘常，贵在知来。二者性质不同，作用亦不同，二者可并行不悖。不过相较而言，章学诚更为重视撰述，认为真正的史学是撰述而非记注，“整辑排比，谓之史纂；参互搜讨，谓之史考；皆非史学”。③ 章学诚指出，撰史的主要意图在于记人记事，鉴往知来，故须重视撰述，“盖史以纪事，事出于人，人著于传，凡史莫不然也”，④“史志之书，记事为主”。⑤ 因此，他将治学的重心放在阐述史学编纂的方法与原则上，以图建立一套系统的史学理论体系，以真正发挥史学会通古今的作用。故他说：“吾与史学，

① （清）章学诚：《章学诚遗书》，文物出版社 1985 年版，第 391 页。
② （清）章学诚著，叶瑛校注：《文史通义校注》，中华书局 1985 年版，第 49 页。
③ 同上书，第 524 页。
④ （清）章学诚：《章学诚遗书》，文物出版社 1985 年版，第 320 页。
⑤ （清）章学诚著，叶瑛校注：《文史通义校注》，中华书局 1985 年版，第 895 页。

贵其著述成家，不取方圆求备，有同类解。”[①] 他孜孜以求的，是完美融合各家史例之长，发凡起例的通史类著作，“仍记传之体，而参本末之法，增图谱之例，而删书志之名，发凡起例，别具《圆通》之篇”。[②] 并提出具体的撰写方法，以实现通史撰写“百川归海”的目标，“较之左氏翼经，可无局于年月后先之累；较之迁《史》之分列，可无歧出互见之烦。文省而事益加明，例简而义益加精，岂非文质之适宜，古今之中道欤？至于人名事类，合于本末之中，难于稽检，则别编为表，以经纬之；天象地形，舆服仪器，非可本末该之，且亦难以文字著者，别绘为图，以表明之。盖通《尚书》《春秋》之本原，而拯马《史》班《书》之流弊，其道莫过于此”。[③]

其二，阐明文质之关系，提出不能以私意损害历史的撰写。

章学诚强调历史的撰述要反映时代的变迁，治史风气的变动正映射着历史自身的嬗变，治史贵在“持风气”。而非“徇风气”，“天下不能无风气，风气不能无循环，一阴一阳之道，见于气数者然也。所贵君子之学术，为能持世而救偏，一阴一阳之道，宜于调剂者然也。风气之开也，必有所以取；学问文辞与义理，所以不无偏重畸轻之故也。风气之成也，必有所以敝；人情趋时而好名，徇末而不知本也。是故开者虽不免于偏，必取其精者，为新气之迎；敝者纵名为正，必袭其伪者，为末流之讬；此亦自然之势也。而世之言学者，不知持风气，而惟知徇风气，且谓非是不足邀誉焉，则亦弗思而已矣”。[④] 史家要有辟风气的魄力，只有端正学风，方能得“中正之宜”，“学业者，所以辟风气也。风气未开，学业有以开之。风气既弊，学业有以挽之。人心风俗，不能历久而无弊，犹羲和、保章之法，不能历久而不差也。因其弊而施补救，犹历家之因其差而议更改也。历法之差，非过则不及。风气之弊，非偏重则偏轻也。重轻过不及之偏，非因其极而反之，不能得中正之宜也。好名之士，方且趋风气而为学业，是以

① （清）章学诚：《章学诚遗书》，文物出版社 1985 年版，第 92 页。
② 同上书，第 81 页。
③ 同上书，第 52—53 页。
④ （清）章学诚著，叶瑛校注：《文史通义校注》，中华书局 1985 年版，第 154—155 页。

火救火，而水救水也”。[①]

章学诚批评只偏重考证或义理之一途，“各分门户，交相讥议”的现象，指出这样会导致“义理入于虚无，考证徒为糟粕，文章只为玩物”，文章的考证在于“实此义理”，治史须将二者结合起来，“学问之途，有流有别。尚考证者薄词章，索义理者略征实，随其性之所近，而各标独得，则服郑训诂，韩欧文章，程朱语录，固已角犄鼎峙而不能相下。必欲各分门户，交相讥议，则义理入于虚无，考证徒为糟粕，文章只为玩物。汉唐以来，楚失齐得，至今嚣嚣，有未易临决者。惟自通人论之则不然，考证即以实此义理，而文章乃所以达之之具，事非有异，何为纷然”？[②]

章学诚指出将训诂、疏解、考求三种方式兼而用之，方能“以萃聚之力，补遥溯之功”，学术界各分门户，不能将三者融合起来，结果造成“门径愈歧，而大道愈隐”，因之治史方法必须要融会贯通，服务于史之质，“训诂章句，疏解义理，考求名物，皆不足以言道也。取三者而兼用之，则以萃聚之力，补遥溯之功，或可庶几耳。而经师先已不能无牴牾，传其学者，又复各分其门户，不啻儒墨之辨焉；则因宾定主，而又有主中之宾，因非立是，而又有是中之非，门径愈歧，而大道愈隐矣”。[③]

章学诚对文史关系的阐述，正反映了他对治史过程中“器”“道”关系的认识。章氏所指之“文”，具有两层意涵，一是指作为一种学科门类，即相当于我们今天所言的“文学”，一是指记载一定内容的文字表现形式。章学诚认为，文学是与史学、经学、诸子学相区分的一种作品形式，这实际上是沿用传统上经、史、子、集的分类方法。他指出：“《书》曰：‘诗言志。’古无私门之著述，经子诸史，皆本古人之官守；诗则可以惟意所欲言。唐、宋以前，文集之中无著述。文之不为义解（经学）、传记（史学）、论撰（子家）诸品者，

---

① （清）章学诚著，叶瑛校注：《文史通义校注》，中华书局 1985 年版，第 310—311 页。

② （清）章学诚：《章学诚遗书》，文物出版社 1985 年版，第 224 页。

③ （清）章学诚著，叶瑛校注：《文史通义校注》，中华书局 1985 年版，第 138 页。

古人始称之为文。其有义解、传记、论撰诸体者，古人称书，不称文也。萧统《文选》，合诗文而皆称为文者，见文集之与诗，同一流别也。今仿选例而为文征，入选之文，虽不一例，要皆自以其意为言者，故附之于风诗也。”[①] 在章学诚看来，文学作品与经、史、子的区别正在于它具有“自以其意为言”的特点，故“文集之与诗，同一流别也”，后来文学作品即包括诗在内。而史家之撰述则“惟恐出之于己”，故必言出有征，“文士撰文，惟恐不自己出，史家之文，惟恐出之于己，其大本先不同矣。史体述而不造，史文而出于己，是为言之无征，无征且不信于后也”。[②] 因之，文学与史学各具特色，文学重在其创新性、独特性，故忌模仿他人陈言，史学则贵在“陶铸群言”，不可随意撰述，“余尝论史笔与文士异趋。文士务去陈言，而史笔点窜涂改，全贵陶铸群言，不可私矜一家机巧也”。[③] 应严格区分文学与史学的界限所在，不能混淆文学与史学，在历史撰述时虚构内容，虚实相杂，淆人耳目，正是基于维护历史真实性的立场，章学诚认为，历史演义应实则概从其实，虚则明著，“演义之属，虽无当于著述之伦，然流俗耳目渐染，实有益于劝惩。但须实则概从其实，虚则明著寓言，不可虚实错杂，如《三国》之淆人耳”。[④]

作为一种文字表现形式的“文”，在章学诚看来，即在于它应以最合适的文字，将历史内容的“道”“质”表达出来，“史”通过“文”来传道，“文”是“史”的载体，没有“文”，“史”之体则无由表达。同时，“文”又是为“文”服务的，不能以“文”损“史”，从而失掉了史之“道”。文生于质，质决定文的作用的发挥，“文生于质，视其质之如何而施吾文焉”，[⑤] “名者实之宾，犹文者质之著也。无质不可以言文”。[⑥] 文乃虚器，道乃实指，文之用，须服务于道之

① （清）章学诚著，叶瑛校注：《文史通义校注》，中华书局1985年版，第575页。

② （清）章学诚：《章学诚遗书》，文物出版社1985年版，第125页。

③ 同上书，第611页。

④ 同上书，第397页。

⑤ （清）章学诚著，叶瑛校注：《文史通义校注》，中华书局1985年版，第452页。

⑥ （清）章学诚：《章学诚遗书》，文物出版社1985年版，第93页。

体，“文，虚器也；道，实指也。文欲其工，犹弓矢欲其良也。弓矢可以御寇，亦可以为寇，非关弓矢之良与不良也。文可以明道，亦可以叛道，非关文之工与不工也。陈琳为袁绍草檄，声曹操之罪状，辞采未尝不壮烈也。他日见操，自比矢之不得不应弦焉。使为曹操檄袁绍，其工亦必犹是尔。然则徒善文辞，而无当于道，譬彼舟车之良，洵便于乘者矣，适燕与粤，未可知也”。① 治史之本在于“古人之大体”，即史自身之内容，撰史之文辞，可为史本身增色，但如一味追求文辞，而忽略历史撰述本身，则将“舍本而逐末”，“史之赖于文也，犹衣之需乎采，食之需乎味也。采之不能无华朴，味之不能无浓淡，势也；华朴争而不能无邪色，浓淡争而不能无奇味；邪色害目，奇味爽口，起于华朴浓淡之争也。文辞有工拙，而族史方且以是为竞焉，是舍本而逐末矣。以此为文，未有见其至者；以此为史，岂可与闻古人大体乎”！② 章学诚认为，古人记言的诉求乃在于述事，言与事二者不可分割，“《记》曰：‘左史记言，右史记动’，其职不见于《周官》，其书不传于后世，殆礼家之衍文欤？后儒不察，而以《尚书》分属记言，《春秋》分属记事，则失之甚也。夫《春秋》不能舍传而空存其事目，则左氏所记之言，不啻千万矣。《尚书》典谟之篇，记事而言亦具焉；训诰之篇，记言而事亦见焉。古人事见于言，言以为事，未尝分事言为二物也”。③ 因之，撰史要达到的目标乃是文质俱佳，“天下盖有言之斐然，而不得于其事者矣；未闻言之尚无条贯，而其事转能秩然得叙者也”。④ 他指出，著述如过于雕琢文辞，反而得不偿失，失去原文本意，“著述不能不衍为文辞，而文辞不能不生其好尚。后人无前人之不得已，而惟以好尚逐于文辞焉，然犹自命为著述，是以战国为文章之盛，而衰端亦已兆于战国也”。⑤ 在文质关系方面，他强调不能以私意损害历史真实，如历史撰述文辞华丽，但内容

① （清）章学诚著，叶瑛校注：《文史通义校注》，中华书局1985年版，第185—186页。

② 同上书，第221页。

③ 同上书，第31页。

④ 同上书，第901页。

⑤ 同上书，第63页。

以伪乱真，则会危害史学的本质，导致“史学不亡而亡”，“三代以上之为史，与三代以下之为史，其同异之故可知也。三代以上，记注有成法而撰述无定名；三代以下，撰述有定名而记注无成法。夫记注无成法，则取材也难，撰述有定名，则成书也易。成书易，则文胜质矣；取材难，则伪乱真矣。伪乱真而文胜质，史学不亡而亡矣”①。故而，他痛惜于官学失守而导致的私学泛滥的状态，认为这样将导致“大道不倡”“师失官守”的局面，“诸子百家，不衷大道，其所以持之有故而言之成理者，则以本原所出，皆不外于《周官》之典守。其支离而不合道者，师失官守，末流之学，各以私意恣其说尔，非于先王之道全无所得，而自树一家之学也”。②

在章氏看来，在史学撰述中，文质二者均有其重要作用，文辞之工美，可以更好地阐述史之道，苟无文辞，则史之道无由阐明，但文须服务于史，真实客观反映史之变迁，而不能过于雕琢文辞，以伪乱真、以文害史。因之，史学著述要客观地反映历史现实，“深于忧患”，服务于国家公意，而不能妄托于忧患，阐述其私意，“非官司典守政教法度有所施为，而杜门著述未有不深于忧患者也。不知忧患，而妄有所著，皆非可与言文字者也。本无所解，而妄托于忧患，乃如金石之无故而鸣，鸟兽之不驱而骤，是为妖孽而已矣”。③

无疑，章学诚对文质关系的阐述，其意正在于通过强调撰史之大体，以在史学撰述中实现文质合一，使史学佳作得以流行。他忧虑于以往史学撰述中过于雕琢文辞、以私意损害公意的现象，认为这将会损害是史之“大道”，影响世道之治理。现实世界的变迁，对于章学诚的史学思想无疑产生了相当重要的影响。当时的中国社会，正是清政府通过史书编纂以重塑士林意识、建构大一统意识形态之时，通过“厘正文体”，撰述符合“道”的史学论著，以“文以载道”“经世致用”，正符合了帝王治世之深意，“以‘质’抑‘文’，还通过‘厘正

① （清）章学诚著，叶瑛校注：《文史通义校注》，中华书局1985年版，第30页。

② 同上书，第19页。

③ （清）章学诚：《章学诚遗书》，文物出版社1985年版，第401页。

文体’的行动表现出来。在乾隆帝的眼里，士子撰写文章担负着‘文以载道’的重任，并且‘与政治相通’”,[①] “乾隆的目的是通过保存史料的途径以达到取缔私人自由言说和异端思想的结果”。[②] 因之，章学诚对文质关系的阐述，正暗合了当时统治者的思想流变。

其三，重视方志的编纂，将方志视为史学的重要组成部分。

章学诚将方志视为历史编纂的必要一环，并给予相当的重视，“志乘为一县之书，即古者一国之史也，而世人忽之”。[③] 他认为方志以“具体而微”的地方史完善国家历史的撰述，“方州虽小，其所承奉而施布者，吏、户、礼、兵、刑、工，无所不备，是则所谓具体而微矣。国史于是取裁，方将如《春秋》之藉资于百国宝书也，又何可忽欤”?[④] 他指出，家谱、文集等对于国史具有重要作用，正是方志对这些资料的持证，省却了不少国史编纂的考核之劳，作为一人之史的文集，对家史、国史乃至一代之史，都将起到重要的佐证作用，因此不可不谨慎，“国史不得已，而下取于家谱志状，文集记述，所谓礼失求诸野也。然而私门撰著，恐有失实，无方志以为之持证，故不胜其考核之劳，且误信之弊，正恐不免也。盖方志亡而国史之受病也久矣”,[⑤] “文集者，一人之史也；家史、国史与一代之史，亦将取以证焉，不可不致慎也”。[⑥] 他强调州县之志乃国家史事的重要部分，应于州县设立志科，专门从事方志的编纂，以加强史学编纂的队伍，充实史书编纂的内容：“今天下大计，既始于州县，则史事责成，亦当始于州县之志。州县有荒陋无稽之志，而无荒陋无稽之令史案牍。志有因人臧否、因人工拙之义例文辞，案牍无因人臧否、因人工拙之义例文辞；盖以登载有一定之法，典守有一定之人，所谓师三代之遗意

---

① 杨念群：《何处是江南？清朝正统观的确立与士林精神世界的变异》，生活·读书·新知三联书店2010年版，第198页。

② 杨念群：《章学诚的“经世”观与清初“大一统”意识形态的建构》，《社会学研究》2008年第5期。

③ （清）章学诚著，叶瑛校注：《文史通义校注》，中华书局1985年版，第782页。

④ 同上书，第573页。

⑤ 同上书，第573—574页。

⑥ 同上书，第253页。

也。故州县之志，不可取办于一时，平日当于诸典吏中，特立志科，佥典吏之稍明于文法者，以充其选。而且立为成法，俾如法以纪载，略如案牍之有公式焉，则无妄作聪明之弊矣。”① 同时，他强调史志的编纂要“加以采辑，广为传述”，为“穷乡僻壤”之“畸行奇节”者以褒奖，以“有裨风教”，“史志之书，有裨风教者，原因传述忠孝节义，凛凛烈烈，有声有色，使百世而下，怯者勇生，贪者廉立。《史记》好侠，多写刺客畸流，犹足令人轻生增气；况天地间大节大义，纲常赖以扶持，世教赖以撑柱者乎？每见文人修志，凡景物流连，可骋文笔，典故考订，可夸博雅之处，无不津津累牍。一至孝子忠臣，义夫节妇，则寥寥数笔；甚而空存姓氏，行述一字不详，使观者若阅县令署役卯簿，又何取焉？窃谓邑志搜罗不过数十年，采访不过百十里，闻见自有真据，宜加意采辑，广为传述；使观者有所兴起，宿草秋原之下，必有拜彤管而泣秋雨者矣。尤当取穷乡僻壤，畸行奇节，子孙困于无力，或有格于成例，不得邀旌奖者，踪迹既实，务为立传，以备采风者观览，庶乎善善欲长之意”。②

可见，章学诚将方志视为反映国史变迁的重要组成部分，将方志的编纂提高到一个相当重要的地位，他孜孜不倦地致力于具体的方志编纂工作，并主张于州县设立志科，培养史志编纂的专门人才，从而在方志学的发展历程中发挥了重要作用，成为中国方志学的重要奠基人。

其四，强调史德的重要性。

章学诚指出，撰史要重视史家的史义和史德，史义重在通过历史的撰述，斟酌群言，自为经纬，“成一家之言”，以开治史新风，他以郑樵撰《通志》阐述史义的重要性：“郑樵生千载而后，慨然有见于古人著述之源，而知作者之旨，不徒以词采为文，考据为学也。于是遂欲匡正史迁，益以博雅，贬损班固，讥其因袭，而独取三千年来，遗文故册，运以别识心裁，盖承通史家风，而自为经纬，成一家言者也。学者少见多怪，不究其发凡起例，绝识旷论，所以斟酌群言，为

① （清）章学诚著，叶瑛校注：《文史通义校注》，中华书局1985年版，第589页。
② 同上书，第821页。

史学要删；而徒摘其援据之疏略，裁剪之未定者，纷纷攻击，势若不共戴天。”① 他将史义看作关系为史宗旨的重要问题，认为“良史善书，亦必有道”，“《记》曰：‘疏通知远，《书》教也。比事属辞，《春秋》教也。’言述作殊方，而风教有异也。孟子曰：‘颂其诗，读其书，不知其人可乎？’言坟籍具存，而作者之旨，不可不辨也。古者史官各有成法，辞文旨远，存乎其人。孟子所谓其文则史，孔子以谓义则窃取，明乎史官法度不可易，而义意为圣人所独裁。然则良史善书，亦必有道矣”。② 他将史德置于非常重要的位置，指出史家治史不但要具备才、学、识，拥有不畏艰难、秉笔直书的精神，亦与撰史者品行密切相关，更须探察历史运行的规律所在，形成理性的历史认知，“昊天生百才上，不能得一史才，生十史才，不能得一史识，有才有识如此，而又不佑其成，若有物忌者然，岂不重可惜哉”，③ “古人史取成家，退处士而进奸雄，排死节而饰主阙，亦曰一家之道然也。此犹文士之识，非史识也。能具史识者，必知史德。德者何？谓著书者之心术也。夫秽史者所以自秽，谤书者所以自谤，素行为人所羞，文辞何足取重。魏收之矫诬，沈约之阴恶，读其书者，先不信其人，其患未至于甚也。所患夫心术者，谓其有君子之心，而所养未底于粹也。夫有君子之心，而所养未粹，大贤以下，所不能免也。此而犹患于心术，自非夫子之《春秋》，不足当也。以此责人，不亦难乎？是亦不然也。盖欲为良史者，当慎辨于天人之际，尽其天而不益以人也。尽其天而不益以人，虽未能至，苟允知之，亦足以称著述者之心术矣。而文史之儒，竞言才、学、识，而不知辨心术以议史德，乌乎可哉”？④ 他确信，在道德认识方面，历史撰述扮演着重要甚至根本的角色。⑤ 故他尤为强调史家之史德对于历史撰述的影响，“人之情，虚

① （清）章学诚著，叶瑛校注：《文史通义校注》，中华书局 1985 年版，第 463 页。

② 同上书，第 679 页。

③ （清）章学诚：《章学诚遗书》，文物出版社 1985 年版，第 177 页。

④ （清）章学诚著，叶瑛校注：《文史通义校注》，中华书局 1985 年版，第 219—220 页。

⑤ Philip J. Ivanhoe，“Lessons from the Past：Zhang Xuecheng and the Ethical Dimensions of History”，*Dao*（8），2009，p. 201.

置无不正也。因事生感，而情失则流，情失则溺，情失则偏，毗于阴矣。阴阳伏沴之患，乘于血气而入于心知，其中默运潜移，似公而实逞于私，似天而实蔽于人，发为文辞，至于害义而违道，其人犹不自知也。故曰心术不可不慎也”。[①] 可见，章学诚对于史德的强调，蕴含多方面的考量，“‘史德’不再仅仅指不避强御、不受利诱的据事直书的精神，它更重要的内容则是史学家要理性地对待历史事件，理性地处理历史问题，从而形成理性的历史认识”。[②]

其五，史以经世，圣王得位行道。

在《文史通义》之《易教上》开篇，章学诚开宗明义地指出：“六经皆史也。古人不著书，古人未尝离事而言理，六经皆先王之政典也。”[③] 此处“史”实指官学，并非指历史撰述或史料而言，“古无私门之著述，六经皆史也”。[④] 在他看来，“六经皆周官掌故。《易》藏太卜，《书》、《春秋》掌于外史（掌三皇五帝之书、四方之志），《诗》在太师，《礼》归宗伯，《乐》属司成。孔子删定，存先王之旧典，所谓述而不作。故六艺为经，群书为传”，[⑤] “不为官师职业所存，是为非法，虽孔子言礼，必访柱下之藏是也……六经皆属掌故，如《易》藏太卜，《诗》在太师之类”。[⑥] 对此，钱穆有过明确的论断：“章学诚《文史通义》所谓‘六经皆史’之‘史’字，并不指历史言，而实指的官学言。古代政府掌管各衙门文件档案者皆称‘史’，此所谓‘史’者，实略当于后世之所谓‘吏’。”[⑦] 可见，“‘六经皆周官掌故’以及‘古无私门之著述’为章学诚‘六经皆史’说的最基本的也是很重要的见解”。[⑧]

同时，章学诚“六经皆史”说无疑蕴含“以史学经世之义绾合知

---

① （清）章学诚著，叶瑛校注：《文史通义校注》，中华书局 1985 年版，第 220 页。
② 刘延苗：《章学诚史学哲学研究》，博士学位论文，西北大学，2008 年。
③ （清）章学诚著，叶瑛校注：《文史通义校注》，中华书局 1985 年版，第 1 页。
④ 同上书，第 572 页。
⑤ （清）章学诚：《章学诚遗书》，文物出版社 1985 年版，第 558 页。
⑥ 同上书，第 556 页。
⑦ 钱穆：《两汉经学今古文评议》，商务印书馆 2001 年版，第 278 页。
⑧ 刘巍：《章学诚“六经皆史”说的本源与意蕴》，《历史研究》2007 年第 4 期。

识与道德”[①] 之意，史学之所以经世，即在于其契合了变动不居的事物运行规律——道，道是一个历史的范畴，道因器显，客观存在的事物是第一性的，事物的变迁规律是派生的，没有器就没有关于器的道。正是在对“天下事物、人伦日用”的器之探究中，历史变迁之道彰显出来，器变，道亦因时而变。他考察圣人创制的历程，阐述了“后圣法前圣，非法前圣也，法其道之渐行而渐著者也”的道变观，他指出：“《易》曰：‘一阴一阳之谓道。’是未有人而道已具也。继之者善，成之者性。是天著于人，而理附于气。故可形其形而名其名者，皆道之故，而非道也。道者，万事万物之所以然，而非万事万物之当然也。人可得而见者，则其当然而已矣。人之初生，至于什伍千百，以及作君作师，分州画野，盖必有所需而后从而给之，有所郁而后从而宣之，有所弊而后而救之。羲、农、轩、颛之制作，初意不过如是尔。法积美备，至唐、虞而尽善焉，殷因夏监，至成周而无憾焉。譬如滥觞积而渐为江河，培塿积而至于山岳，亦其理势之自然；而非尧、舜之圣，过乎羲、轩，文、武之神，胜于禹、汤也。后圣法前圣，非法前圣也，法其道之渐形而渐著者也。三皇无为而自化，五帝开物而成务，三王立制而垂法，后人见为治化不同有如是尔。当日圣人创制，则犹暑之必须为葛，寒之必须为裘，而非有所容心，以谓吾必如是而后可以异于圣人，吾必如是而后可以齐名前圣也。此皆一阴一阳往复循环所必至，而非可即是以为一阴一阳之道也。一阴一阳往复循环者，犹车轮也。圣人创制，一似暑葛寒裘，犹轨辙也。”[②] 在社会的变迁中，道不离器、道因器显，“学以致道，如沿河流必至于海为归极也”,[③] “夫天下岂有离器言道，离形存影者哉？彼舍天下事物、人伦日用，而守六籍以言道，则固不可与言夫道矣”。[④]

章学诚认为，经史乃古人求道之资，而并非彰显自身学名之具，“经史者，古人所以求道之资，而非所以名其学也；经师传授，史学

① 刘巍：《章学诚“六经皆史”说的本源与意蕴》，《历史研究》2007 年第 4 期。

② （清）章学诚著，叶瑛校注：《文史通义校注》，中华书局 1985 年版，第 119—120 页。

③ （清）章学诚：《章学诚遗书》，文物出版社 1985 年版，第 320 页。

④ （清）章学诚著，叶瑛校注：《文史通义校注》，中华书局 1985 年版，第 132 页。

世家，亦必因其资之所习近，而勉其力之所能为，殚毕生之精力而成书，于道必有当矣”。[①] 史学之所以经世，并非因其空言著述，而是因其切合当时人事，道随世变而变动，史家之撰述，正在于明道。因之，在他看来，六经最明显之处并不在于后人认为其应当如何，经以致道，乃在于其对当时道自身运行的更高级的分析与阐释。[②]“史学所以经世，固非空言著述也。且如六经，同出于孔子，先儒以为其功莫大于《春秋》，正以切合当时人事耳。后之言著述者，舍今而求古，舍人事而言性天，则吾不得而知之矣。学者不知斯义，不足言史学也”；[③]“史家之书，非徒纪事，亦以明道也。如使《儒林》、《文苑》不能发明道要，但叙学人才士一二行事，已失古人命篇之义矣”。[④] 治史，不仅在于鉴往，亦在于合于世法，致道于当世，“学问之事，正如医家良剂，不特志古之道，不宜中辍；亦正以其心力营于世法，不胜其疲，不可不有所藉，以为斯须活泼地也”。[⑤] 当然，章学诚所阐述的史“道”，将皇权专制时代的伦理道德、等级制度也视为道，具有唯心因素，“盖天之生人，莫不赋之以仁义礼智之性，天德也；莫不纳之于君臣父子夫妇兄弟朋友之伦，天位也”。[⑥]

章氏所作《咏史》诗，犹如夫子自道，阐明了他细究古今文史论著，致力于史学撰述之途，探寻历史变迁之道的艰难历程：

登高山而望远海，乃见百川清浊纡疾之不同。八方殊风雨。安能顿使贤愚臭味之交通。或山而樵，或水而渔，独抱千古。意不可以杂居。春风东来入千家，桃李参差齐作花。一垄万木殊根荄，山高岩岩水无涯。

仰看鸟高飞，再翱复再翔。养雏三十年，羽翼成文章。羽翼

① （清）章学诚：《章学诚遗书》，文物出版社 1985 年版，第 84 页。

② Philip J. Ivanhoe, *On Ethics and History Essays and Letters of Zhang Xuecheng*, California: Stanford University Press, 2010, p. 6.

③ （清）章学诚著，叶瑛校注：《文史通义校注》，中华书局 1985 年版，第 524 页。

④ （清）章学诚：《章学诚遗书》，文物出版社 1985 年版，第 523 页。

⑤ 同上书，第 335 页。

⑥ （清）章学诚著，叶瑛校注：《文史通义校注》，中华书局 1985 年版，第 147 页。

> 成文章，壮士胡为嗟嗟戚戚徒心伤。珍食盈案，咽不暇尝。拔剑出门，我马玄黄。壮心崛强，不肯伤悲。风吹棠梨，春日迟迟。上览高山松柏之苍苍，下俯黄河流水之滂滂。中有孤客彷徨而踯躅，不觉潸焉泣涕之沾裳。①

需要指出的是，在章学诚看来，史家自身并非史学道统的真正掌控者，因为这很可能会导致撰史者以文害质、以私意害公意，不能服务于当时的意识形态。故他认为，道统创立和掌控权力应该是“圣王”“君”，即各个时代的帝王，因为只有他们方能“得位行道”，以维护和延续现存社会制度的运行。他分析周公、孔子与“道”之关系说：“盖君师分而治教不能合于一，气数之出于天者也。周公集治统之成，而孔子明立教之极，皆事理之不得不然，而非圣人异于前人，此道法之出于天者也。”② 在他看来，六经、典制等皆圣王得位行道，“经纬宇宙之迹”，孔子因有道无位，故“述而不作”，其《论语》《孝经》皆为传而非经，诸儒因尊孔子之文，方将其列为经，以有别于后儒所撰之传记，“天与人参，王者治世之大权也……若夫六经，皆先王得位行道，经纬世宙之迹，而非托于空言，故以夫子之圣，犹且述而不作。如其不知妄作，不特有拟圣之嫌，抑且蹈于僭窃王章之罪也，可不慎欤”！③“大抵为典为经，皆是有德有位纲纪人伦之所制作，今之六艺是也。夫子有德无位，则述而不作，故《论语》《孝经》皆为传而非经，而《易·系》亦止称为大传。其后悉列为经，诸儒尊夫子之文，而使之有以别于后儒之传记尔”，④“夫子生不得位，不能创制立法，以前民用；因见《周易》之于道法，美善无可复加，惧其久而失传，故作《彖》《象》《文言》诸传，以申其义蕴，所谓述而不作，非力有所不能，理势固有所不可也”。⑤ 正如杨念群先生所指出的那样，

① （清）章学诚：《章学诚遗书》，文物出版社 1985 年版，第 338 页。
② （清）章学诚著，叶瑛校注：《文史通义校注》，中华书局 1985 年版，第 122 页。
③ 同上书，第 2—3 页。
④ 同上书，第 248 页。
⑤ 同上书，第 2 页。

"他论述的侧重点在周公的'有位',孔子'无位'而传道已经变得勉强,如果再任使'私言'泛滥,那么其失德的可能性就会增加。其实已在暗示孔子继承道统未必拥有超越制度安排的合法性"。[①]

既然连孔子这样的圣人都难以继承道统,那么其后的儒者更不能胜任这样的职责,能够为典、为经者,则必然归于"有德有位"的当世"圣王"。如此一来,章学诚便把道统的掌控寄望于帝王身上,希冀以此整合与维持社会的运行。明清鼎革之际,遗民的民族主义心态,至乾隆时期则亟须消解,而归于大一统的"兴朝"秩序。章学诚对史德、史道的阐扬,对儒林著史中以文抑质、彰显私意倾向的贬斥,正典型地反映了在控制日益紧密的王朝治理秩序下,儒者内心之坚守被扭曲的历程,这从章氏对风俗流弊的抨击及当时政教制度的趋附、拥护可明显看出。"第文章可以学古,而制度则必从时。我朝礼教精严,嫌疑慎别,三代以还,未有如是之肃者也……夫才须学也,学贵识也。才而不学,是为小慧。小慧无识,是为不才。不才小慧之人,无所不至,以纤佻轻薄为风雅(雅者,正也,与恶俗相反。习染风气谓之俗,纤佻鄙俚皆俗也。鄙俚之俗,犹无伤于世道人心,纤佻之俗,则风雅之罪人也),以造饰标榜为声名(好名之人,未有不俗者也)。炫耀后生,猖披士女,人心风俗,流弊不可胜言矣。"[②]

沿着圣王得位行道,儒者无位行道则必私意害公的理路出发,章学诚认为,史的阐释权归于现实的圣王而非拥有知识的儒者。这种儒者内部的压制自主言说、归化与认同现存统治秩序的趋向,在章氏对真遗民心态需"哀而不怨""忠厚而悱恻"的阐述中得以彰显,"亡国之音,哀而不怨。家亡国破,必有所以失之由。先事必思所以救之,事后则哀之矣。不哀己之所失而但怨兴朝之得,是犹痛亲之死而怨人之有父母也。故遗民故老没齿无言,或有所著诗文,必忠厚而悱恻。其有谩骂讥谤为能事者,必非真遗民也"。[③] 葛兆光对明清之际中

① 杨念群:《何处是江南?清朝正统观的确立与士林精神世界的变异》,生活·读书·新知三联书店2010年版,第335页。

② (清)章学诚著,叶瑛校注:《文史通义校注》,中华书局1985年版,第536页。

③ (清)章学诚:《章学诚遗书》,文物出版社1985年版,第378页。

国史学思潮变迁的缘由，进行过深刻的分析，“明清之际，批评君主擅权昏庸的一面起了作用，以致成了一股很强的民主性思潮。然而，当清代统治者逐渐巩固了自己的政权之后，这股民主性思潮便成了威胁统治权的力量，因此，康熙、雍正两代君主便力图铲除这股思潮，重建儒家学说中王权至上、尊尊亲亲的理论……从康熙初年到雍正末年七十余年中，清朝统治已经巩固，而时光的流驶，又磨销了史学家对于故国的追怀和对于亡国的痛愤，旧的亲历变故的一代逐渐亡故，带走了最强烈的反清情绪和对明代历史最深刻的反思，新的一代对这种情绪和反思日益隔膜”。① 章学诚对于清朝统治正当性的拥护与赞扬，正鲜明地揭示了这一变动，“自唐虞三代以还，得天下之正者，未有如我大清。魏晋唐宋之禅让，固无论矣。即汉与元，皆是征诛而得天下，然汉自灭秦，元自灭宋，虽未尝不正，而鼎革相接，则新朝史官之视胜国，犹不能无仇敌之嫌。惟我朝以讨贼入关，继绝兴废，褒忠录义，天与人归。而与故明，但有存恤之德，毫无鼎革之嫌”。② 对此，杨念群进行了精当的概括：“章学诚的‘退化历史观’与宋明新儒学的根本差异之处在于，宋明儒者相信存在一种‘道德救世论’，认为孔子以后的社会虽不完美，却可以依靠连缀‘道’的谱系，通过治理人类的心灵达到救世的目的；而章学诚根本不相信存在这种可能性，他只相信现存制度具有整合政治、社会秩序与维系心灵纯净的能力。”③ 其史学经世观的内核恰在于：“并非鼓噪命短的维新变革，而恰恰是主张细水长流般维系既定的统治秩序。”④

三　结语

梁启超评价章学诚的史学贡献曰：“实斋以清代唯一之史学大

① 葛兆光：《明清之间中国史学思潮的变迁》，《北京大学学报》（哲学社会科学版）1985 年第 2 期。

② （清）章学诚：《章学诚遗书》，文物出版社 1985 年版，第 390 页。

③ 杨念群：《章学诚的“经世”观与清初“大一统”意识形态的建构》，《社会学研究》2008 年第 5 期。

④ 同上。

师而不能得所借手以独撰一史，除著成一精深博大之《文史通义》，及造端太宏未能卒业之《史籍考》外，其创作天才，悉表现于和州、亳州、永清三志及《湖北通志》稿中。‘方志学’之成立，实自实斋始也。”① 章学诚在发展史学理论体系、完善方志义例等方面做出了重要贡献，其提出的“通经致用”“六经皆史”“史德”等，无疑在史学发展过程中发挥了积极作用。但同时我们亦应注意到其史学观中遏抑学者独立思考、趋附当时统治规范的一面，“由于缺乏制度性的支持，使得儒者对道统的操守变得越来越困难，其结果即是在清初帝王的压迫下逐步扭曲了内心的坚守”。② 要完整地认识章学诚的历史观，必须将其置于具体的历史场域中进行考察，“不管他的取径是如何的别出心裁，他的见解仍然典型地反映了那个时代的思潮”。③ 只有这样，我们方能对其史学理论进行必要的扬弃，从而深化我们的史学研究。

第五节　李慈铭论史

李慈铭（1830—1894 年），初名模，字式侯，后改今名，字爱伯，一字莼客，室名越缦堂，晚年自署“越缦老人”。会稽（今浙江绍兴）西郭霞川村人。晚清官员、文史学家。

李慈铭自幼读书，资分亦佳，“（道光壬辰年状元、浙江学政吴崧甫）尝举为学之方，分经学、小学、史学、文学、诗学、字学六条为告教，颁所部郡县学以招诸生。其经学、小学二条尤详慎，得读书之法，予之稍知向学实源于此”。④ 他于道光二十七年 19 岁（虚岁）时首次参加县试，20 岁时中秀才，但以后的科考历程却不大顺利，11 次乡试皆

① 梁启超：《中国近三百年学术史》，中国和平出版社 2014 年版，第 369 页。

② 杨念群：《何处是江南？清朝正统观的确立与士林精神世界的变异》，生活·读书·新知三联书店 2010 年版，第 332 页。

③ 刘巍：《章学诚“六经皆史”说的本源与意蕴》，《历史研究》2007 年第 4 期。

④ （清）李慈铭：《越缦堂日记》（第 3 册），广陵书社 2004 年版，第 1580 页。

不中，直至同治九年（1870 年）42 岁时方得中举人。此后又 5 次参加会试，至光绪六年（1880 年）52 岁时方以二甲八十六名的名次中进士。他自述治学与科考经历，“兄自束发，蒙先人教以诗书，意气奋踔，颇亦不在人后。比家事日落，益自淬厉，冀得一第，以为禄养。既志不遂，乃斥弃田产，入赀为郎，所值迍邅，卒于不振。年垂四十，寸禄未沾，而我母已以穷死矣”。[①] 在《四十自序》中，他亦论及此时期的艰辛经历，“仆少怀忼慨，长际时艰。累草贾生之书，常读范滂之传，而请缨无路，谐价是闻。附相如之赀郎，染崔烈之铜臭。为常何作奏，不问马周；闻刘蕡被弹，遂阻李郃。方麴障面，当避朝贵，薄笨生角，不识曹司……忧患孑立，志业尽空”。[②]《清史稿·李慈铭传》则对其生平介绍云：“李慈铭，字爱伯，会稽人。诸生，入赀为户部郎中。至都，即以诗文名于时。大学士周祖培、尚书潘祖荫引为上客。光绪六年，成进士，归本班，改御史。时朝政日非，慈铭遇事建言，请临雍，请整顿台纲。大臣则纠孙毓汶、孙楫，疆臣则纠德馨、沈秉成、裕宽，数上疏，均不报。慈铭郁郁而卒，年六十六。慈铭为文沉博绝丽，诗尤工，自成一家。性狷介，又口多雌黄。服其学者好之，憎其口者恶之。日有课记，每读一书，必求其所蓄之深浅，致力之先后，而评骘之，务得其当，后进翕然大服。著有越缦堂文十卷，白华绛跗阁诗十卷、词二卷，又日记数十册。弟子著录数百人，同邑陶方琦为最。”[③] 李慈铭的主要学术领域是历史学。他曾自言：“自经史以及稗说、梵夹、词曲，亦无不涉猎而模仿之也，所学于史为稍通。”[④] 但张舜徽的《清人笔记条辨》则对李慈铭的学术成就评价不甚高，“李氏少时偃蹇乡里，徒骋词华。及至京师，益循声色，以羸弱之躯，逐歌舞之地，亲迩卷轴，为日无多，故于朴学家坚苦寂寞之功，无能为役，《清史稿》置

① （清）李慈铭：《越缦堂诗文集》（下），刘再华校点，上海古籍出版社 2012 年版，第 1101 页。

② 同上书，第 1155、1158 页。

③ 赵尔巽等撰：《清史稿》卷四八六。

④ （清）李慈铭：《越缦堂诗文集》（中），刘再华校点，上海古籍出版社 2012 年版，第 788 页。

之《文苑传》末，实为平允”。①

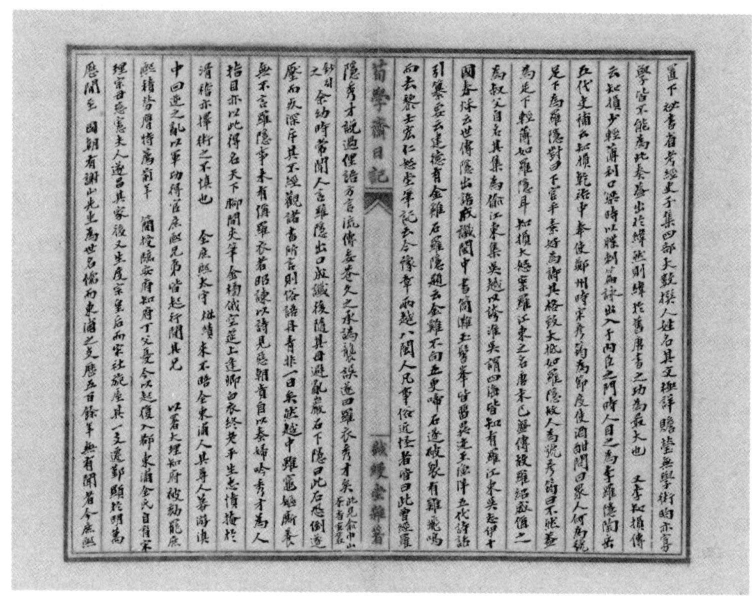

李慈铭《越缦堂日记》

窥诸李慈铭的史学观念，大致有以下几个方面。

其一，对史志撰写体例提出了自己的看法，考订以往史志舛误，重视史志作用的发挥。

对清代学术史的变迁，梁启超明确指出历史札记的作用，主要在于储存著书之资料，“大抵当时好学之士，每人必置一‘札记册子’，每读书有心得则记焉？推原札记之性质，本非著书，不过储著书之资料。然清儒最戒轻率著书，非得有极满意之资料，不肯勒为定本，故往往有终其身在预备资料中者。又当时第一流学者之著书，恒不欲有一字余于己所心得之外。著专书或专篇，其范围必较广泛，则不免于所心得外摭拾冗词以相凑附，此非诸师所乐，故宁以札记体存之而已”。②

① 张舜徽：《清人笔记条辨》，华中师范大学出版社2004年版，第338页。

② 梁启超：《梁启超论清学史二种》，朱维铮校注，复旦大学出版社1985年版，第51页。

李慈铭勤于涉猎文史著作，在阅史过程中，他对于史志的编纂体例和内容安排，有着自己的独特见解。学界对《南史》改动宋、齐诸书，颇多责难，李慈铭则意识到《南史》中氏族连合为传的合理性和价值所在，并进一步指出历史撰写须仔细推敲撰述意图，不可轻易进行讥讽。“《南史》之改并宋、齐诸书，诚多未善。于《宋书》所载朝章典故，刊落尤多，《南齐书》中关系之文，亦多删削。惟其与氏族连合为传，则别有深意，殊未可非。盖当时既重氏族，而累经丧乱，谱牒散亡。北朝魏收《魏书》犹多子姓合传，南朝则沈约、萧子显、姚思廉等，专以类叙，于兄弟子姓，分析太甚，李氏故李矫之。其书本为通史之体，与八书各自行世，故先以四代帝纪，次以四代后妃，而各代列传。又皆先以诸王，其诸臣则有世系者皆联缀之，以存谱学。盖欲考时代先后，自有本书，固并行不悖者也。大凡古人著述，须细细推其恉，不可率尔讥之。”① 他并且计划集合历代正史不载之说部资料，仿照正史纪传名氏次序，为之考证，论断真伪，“阅《宋稗类钞》，予观宋人说部颇不少。每欲集自《世说》、《语林》，以至明季说部，依各代正史纪传名氏次序，为载其正史所不载者，各条下仍注明原书出处，而为之考异，并加按语，论断其真妄。其史传中无名字者，则依类序入，名之曰《史畚》”。② 他忧心于儒者治学所存在的“高言虚张”之弊端，大力倡导“践履之实”，呼吁治学须坚其根柢，“自《汉书》传儒林，历史因之，至宋而有道学之别。呜呼！谁为此名，可谓不学者矣！道者，六经是也。儒者之所习，无二学也。维伊洛立教，渐为空虚，高言愈张，实学滋晦。朱熹思以博考审辨，求践履之实，而其时程学大行，专门名家之儒久绝于世，无所师受，不能通晓其训故，至于注《诗》述《易》，遂为无本之义，多取不根之谈。《诗》弃《小序》，尤为口实。斯岂通人之蔽，抑亦晚学之征乎？要其弟子，若蔡元定、蔡沈父子，皆能有所著述，以翼经教，视夫程、陆之门人有殊焉。九渊兄弟，负绝人之才具，具高明之

① （清）李慈铭：《越缦堂日记》（第11册），广陵书社2004年版，第7698—7699页。

② （清）李慈铭：《越缦堂日记》（第2册），广陵书社2004年版，第1347—1348页。

识，深穷理欲，抗异新安，分道并驰，至以睽辙。师心太过，几流猖狂。衷其间者，惟吕祖谦。永嘉之学，醇醇近古，而际代学者驰骛洛闽，敷说心性，并为一谈，深而益肤，畅而益支，乃转相推崇，以自掩饰。盖亦知所学根柢不坚，姑习大言，谓尧舜禹汤文武周孔思孟命脉真传，至是始出，汉唐千载未涉其境，更取异名，别于儒林，以文其不学之迹，言语日繁，性道日歧。沿及明代，五百余年，遂无有知学问者。呜呼！可慨也已！是真儒学之厄，圣道之累也”。① 他提出的史志撰写要立足于“实”的主张，无疑具有一定的历史和现实意义。

李慈铭相当重视志书的编写，在《越中先贤祠目序例》中，他提出二十六条编写凡例，“至先贤入祠之数，遍稽史传，综核志乘，旁及四部，博考精求，进退之间，致严致敬，不敢稍参私见，轻信偏辞。五夜盟心，鬼神共鉴”。② 他认为志书的编纂应依类分编，批评以往志书编纂的舛误，“谓著录之例，大小《戴记》当依类分编，如《汉志》别出《弟子职》、《小尔雅》例，《周易经》及《十翼》亦当分载。夫《弟子职》本是古书别行，非班、刘所出。《小尔雅》今在《孔丛子》，《孔丛子》明是伪书，特窜入《小尔雅》以示可信，是后人之窃《小雅》，非《汉志》之析《孔丛》，乃欲缘斯谬臆遍乱古经，则卦书之文当别收于图绘，庚歌之语且分录于诗篇，此其不可解者三也”。③ 同时，他强调府县地志的重要地位，指出厘清古今地志沿革的重要性，“谓府县地志，当以人物为重，不在考核疆域。夫古之地记本不及人，后世滋繁，意存夸饰，识者犹以为非，今谓四至八到可以略举，古今沿革无须过详，是则志以地名，先亡其实，人以地系，先迷其邦，将晋宋之扬州尽为广陵之产，秦汉之会稽悉成东部之英，其不可解者四也”。④ 他针对史志撰写的不同对象，指出其撰写要求的差异所在，尤为强调碑志、

---

① （清）李慈铭:《越缦堂诗文集》（中），刘再华校点，上海古籍出版社 2008 年版，第 805—806 页。

② 同上书，第 1016 页。

③ 同上书，第 1110 页。

④ （清）李慈铭:《越缦堂诗文集》（下），刘再华校点，上海古籍出版社 2012 年版，第 1110 页。

传状称谓撰写的严谨性，“盖称谓莫严于碑志、传状，不容一字出入，郡县官名一参古俗，皆乖史法。降而至序、记，则可稍宽矣。又降而至书、问、笺、启，则更可稍宽矣”。[①] 他以浙江地方志的编纂为例，阐明编纂清晰准确的地方志书的必要性，“《拟修郡县志略例八则》：地志以疆域为重。疆域之限，村镇城邑。古今易名，当以山川为识，况越中千岩万壑，山水国也。而自嘉泰、宝庆两志，山水错杂，散而无纪，其名亦古亦今，往往按籍以求，则今无可指；即地以问，则书无可徵。万历、乾隆，率沿其体，棼乱讹溷，甚不可也”。[②] 地方志编纂的原则何在？李慈铭认为，应是“有善可纪者，略其疵，恩桑梓”“无事可书者，贵弗录，明丹青”，“乾隆两志，艺文最疏，当为《越中经籍志》，稽其存佚，详记卷数，并略载书中大恉，如《崇文总目》《四库提要》之例”，[③] “或补或删，必徵必信，闻见之世，甄录尤严。有善可纪者，略其疵，恩桑梓也；无事可书者，贵弗录，明丹青也。任怨任劳，勿遗勿滥”。[④] 李慈铭对以往史志进行了比较，认为以班固所撰为最佳，欧阳修次之，沈约、魏收所撰及《隋唐志》又次之，其他如《契丹国志》《大金国志》等虽以志名，却纪传错出，“《史志策》（辛亥乡试策对第二道）：自来史志之可据者，班氏为最，欧阳氏次之，沈约、魏收及《隋唐志》又次之。《隋书》各人分撰，旧本每篇或题名，或否，固已不能尽知。《新唐书》虽或云《天文历志》出于刘义叟，世系诸表出于吕夏卿，而要为欧阳氏所裁定。其他号为‘志’者，若叶隆礼《契丹国志》，宇文懋昭《大金国志》，则又虽以志名，而纪传错出。其曰杂记、杂录、杂载者，皆诞妄无端绪，多近小说，不足以考见制度，此又不足论者也”。[⑤]

在对以往历史撰著进行认真、广泛阅读的基础上，针对历史记载

① （清）李慈铭：《越缦堂诗文集》（下），刘再华校点，上海古籍出版社 2012 年版，第 1111 页。

② 同上书，第 1244 页。

③ 同上书，第 1245—1246 页。

④ 同上书，第 1248 页。

⑤ 同上书，第 1364 页。

中的一些欠缺和不确定之处，李慈铭进行了详细的考订。如他针对《汉书》中的一处简要记载，即进行了较为详尽的注释补充，“取亲中群厕牏，身自、擀洒（《汉书·万石卫直周张传》）。苏林曰：贾逵解《周官》云：牏，行清也。孟康云：厕，行清。牏，中受粪函者也。东南人谓凿木空中如曹谓之牏，慈铭案：清，即今圊字。曹，本字当作槽。牏，本字当作窬。《淮南注》云：窬，空也。又案：《说文》：厕，清也。此传厕牏，自当如苏、孟解说，为厕中函粪之空木。盖中群厕牏皆秽亵不洁之物，故为亲瀚之”。[①] 他对《汉书》中的《说》三篇加按语云：“《说》三篇（《汉书·艺文志》）。慈铭案：此即《弟子职说》也，似应连属上一行。王伯厚以为《孝经说》。案：上已出长孙氏、江氏、翼氏、后氏、安昌侯等说，自《五经杂议》以下皆以它书附入，非指《孝经》矣。”[②] 有的历史考订，其用意则在于修正原有记载文饰之处，以正本清源，如他在阅读《晋书·周访传》时，对周访行迹的认识即反映了这一点，“闻敦有不臣之心，访恒切齿。敦虽怀逆谋，故终访之世，未敢为非（《晋书·周访传》）。慈铭案：此等语盖出访之家传，由其门生故吏粉饰言之。其实访固敦之爪牙也。使访果有此心，则访殁后，不应其二子抚、光皆抗逆王师为敦效死力矣”。[③] 对《汉书》中有关少帝及济川、淮阳、恒山王是否为汉惠帝之子的记载，他通过细读文本，指出他们皆为惠帝之子，诸大臣不予承认的原因在于“自为身谋”，“于是阴谋乃为少帝及济川、淮阳、恒山王皆非惠帝子（《汉书·张陈王周传》）。慈铭案：此事详在《吕后本纪》，于《勃世家》略之。著阴谋二字，以见少帝及三王本惠帝子。诸大臣自为身谋，恐日后取祸，遂诬而害之耳”。[④] 他注意通过多个史料来源厘清某一记载的来龙去脉、是非曲直，其对子赣事迹的考证即印证了这一点，“子赣既学于仲尼，退而仕卫，发贮鬻财曹、

① （清）李慈铭：《越缦堂读史札记全编》（上），北京图书馆出版社2003年版，第167—168页。

② 同上书，第139页。

③ 同上书，第669—670页。

④ 同上书，第158页。

鲁之间（《汉书·货殖传》）。王氏鏊曰：夫子称赐货殖若曰富贵在天，志道者所不必问。而赐犹未能忘情，则于进学有妨焉耳，岂若后世孜孜于利者比哉。而班氏遂列于《货殖》，谬矣！慈铭按：文恪之言，本于程氏。然以货殖为商贾，汉时经师，相承旧说。《韩诗外传》：子贡，卫之贾人。王充《论衡》：子贡善居积。何氏注《论语》亦云：惟财货是殖。盖舜为陶朐，鬲举于鱼盐，懋迁有无，固非圣贤所讳。以子贡货殖为无其事，此宋儒之说，非夫子之旨，故不得以班氏为非也”。①

其二，对历史人物、历史事迹不拘于成说，提出自己的看法，但总体上仍属于传统“君明臣贤”的史学观念，难以与黄宗羲对君主专制制度的批判相比。

杨树达《〈越缦堂读史札记全编〉序》云：“往者我国学者之治史籍也，有二派焉：其一曰批评，其二曰考证。而二派中又各有二枝：批评之第一枝曰批评史籍，如刘子元、郑渔仲、章实斋之流是也；第二枝曰批评史实，如胡致堂、张天如、王船山之流是也。考证之第一枝曰考证史实，如钱竹汀、洪筠轩之所为是也；其第二枝曰钩稽史实，如赵瓯北、王西庄之所为是也（西庄书至驳杂，兹据其一部分言之）。批评史籍，其途差狭，自刘、郑、章外，殆不数见。自宋至清初，则批评史实最盛之时期也。清儒治学，恶蹈空，喜征实，彼惩于批评史实之虚而无当也，故变其道而趋于考证，于是考证派之两枝，于乾嘉之际同时并起，而继其后者第一枝为盛。越缦先生乃承钱、洪之流，而为有清一代之后殿者也。”② 可见，他认为李慈铭读史札记之内容主要在于考证史实，然考之李慈铭读史札记可知，考证史实与评论史实，乃是其札记相辅相成、交相为用的两个方面，将二者对立起来看待，并不符合李氏读史札记之本意。

李慈铭博览群书，读史札记占了其日记的大量篇幅，日记中时见

① （清）李慈铭：《越缦堂读史札记全编》（上），北京图书馆出版社 2003 年版，第 236—237 页。

② 同上书，第 5 页。

记录其阅读史书的日常，如“读《史记·袁盎晁错列传》”[①] 和“夜雨声尤紧，读《史记·司马相如传》”。[②] 在读史札记中，他对史书中的某些看法提出了不同意见，如在《纣之不善论》文中，他认为不应夸大纣王的恶行，并进一步指出，在史书的撰写中，存在夸大前朝君王恶行，溢美本朝君主的行为，认为应该如实直书，慎重撰写，“吾独以为后世之南北史、《宋书》、《齐书》、《北齐书》及今所行之《十六国春秋》、《十国春秋》等，诚非人主所宜观也。惜乎司马氏之《资治通鉴》于三国六朝五代诸君之事，犹不能慎之又慎，别择而书之也”。[③] 他撰写《卫定姜论》《暨艳论》》《王曾论》《李沆论》等，对历史人物进行评价，如《暨艳论》云：“君子之不能胜小人，其害至于如此。不惟君子所不及料，亦岂小人之始计哉?”[④] 《王曾论》云：“大臣之用心，当与天下共见，诚敬孚于人，信义格于众，潜移默化，不动声色，而不仁者远，乃斯以为善用其术矣。”[⑤] 从而通过札记，阐明其撰史应秉笔直书、仕宦应诚敬信义的观点。

对历史上的治乱兴衰，李慈铭进行了思考，指出统治者要维持统治，须推行仁政、与民休息，不可横征暴敛、残民以逞，他以秦朝与隋朝的衰亡为例进行了阐述，“自古废嫡立庶，覆族倾宗者多矣，考其乱亡之祸，未若有隋之酷。《诗》曰：殷鉴不远，在夏后之世，后之有国有家者，可不深戒哉。此等名言法戒，不亏良史。自宋以后，奉敕修史之臣，不敢为此言矣。又杨玄感等传论，发挥隋氏兴亡之由，其辞甚美。又云：隋之得失存亡，大较与秦相类。始皇并吞六国，高祖统一九州；二世虐用威刑，炀帝肆行猜毒；皆祸起于群道，而身殒于匹夫，原始要终，若合符契矣。亦名论也”。[⑥] 对史书上的一些“定见”，他提出了自己不同的看法，如在《唐宣宗论》中，他对

---

① （清）李慈铭：《越缦堂日记》（第1册），广陵书社2004年版，第641页。

② 同上。

③ （清）李慈铭：《越缦堂诗文集》（中），刘再华校点，上海古籍出版社2012年版，第748页。

④ 同上书，第753页。

⑤ 同上书，第756页。

⑥ （清）李慈铭：《越缦堂日记》（第8册），广陵书社2004年版，第5543—5544页。

前人称宣宗为“小太宗”提出商榷，指出唐宣宗任用弄臣，大兴佛教不能控制藩镇势力，煽动宦官势力，一定程度上加速了唐朝的衰败，“恃其私智，以钤天下。所肱髀者，如白敏中、令狐绹辈，又皆人奴，惟汲汲谐媚，且日寻于蔓劾峭诋以快其报复之私。故回鹘巨患也，德裕指纵诸服，草薙而禽狝之，遂不能国，而帝以为婚姻，且有功，下诏招集之，而嫁罪殄灭者为奸臣，然则刘悟亦尝立功矣。使积子孙有在者，亦当继之旌节乎”；[①]“唐季宦官之炽，则尤帝煽之”，“帝处可为之势而不振，而藩镇宦官亡天下之局以成，虽有善守者，不能为也，况懿宗乎”？[②]

对于历史上的贤臣良将，李慈铭给予了充分肯定，他叹息于唐末将领王师范的遭遇，“师范之事亲也，以舅得罪故，为母所怒，则立堂下，日三四至，不得见，三年拜省户外不敢懈。其事君也，昭宗以师范附朱全忠，命杨行密部将来瑾攻青州，且欲代为平卢节度，而师范闻昭宗在凤翔，哭曰：吾为国守藩，君危不持，可乎？与行密结盟，潜兵赴难。及闻弟之被执，则以数十万众遽降于全忠，可谓贤者矣。乃卒见酡雠人，湛族于洛，临死执义，谓不可令昭穆失序，憗于先人，宴饮从容，依次就坎，又何其天道之冥昧也！抑天将举世禽兽之，而人道不绝者，违天不祥，故必尽灭乃止，无俾遗种于世耶！哀哉”![③] 他不以朝代长短而论君主之功过，高度评价后周的历史地位，赞扬后周世宗柴荣的历史贡献，“是周于天下最有功，失天下最无罪。宋承其业，遂以混一，安享廿八帝。至钦宗蒙难，建炎南渡，犹籍国初削平江南吴越之伟业，其初之得江南，乃藉世宗大举伐唐之功”。[④]

对于明代历史，李慈铭亦在札记中谈及自身看法，如他通过分析明成祖派遣郑和下西洋的事迹，指出成祖背君篡位的不义之处，认为

---

① （清）李慈铭：《越缦堂诗文集》（下），刘再华校点，上海古籍出版社2012年版，第1250页。

② 同上书，第1251页。

③ （清）李慈铭：《越缦堂日记》（第3册），广陵书社2004年版，第1519页。

④ （清）李慈铭：《越缦堂日记》（第2册），广陵书社2004年版，第1275页。

这违背了君臣之道，须受到谴责，“郑和下西洋，舍近而求诸远广其途以安之，药灯之诅咒，难染之藉手，彼发之罪，百倍方黄。以荣国榻前一语改参夷而典僧，缘其释然于博洽，昭于中外者，所以慰藉少帝之心，而畀之以终老也。文皇帝之心，高帝知之，兴帝（尝作兴宗或原帝）知之，天地鬼神知之，三百年之臣子，安处华夏，服事其圣子神孙，尚论懵如。而文皇帝之心事，晦昧终古，此则可为痛哭者也”。[①] 在《明庄烈帝论》中，他对崇祯皇帝的经历进行分析，指出崇祯身死殉社稷的行为虽可歌可叹，但他喜怒无常、刻薄寡恩、猜疑臣下等性格，正是其亡国殉身的重要缘由，从而指出君主的个人特性在王朝兴衰中的重要性所在，这种认识无疑有其一定的合理性，“庄烈帝之死社稷，盖至今道之，未尝不流涕也。……盖君人者，患莫大于自圣，祸莫亟于多疑。庄烈纂祚，手翦大奸，自以为圣明天亶，不世出之主矣。由是营束宇内，土苴大臣，以命帅为弄婴儿，以僇谏为清朋党。……繁苛督促，轻喜易怒，盖至十七年而易相五十，然后知其亡也决矣。无论其奸贤错置，人不能展其志也。迹其于五十人中，大抵排群议，出独见，不次而擢之。夫以一人傲戾之见，违盈廷好恶之心，不计成效，予以重枋，已足以致乱矣”。[②]

在李慈铭所作的诗作中，亦有通过讴歌历史人物和历史事迹，表达其历史观念者，如他撰写了《杂咏后汉事十二绝句》，抒发他对汉朝历史的观感，在《冬夜读后汉书李固杜乔传》中，他表达了对李固、杜乔“杀身成仁、舍生取义”的赞叹，呼唤历史正气充盈天地间，“严冬夜气肃，坐读李杜传。二公志违天，岂计死扞难。危言留信史，寸心与不烂。鬼神共魂薄，金石立可贯。中流悬一壶，万古竟长旦。回复涕泗下，孤愤触羁贱。悲风起中宵，静听万物战。吾心出光明，短檠一灯敛。奇节在天地，读书兆忧患。名士固不

① （清）李慈铭:《越缦堂日记》（第18册），广陵书社2004年版，第12915—12916页。

② （清）李慈铭:《越缦堂诗文集》（下），刘再华校点，上海古籍出版社2012年版，第1252页。

祥，惨恻迫世乱。杀身以成仁，卑末无自见。絖絖更鼓终，掩卷起三叹”。①

李慈铭倡导撰史要出于公心，不可因受人际、血缘关系而有意曲笔、回护，而损害史书的真实性，他通过考察史书撰写案例对此予以阐述，“魏自孝武入关，以东魏为伪，以高氏为贼臣。其后洋又先纂而纬终灭于周，以为俘虏。隋承周，唐承隋，则高氏之为贼为僭伪益著。乃唐初称之为北齐，为之修史与魏周并者，何也？盖以李百药之父德林，薛收之父道衡，颜师古之祖之推，皆尝仕齐，颇被任遇。温大雅彦博之父君尝为文林馆学士，高士廉之祖岳为齐清河王，士廉既功臣国戚，大雅兄弟任用百药等，皆久综文史之职，故协力跻之，列于帝统，而高氏穷凶极暴，颇知崇尚文学，优容儒士，遂得久假不归。此以知修史诸臣，出于私心，而有国者不可不重文士，所以借其力者，非浅也”。②

其三，密切关注时局，具有家国情怀，但囿于自身认识，具有一定的守旧排外意识。

李慈铭尽管仕途不顺，远不能进入清朝统治官僚体系的核心层，只能成为宦海中的边缘人物，但他仍对国家时局保持强烈关注。他一方面通过撰文和记录日记，自行议论时政；一方面则通过为某些官员起草章疏文牍，充当“帮闲”的角色，间接表达自身对时局的诉求。在辛酉政变之前，李慈铭即在咸丰十一年（1861 年）八月初四的日记中记曰：“当国有议请母后垂帘者，嘱为检历代贤后临朝政事，予随举汉如熹（和帝后）、顺烈（顺帝后）、晋康献（康帝后）、辽睿知（景宗后）、鲲仁（兴宗后）、宋章献（真宗后）、光献（仁宗后）、宣仁（英宗后）八后，略疏其事迹，其无贤称者亦附见焉，亦为考定论次，并条议上之。”③ 为垂帘听政寻找历史依据，这正迎合了此后慈安、慈禧太后垂帘听政的意图。当然，因李慈铭边缘人的地位，他并

① （清）李慈铭：《越缦堂诗文集》（上），刘再华校点，上海古籍出版社 2012 年版，第 76 页。

② （清）李慈铭：《越缦堂日记》（第 11 册），广陵书社 2004 年版，第 7775 页。

③ （清）李慈铭：《越缦堂日记》（第 3 册），广陵书社 2004 年版，第 1890 页。

未因此在仕途中得以更进一步。在同治元年（1862 年）正月，他继而为掌山西道监察御史朱潮起草奏章，言“粤寇之祸，滔天十余年，陷地千万里，为史册中所罕见”，“贼势益横，凡在臣民，无不枕戈泣血”，提出“谨防西北，协剿东南”① 的方略，可见在国家秩序控制方面，他具有一些符合时政需要的创见。

在其诗作中，李慈铭对太平天国运动、外敌入侵等均有描述，表达了对社会动荡、民众遭受苦难的叹息和对社会安定的渴求。描述太平天国运动情形及清政府镇压太平天国的诗作，如《感事述游》：“烽火惊传遍九州，索筝尚恣犊辕游。狂吟烂醉供今日，胜水残山入早秋。云带边愁随旅雁，波分暮色到闲鸥。江头谁识行歌意，击木苍茫写百忧。”②《近闻四首》：“秣陵自古帝王州，两载膻腥未即收。岂是赵辛持异议，颇闻安史自相仇（先是贼首洪秀全为其下杨秀清所杀，近闻秀清亦死）。海鳍尚掣南征力（时刘雁川尚踞沪上），铜马还深北去忧（时僧王围连镇，胜都统围高唐，俱未克捷）。将帅屡膺殊锡宠，凭谁支手奠金瓯？”③《喜闻官军收复武昌黄州汉阳三郡贼势日蹙》：“江汉横流几岁更，喜闻捷奏下三城。一军朔漠光明甲，百战南丰子弟兵（时提督塔齐布公、侍郎曾公功为最）。从此上游增险守，更期诸路协师贞。须知枕戟行间苦，尽入深宫问夜情。”④《寇逼》：“寇逼将三舍，浮生奈此何？所忧慈母老，敢谓一身多。有福安贵贱，无才触网罗。去留都未可，避世愧蹉跎。”⑤ 这些诗作尽管存在史实讹误，以及仇视太平天国的局限性，但亦为我们留下了反映当时历史状况的宝贵资料。其《庚申八月感事四首》则反映了第二次鸦片战争时期英法联军侵入京师、咸丰帝逃往热河、民众蒙受苦难的状况，“名王铁骑镇沽中，大息藩篱指愿空。孤注何曾谋寇准，吁留几见约陈东？绝

① （清）李慈铭：《越缦堂日记》（第 3 册），广陵书社 2004 年版，第 2070 页。

② （清）李慈铭：《越缦堂诗文集》（上），刘再华校点，上海古籍出版社 2012 年版，第 15 页。

③ 同上书，第 30 页。

④ 同上书，第 36 页。

⑤ 同上书，第 70 页。

怜沧海横流速，尚想神京拱卫雄。东望翠华应下泪，昭陵松柏起西风（上以初八日东狩，次日为文皇帝忌辰）”。①

当然，作为一个处在历史巨变中的传统文人，李慈铭存在固守传统、排斥外来科技和文化思潮的局限性。他在描述其时曾国藩、钱鼎铭冤杀民妇的案件时，即用因果报应观念看待曾、钱的病逝，显有不当之处，“颇闻乙巳庚午间，直隶有夫外出，不告其家人，或控妇杀其夫。时曾文正为总督，太仓武进钱中丞为臬司，竟磔其妇。越三年而其夫归，官吏搁制之，不得白。文正之梦猝以心痛，而钱中丞之卒于河南，则群言其见鬼为厉，生疽落头，然则鬼神亦有不可尽欺，而报应亦有未尝不速者”。②

总体来看，在时局急速变迁的时刻，李慈铭虽在一定程度上考证了史实，并对以往的历史编纂、历史人物提出自己的看法，但其历史观仍属于传统范畴，不能适应时代的发展，基本上受限于传统“夷夏之辨”“夷夏之防”的观念中，其史学观与明末清初的张岱、黄宗羲等人相比，非但未能凸显进步性，反而呈现出明显的退守趋向。如关于同治年间清政府欲开铁路之事所引发的争论，李慈铭转引并认同李鸿章幕僚赵铭反对修筑铁路的看法，“此事当国老谋，自非耳食者比。然开千古之未有，费既不赀，法四夷之不经，事将益拙。故不必持奠山川之高论，为正疆界之迂谈。而途既捷，则沟渠益废而不修。道既开，则盗贼且从而思逞，业舟车者无所得食，则患甚于裁驿递设戍守者。无以为险，则祸烈于夷城池。故古之大臣不贪非常之功，不为惊人之事。利不变法，权不害经。而况尚无必是之见，虚设或然之利，贷强邻以启戎心，冀减息以悬厚报乎！此诚达者所慎言，愚夫所搤腕也”。③ 当时的外交家、思想家郭嵩焘著有《使西纪程》，介绍西方的科技、文化、思想状况，主张向西方学习，李慈铭对此大加反对，指责郭嵩焘对西方“极意夸饰”，认为《使西纪程》的印行对世道人心危害巨大，“殆此书出而通商衙门

① （清）李慈铭：《越缦堂诗文集》（上），刘再华校点，上海古籍出版社 2012 年版，第 112 页。

② （清）李慈铭：《越缦堂日记》（第 10 册），广陵书社 2004 年版，第 7153 页。

③ （清）李慈铭：《越缦堂日记》（第 12 册），广陵书社 2004 年版，第 8917 页。

为之刊行，凡有血气者，无不切齿……嵩焘之为此言，诚不知是何肺肝，而为之刻者又何心也”![1] 他指责主张积极学习西方的马建忠为“市井无赖，与夷斯交通”。[2] 这些标志着面对风云变幻的时代发展，李慈铭已在一定程度上成为时代发展的落伍者。

鲁迅对李慈铭以日记引起他人重视、彰显自身地位和作用的行为进行了讥讽，对其日记评价不高，认为从中“时时看到一些做作”，“吾乡李慈铭先生，就是以日记为著述的，上自朝章，中至学问，下迄相骂，都记录在那里面？那日记上就记着，当他每装成一函的时候，早就有人借来借去的传抄了，正不必老远的等待‘身后’。这显然不像日记的正脉，但若有志在立言，意存褒贬，欲人知而又畏人知的，却不妨模仿着试试”；[3] “他提防有一天要蒙‘御览’……从中看不见李慈铭的心，却时时看到一些做作，仿佛受了欺骗”。[4] 蔡元培则对李慈铭的历史考证和历史评论给予高度评价，指出其“史评新证翻新议，国故乡闻荟大观”。[5]

李慈铭作为清代晚期的文史学家，其史学成就尽管不能与其绍兴史学前辈张岱、黄宗羲、章学诚等相比，但他通过长期的历史札记撰写，考订了以往史志书写的某些舛误，对史志编纂体例和内容提出了一些富有创新的看法，对以往的历史人物、历史事件进行了一些颇具新意的评论，并将历史变迁与当时时局相结合，关注国家安危、体恤民生，这是难能可贵的，亦具有相当重要的历史启迪与现实意义。

第六节　明清时期其他的绍兴史学家

绍兴名人参与修纂明代通史、断代史者甚多。史载有据的，即有

① （清）李慈铭：《越缦堂日记》（第10册），广陵书社2004年版，第7453、7455页。
② （清）李慈铭：《越缦堂日记》（第14册），广陵书社2004年版，第10539页。
③ 鲁迅：《马上日记》，《鲁迅全集》（第3卷），人民文学出版社2005年版，第326页。
④ 鲁迅：《怎么写》，《鲁迅全集》（第4卷），人民文学出版社2005年版，第24页。
⑤ 蔡元培：《蔡元培语言及文学论著》，河北人民出版社1985年版，第172页。

吴简、王洪、张岱（张岱的史学观念，上文已予详述）等人。

吴简，生卒年月不详，字仲廉，号月潭居士，相传为浙江人，具体籍贯不详，长期寓居绍兴，元末明初文史学家。元惠宗至元年间乡试落第，乃闭门苦学，邑人慕其名，荐授郡学训导，后任绍兴路学录。明洪武二年（1369 年），授昆山（今属江苏省）主簿，力辞之，隐居乡间，以诗文自娱。其诗作古雅，文章大多以经史议论为主，名胜当时。著有《史学纲要》《论语纲要》《诗义》《宋约斋集》等，其中以《史学纲要》最为有名。

王洪（1380—1420 年），字希范，号毅斋，浙江钱塘人，为明朝进士、政治人物。洪武三十年（1397 年）进士，授吏科给事中，后授翰林院检讨。永乐年间，参与编写《永乐大典》，撰有《毅斋集》。《七修类稿》云："吾杭市井，夹城巷口其一也。永乐间，其地有翰林侍讲王希范洪，号毅斋，一时学士推重之，朝廷亦尊宠焉，疾而赐药，卒也赐棺，惜四十二而终。"[①]《明文衡》之《王希范墓志铭》，详细记载了其生平事迹，"永乐十八年三月辛未，礼部仪制司主事王希范卒。予既吊哭还，其孤锡持状来乞铭，将归葬纳墓中以诒诸后。予与希范永乐初同被选擢入翰林，又同日拜恩命为检讨。时希范年甚少，气甚锐，学通而才敏，于人少许可，独以余齿少长，颇推让。相与几二十年，始终如一日。今已矣，铭不可辞。按状希范讳洪，曾祖德甫、祖善、父辉，世居钱唐。希范生八岁，即知务学，及冠，入郡庠，从训导胡粹中授《春秋》，日记数千言无遗忘。下笔为文，辞沛然有奇气，凡所事所言，若老成人，粹中大器之。年十八，举进士，任行人，将命关陕得使职，人贤之。未几，升吏科给事中，遂为检讨，修大典，为副总裁。满考，升修撰，又升侍讲，三以大比典，文衡取士甚公，职侍讲，逾二年，迁今官。适尚书吕公巡行关陕，凡部事悉委希范敷奏。论事详明，同列敬服。朝廷方属意希范，而希范竟遘末疾以卒，享年四十有一。其疾也，得赐药物，其卒也，又得赐棺，且给舟载归。恩意隆至，人莫及也。初娶俞氏，生子二人，长即

① （明）郎瑛：《七修类稿》卷三九，诗文类。

锡、次钦。继室刘氏，前浙江按察佥事必荣之女，生女一人宁奴”。[①]

清朝时期，其他绍兴府邑内的史学人物则有邵廷采、邵晋涵、吴乘权、汪辉祖、毛奇龄等人。

（一）邵廷采生平及史学著作

邵廷采（1648—1711 年），字念鲁，又字允斯，浙江余姚（时属绍兴府）人。生于顺治五年，卒于康熙五十年，年六十四岁，是与万斯同同时代的浙东史学代表人物。幼时，即入姚江书院，自是从韩当受业，又问学于黄宗羲，服膺于王阳明、刘宗周的致良知之学，主张力行。邵廷采好求经世大略，提出改学校须“重经术，废时文”，“用征辟，严保举”，“立明师，养岁贡”，“行科目，复对策”。[②] 生平于历算、占候、阵图、击刺无不学，尝与施琅纵谈沿海要害，施琅奇之。后廷采游西北，走潼关，继讲学于黄冈之姚江书院；复入京师，商丘宋荦、鄞万经欲招入《一统志》馆，以老辞。他把经世致用和民族意识相结合，相当重视晚明史迹的研究，探求晚明灭亡因由，表彰宋明节烈之士。仿黄宗羲《行朝录》撰《东南纪事》12 卷、《西南纪事》12 卷，专门记述南明政权活动始末。其所撰《思复堂文集》10 卷，《姚江书院志略》4 卷，在学界皆具有相当之影响。其“思托著述以自见”,[③] 受黄宗羲影响，所撰之《阳明王子传》《蕺山刘子传》《王门弟子传》等，可与黄氏《明儒学案》互补。邵廷采的学术撰述对浙东史学派的邵晋涵、章学诚等人产生了重大影响。梁启超评价说：“时清圣祖提倡程朱学，孙承泽、熊锡履辈揣摩风气，专以诋毁阳明为事，念鲁常侃侃与抗不稍慑……盖阳明同里后辈能昌其学者以念鲁为殿，其兼擅史学，则梨洲之教也。”[④]

（二）邵晋涵的史学著述

邵晋涵（1743—1796 年），清代著名学者，史学家、经学家，字

① （明）程敏政：《明文衡》卷八八，清乾隆四十六年（1781 年）校印本。

② 王钟翰点校：《清史列传》，中华书局 1987 年版，第 5337 页。

③ 同上。

④ 梁启超：《中国近三百年学术史》，中国和平出版社 2014 年版，第 64—65 页。

与桐，号二云，又号南江，余姚人。生于乾隆八年，卒于嘉庆元年，年54岁。邵晋涵为邵廷采从孙，祖父邵向荣为邵廷采之授业弟子，深得邵廷采之学术真谛，因之，邵晋涵从祖父那里对邵廷采有很多了解。邵晋涵学术不仅深受家学影响，而且也受到包括刘宗周、黄宗羲等浙东学术前辈们的深刻影响，“尤长于史，以生长浙东，习闻刘宗周、黄宗羲诸绪，论说明季事，往往出于正史之外”。①

邵晋涵为乾隆三十六年（1771年）进士，归班铨选，会开四库馆，诏征邵晋涵与历城周永年、休宁戴震等人，入馆编纂，改翰林院庶吉士，先后授编修、国史馆提调等职，前后达十余年。“在书馆时，见《永乐大典》采薛居正《旧五代史》，乃荟萃编次，得十之八九，复采《册府元龟》《太平御览》诸书，以补其缺，并参考《通鉴长编》诸史及宋人说部碑碣，辨证条系，悉符原书一百五十卷之旧。”②在撰写《四库全书总目》史部提要时，邵晋涵尤重宋元明史的研究，“尝与会稽章学诚论修《宋史》宗旨，晋涵曰：‘宋人门户之习，《语录》庸陋之风，诚可鄙也。然其立身制行，出于伦常日用，何可废耶？士大夫博学工文，雄出当世，而于辞受取与，出处进退之间，不能无箪豆万钟之择。本心既失，其他又何议乎？此著《宋史》之宗旨也。’学诚闻而耸然”。③ 他著有《孟子述义》《穀梁正义》《韩诗内传考》，又有《皇朝大臣谥迹录》《方舆金石编目》《輶轩日记》《南江诗文稿》，辑有《旧五代史》，并参加过《杭州府志》《余姚县志》的编纂。

（三）吴乘权的《纲鉴易知录》

吴乘权（1655—1719年），名乘权，字子舆，号楚材，浙江山阴州山（今绍兴）人。吴氏自少喜好历史，但嫌历代史书烦冗，乃立志于编纂一部简明扼要、通俗易懂的史书。康熙四十四年至五十年（1705—1711年），他与友人周之炯、周之灿一起，根据历代编年体史书，删

① 王钟翰点校：《清史列传》，中华书局1987年版，第5526页。

② 同上。

③ 同上书，第5527页。

繁就简，至康熙五十年（1711 年），乃编成《纲鉴易知录》一书，是书凡 107 卷，约 180 万字。该书以纲目编年体方式，叙事上起盘古氏，下至明崇祯皇帝，以本纪形式记录了各代重大历史事件和各种历史人物的事迹，成为后人学习历史的入门书目。吴乘权还与吴调侯一起编有《古文观止》一书，凡 12 卷，精选历代优秀散文、骈文 222 篇，成为此后学习古文的启蒙入门之书。

（四）汪辉祖所撰史学姓名工具书

汪辉祖（1731—1807 年），字焕曾，号龙庄，晚号归庐，浙江萧山人。乾隆三十三年（1768 年）中举，乾隆四十年（1775 年）进士。他从乾隆十七年至五十年，一直从事幕僚工作，邵晋涵称其“明律而通于礼，本之以仁，持之以廉”，[①] 至乾隆五十二年（1787 年）方被授为湖南宁远知县，并两次为湖南乡试同考官，两次署道州知州。汪氏为官清廉，时有“湖南第一好官”之称。乾隆五十六年（1791 年），他以足疾请告，被夺职归里，归里后，即以闭户著述终老。时人王宗炎评价其一生“事亲为孝子，佐治为名幕，入官为良吏，里居为乡先生，教子孙为贤父师，可谓有德有言学优而仕者”。[②]

汪辉祖著述丰富，据王宗炎《汪龙庄行状》载，有 36 种 505 卷，今存者尚有 13 种 189 卷。他精通游幕刑名之学，著有《学治臆说》《学治续说》《学治说赘》《佐治药言》《续佐治药言》等。汪氏尤精于姓氏的考证辑录之学，辑著了多种相关工具书。因历代史书卷帙浩繁，查找人名犹如大海捞针，而同名者多有，极易混淆，故汪氏从 48 岁至 74 岁之间，用整整 26 年时间，编纂史学姓名工具书 5 种，即《史姓韵编》《九史同姓名录》《三史同名录》《二十四史同姓名录》《二十四史希姓录》（现存前 3 种），这些工具书不仅为人们检索和研究历史人物提供了相当大的便利，而且为后人编纂同类工具书奠定了

---

① （清）邵晋涵：《南江诗文钞》卷六《送汪焕曾之官宁远序》，清道光十二年（1832 年）胡敬刻本，第 41 页。

② （清）王宗炎：《晚闻居士遗集》卷八《汪龙庄行状》，清道光十年至十一年（1830—1831 年）爱日轩刻本。

良好的基础。《史姓韵编》64卷，收录二十四史列传和附传所载人名28365个，姓748个，在每条下标注人物的出处、籍贯、官爵、事迹等，分姓汇录，以韵编次，首字按所属韵部汇集，再依平上去入四声分类排列。《九史同姓名略》72卷，收姓118个，姓名10237个，《补遗》4卷，收姓65个，姓名506个，同姓名者29000余人。九史乃指新旧《唐书》、新旧《五代史》、《宋史》、《辽史》、《金史》、《元史》及《明史》。该书采录九史纪传志表所载同姓名人物，并在每条下注明人物的出处、时代、籍贯、字号、官职、生平事迹等以资区别。《三史同名录》40卷，共收录辽金元三史人名1263个。在每条姓名下标注同名者人数、各自所在卷次以及职官、事迹，并在注释下对同名者复加考订区别，基本解决了辽金元三史同名异译的问题。汪氏又著有《元史本证》，纠正《元史》中所存在的各种谬误，成为后人治元史必不可少的重要参考书。此外，他所著《病榻梦痕录》《梦痕录余》《越女表微录》《春陵褒贞录》《善俗书》《双节堂庸训》等，包含丰富的清代政治、经济、文化、社会等各方面史料，成为人们研究清代历史的重要参考资料。

（五）毛奇龄的信史观

毛奇龄（1623—1716年），字大可，号初晴，因以郡望为西河，学者称其“西河先生”。康熙十八年（1679年），毛奇龄以廪监生荐举博学鸿儒科，试列二等，授翰林院检讨，充明史馆纂修官。康熙二十四年（1685年），充会试同考官。寻假归，得痹疾，自此遂不复出。毛氏在明史馆参纂《明史》七年之久，其治学素重考辨，自云“除入直外，日就有书人家，怀饼就抄……每分传一人，必几许缀拾，几许考核，而后乃运斤削墨，侥幸成文，其处此亦苦矣”。①在史馆其间，他负责起草后妃、名臣、盗贼、土司等30余篇传记。他坚持撰史须求真，“明嘉靖中鄞人丰坊伪造子贡《诗传》、申培《诗说》，行世。奇龄作《诗传诗说驳议》五卷，引证诸书，多所纠正。

① （清）毛奇龄：《西河合集》卷九《复蒋杜陵书》，清康熙五十九年（1720年）刻本。

洎在史馆，进所著《古今通韵》十二卷，圣祖仁皇帝善之，诏付史馆”。[①] 在纂修明史期间，他上书史馆总裁，提出“捏造非史”，认为“捏造之不可也，捏造则何不可造也。捏造非史也……夫煌煌信史，而但取文饰，曰生色，真不解也”，这一观点，无疑对学界治史具有重要意义。

综上所述，在明代中期以前，史学大多沿袭传统史学的模式，其观念也因袭传统史学，少有创获，“明代史学本是继承元代史学而来，空洞、虚妄而且庸俗，封建伦理观念极为严格”。[②] 至明中期，以绍兴籍著名思想家王阳明倡导通过自身能动性“致良知”，重视历史撰述的自主性，从而激发了明中叶后史学观念的发展，史学撰著日益重视对历史演变规律的阐述，逐步聚焦于史学的“经世致用”功能。此后的明清鼎革时期，以张岱、黄宗羲为代表的历史学者，痛惜于明朝败亡、秩序荡然的剧烈变动，于史学撰述中融会了深沉的历史兴亡之思，他们从多方面阐释明朝政权灭亡的缘由，呼唤君明臣贤、上下一心，采取符合民众利益和历史发展的举措，揭露清朝政权入关前后对民众的杀戮和压迫，体现出鲜明的民族意识。黄宗羲更进一步抨击了君主专制政体，提出“天下为主，君为客”的鲜明主张，尽管其认识仍未能突破儒家史观的框架，但已在某种程度上与其后资产阶级的民主共和观念具有了难得的共通之处，可以说代表了中国史学观念发展的巨大进步。其后，随着清朝统治阶层控制的强化和社会秩序的稳固，清朝统治者加强了对思想领域的引导和控制、整合，而史学正是其进行社会整合的关键一环，“对于清朝统治者来说，从史学入手加强思想统治正是极为重要的一件大事”。[③] 章学诚的“经世观”与张岱、黄宗羲史学观念的差异正表明了这一点，与张岱、黄宗羲对社会的强烈批判不同的是，章氏的“经世观”正在于维护清朝的“大一统”意识形态，其“经世”主要在于维系现行秩序的合法性，反对危

---

① 王钟翰点校：《清史列传》，中华书局1987年版，第5456页。

② 葛兆光：《明清之间中国史学思潮的变迁》，《北京大学学报》（哲学社会科学版）1985年第2期。

③ 同上。

害现行统治秩序的“异端”史学观念。至清后期，李慈铭等文史学者，在考证历史史实、完善历史编纂体例等方面起到了重要作用，但在历史发展观念方面，则已明显落后于时代现实的演进趋向。风云变幻的社会变革，正呼唤着持有新的历史观念，引领时代潮流的历史学者的到来，晚清民国时期以鲁迅、范文澜、蔡元培等为代表的绍兴籍思想家、史学家再一次站在了时代的风口浪尖，引领时代大潮进一步向前发展。

第四章　民国时期绍兴史学家的史学思想与历史观

鲁迅、范文澜、蔡元培，是晚清民国时期绍兴籍史学的重要代表人物，通过考察他们的著作，阐述其历史研究方法、史学观、史学思想等，可在相当程度上呈现民国时期中国史学研究的发展历程及演变趋向。

第一节　鲁迅的历史观

鲁迅（1881—1936 年），浙江绍兴人，原名周樟寿，后改名为周树人，字豫山，后改豫才。“鲁迅”为其 1918 年发表《狂人日记》一文时所用的笔名，也是他影响最为广泛的笔名。鲁迅是著名文学家、思想家、民主战士，五四新文化运动的重要参与者，中国现代文学的奠基人。鲁迅不但在文学、思想、教育等领域成就卓著，而且通过文献整理、阐述对历史进程的看法等在史学领域绽放异彩，并形成了颇有深度的历史观。

一　对古典文史著作的整理颇具匠心

鲁迅先生作为一位卓越的学者，对中国传统文史著作的整理用功颇勤，这些整理活动大多发生在辛亥革命前后的数年间，是他早期学

鲁迅像

术活动的重要组成部分。他整理的古典文献，现主要收录于四卷本的《鲁迅辑录古籍丛编》[①] 一书中，第一卷为《汉、魏、六朝小说》，包括《古小说钩沉》《小说备校》；第二卷为《唐宋传奇及小说史料》，包括《唐宋传奇集》《小说旧闻钞》；第三卷为《古史及古地志》，包括谢承《后汉书》、谢沈《后汉书》、虞预《晋书》、《会稽郡古书杂集》（包括谢承《会稽先贤传》、虞预《会稽典录》、钟离岫《会稽后贤传记》、贺氏《会稽先贤像赞》、朱育《会稽土地记》、贺循《会稽记》、孔灵符《会稽记》、夏侯曾先《会稽地志》）、《范子计然》、《魏子》、《任子》、《志林》、张隐《文士传》、《众家文章记录》、《岭表录异》；第四卷为《诗文及笔记》，包括《嵇康集》《沈下贤文集》《云谷杂记》《说郛录要》［附］《百喻经校本》。可见，关于先贤史学

① 鲁迅编：《鲁迅辑录古籍丛编》（第一——四卷），人民文学出版社 1999 年版。

著作的整理，主要收录在《丛编》第三卷中。其主要内容，笔者在前文已有介绍，兹不赘述。值得我们注意的是，鲁迅先生以细致的整理校补功夫，为古典历史论著的保存与传承做出了重要贡献，“鲁迅是一位注意研究地方文化的伟大先驱，他的工作从最基础的文献整理做起，以乾嘉朴学的手法为之，取得很大的成绩”。[①] 他广征博引、不惧繁难的精神突出表现在对于文献资料的校补方面。如《鲁迅辑录古籍丛编》第三卷钟离岫《会稽后贤传记》“孔愉”条云：“孔愉，字敬康。（三字《御览》引有。《晋书》本传云：‘愉，山阴人，其先世居梁国，曾祖潜，太子少傅，汉末避地会稽，因家焉。祖竺，吴豫章太守。父恬，湘东太守，俱有名江左。）常至吴兴余干亭，见人笼龟于路，愉买而放于溪中。’（案余干当作余不。《寰宇记》九十四云：‘余不溪者，其水清，与余杭不溪类也，在武康县东二十四里。’行至水，反顾（《白帖》引作左顾，与《晋书》本传合）视愉。及封此亭侯，而铸印龟首回屈，三铸不正，有似昔龟之顾。灵德应感如此。愉悟，乃取而佩焉。（《艺文》九十六。《白帖》十三，又九十八。《御览》九百三十一。《广记》一百十八。）”[②] 在这个条目中，小字校补部分远超正文，鲁迅以《御览》《晋书》《寰宇记》《白帖》《艺文》《广记》等进行了互证和完善，使得条目的描述更具说服力。他整理的孔灵符《会稽记》中记载：“颜乌会稽人，事亲孝。父亡，负土成坟，群鸟衔土助之，其吻皆伤。因以名县。（欧大任《百越先贤志》四。《志》三又云：‘徐栩字敬卿，会稽由拳人。少为狱吏，执法详明。迁小黄令。时陈留遭蝗，野无遗草，小黄飞逝不集。刺史行部奏栩他事，栩去官，蝗即日至。刺史媿谢，令还邑，蝗即去。后为长沙太郡。’孔记不当有，欧氏误也。）”[③] 正文较为简短，补校内容则远多于正文，主要是对另一相似灵异事件的记载，并指出自己的看法，“孔记不当有，欧氏误也”。可见，鲁迅在整理这些古代历史文献时所

① 顾农：《鲁迅与会稽文献》，《山东社会科学》2013 年第 6 期。

② 鲁迅编：《鲁迅辑录古籍丛编》（第三卷），人民文学出版社 1999 年版，第 300 页。

③ 同上书，第 316 页。

下的校补功夫确实值得称道。

二 阐述学习历史的重要性，并指出原有历史书写的缺陷，阐述重新整理和撰写历史的必要性

鲁迅认为读史具有重要的作用，可以在一定程度上鉴往知来，故须认真学习历史，“野史和杂说自然也免不了有讹传，挟恩怨，但看往事却可以较分明，因为它究竟不像正史那样地装腔作势……总之：读史，就愈可以觉悟中国改革之不可缓了。虽是国民性，要改革也得改革，否则，杂史杂说上所写的就是前车”;① “我们看历史，能够据过去以推知未来，看一个人的已往的经历，也有一样的效用”;② “无论是学文学的，还是学科学的，他应该先看一部关于历史的简明可靠的书”。③

鲁迅通过对传统历史书写的考察，认为传统历史书写有明显缺陷，如对于广大民众书写的欠缺及对历史史实的隐瞒和编造，“古今著作，足以汗牛而充栋，但我们可能找出樵夫渔父的著作来？他们的著作是砍柴和打鱼”,④ “农夫耕田，泥匠打墙，他只为了米麦可吃，房屋可住，自己也因此有益之事，得一点不亏心的糊口之资，历史上有没有‘乡下人列传’或‘泥水匠列传’，他向来就并没有想到”;⑤ “有时遇到彰明的史实，瞒不下，如关羽岳飞的被杀，便只好别设骗局了。一是前世已造夙因，如岳飞；一是死后使他成神，如关羽。定命不可逃，成神的善报更满人意，所以杀人者不足责，被杀者也不足悲，冥冥中自有安排，使他们各得其所，正不必别人来费力了”,⑥ “魏晋，是以孝治天下的，不孝，故不能不杀。为什么要以孝治天下呢？因为天位从禅让，即巧取豪夺而来，若主张以忠治天下，他们的立脚点便不稳，办

---

① 《鲁迅全集》（第 3 卷），人民文学出版社 2005 年版，第 149 页。
② 同上书，第 111 页。
③ 《鲁迅全集》（第 6 卷），人民文学出版社 2005 年版，第 142—143 页。
④ 同上书，第 232 页。
⑤ 同上书，第 300 页。
⑥ 《鲁迅全集》（第 1 卷），人民文学出版社 2005 年版，第 254 页。

事便棘手，立论也难了，所以一定要以孝治天下”。[①] 因此造成历史书写谬误百出、妄人信口开河的状况，所以历史的从新整理和书写势在必行，“中国不但无正确之本国史，亦无世界史，妄人信口开河，青年莫名奇妙，知今知古，知外知内，都谈不到”，[②] “中国学问，待从新整理者甚多，即如历史，就该另编一部。古人告诉我们唐如何盛，明如何佳，其实唐室大有胡气，明则无赖儿郎，此种物件，都须褫其华衮，示人本相，庶青年不再乌烟瘴气，莫名其妙”。[③]

三 历史绝非为帝王将相作谱牒，而是由无数普通民众来创造的，民众是历史发展的真正主人

鲁迅通过对历史发展进程的敏锐透视，深入意识到历史发展的经济、文化等方面都蕴含了广大普通民众的心血，历史是由民众来创造的这一真理，鲁迅的卓见展现了朴素历史唯物主义的光芒。他指出，自原始社会开始，语言、建筑、烹饪、渔猎、耕种诸方面，便均是由历来的无名氏所逐渐造成，“人们大抵已经知道一切文物，都是历来的无名氏所逐渐的造成。建筑，烹饪，渔猎，耕种，无不如此”，[④] “我想，人类是在未有文字之前，就有了创作的，可惜没有人记下，也没有法子记下。我们的祖先的原始人，原是连话也不会说的，为了共同劳作，必须发表意见，才渐渐地练出复杂的声音来，假如那时大家抬木头，都觉得吃力了，却想不到发表，其中有一个叫道‘杭育杭育’，那么，这就是创作；大家也要佩服，应用的，这就等于出版；倘若用什么记号留存了下来，这就是文学；他当然就是作家，也是文学家，是‘杭育杭育派’”。[⑤]

鲁迅深刻指出，历史上的思想观念，并非均是由所谓名人所独创，而往往是由普罗大众所总结出来的，历史运行的洞见即蕴藏于民众的心目之中，“我们是应该将‘名人的话’和‘名言’分开来的，名人的话

---

① 《鲁迅全集》（第 3 卷），人民文学出版社 2005 年版，第 534 页。
② 《鲁迅全集》（第 13 卷），人民文学出版社 2005 年版，第 68 页。
③ 《鲁迅全集》（第 12 卷），人民文学出版社 2005 年版，第 404 页。
④ 《鲁迅全集》（第 4 卷），人民文学出版社 2005 年版，第 554 页。
⑤ 《鲁迅全集》（第 6 卷），人民文学出版社 2005 年版，第 96 页。

并不都是名言，许多名言，倒出自田夫野老之口”,[①]“老百姓虽然不读诗书，不明史法，不解在玉中求瑕，屎里觅道，但能从大概上看，明黑白，辨是非，往往又决非清高通达的士大夫所可几及之处的”。[②]

“鲁迅期望以其（对国家和民众的）深情而非其学者身份被人所铭记”,[③] 鲁迅认识到，历史发展的推动力离不开千万民众的奋斗，他们是历史前进的主力军，是中国的脊梁，是自信力的源泉所在。正是源于对历史变迁过程的敏锐考察，鲁迅将历史发展的主导者置于普罗大众的身上，这是难能可贵的。“我们从古以来，就有埋头苦干的人，有拼命硬干的人，有为民请命的人，有舍身求法的人，……虽是等于为帝王将相作家谱的所谓‘正史’，也往往掩不住他们的光耀，这就是中国的脊梁。这一类的人们，就是现在也何尝少呢？他们有确信，不自欺；他们在前仆后继的战斗，不过一面总在被摧残，被抹杀，消灭于黑暗中，不能为大家所知道罢了……自信力的有无，状元宰相的文章是不足为据的，要自己去看地底下。”[④]

四　历史是由压迫者和被压迫者组成的

面对现实中统治者对民众的压迫，回望历史变迁过程中充斥的统治阶层对广大民众的剥夺与镇压，鲁迅认识到历史的嬗变是由压迫者和被压迫者组成的，不能套用简单的“优胜劣败”“适者生存”的进化史观来解释。

鲁迅从历史上不同阶层的状况分析，指出压迫者与被压迫者的对立，构成了中国历史发展的关键环节，“世界上有两种人：压迫者和被压迫者”,[⑤]“咱们‘黄帝子孙’好像有两种：一种是‘天生蛮性’的；一种是天生没有蛮性，或者已经消灭。而‘物质文明’也至少有两种：

① 《鲁迅全集》（第6卷），人民文学出版社2005年版，第376页。

② 同上书，第449页。

③ Gloria Davies, *Lu Xun's Revolution: Writing in a Time of Violence*, Cambridge: Harvard University Press, 2013, p. 334.

④ 《鲁迅全集》（第6卷），人民文学出版社2005年版，第122页。

⑤ 《鲁迅全集》（第4卷），人民文学出版社2005年版，第473页。

一种是吃肥甘，穿轻暖，住洋房的；一种却是吃树皮，穿破布，住草棚，——吃其所不当吃，穿其所不当穿，而且住其所不当住”。[①]

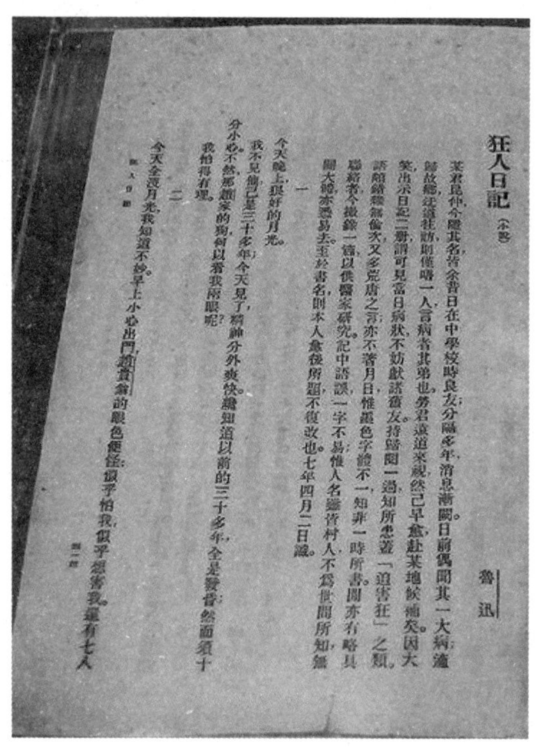

狂人日記（小說）

魯迅

某君昆仲，今隱其名，皆余昔日在中學校時良友；分隔多年，消息漸闕。日前偶聞其一大病；適歸故鄉，迂道往訪，則僅晤一人，言病者其弟也。勞君遠道來視，然已早愈，赴某地候補矣。因大笑，出示日記二冊，謂可見當日病狀，不妨獻諸舊友。持歸閱一過，知所患蓋「迫害狂」之類。語頗錯雜無倫次，又多荒唐之言；亦不著月日，惟墨色字體不一，知非一時所書。間亦有略具聯絡者，今撮錄一篇，以供醫家研究。記中語誤，一字不易；惟人名雖皆村人，不為世間所知，無關大體，然亦悉易去。至於書名，則本人愈後所題，不復改也。七年四月二日識。

一

今天晚上，很好的月光。

我不見他，已是三十多年；今天見了，精神分外爽快。纔知道以前的三十多年，全是發昏；然而須十分小心。不然，那趙家的狗，何以看我兩眼呢？

我怕得有理。

二

今天全沒月光，我知道不妙。早上小心出門，趙貴翁的眼色便怪：似乎怕我，似乎想害我。還有七人

鲁迅《狂人日记》

面对普通民众所遭受的敲骨吸髓式的压榨和欺凌，鲁迅满怀悲愤地发出“真教人觉得不像活在人间”的呐喊，“自有历史以来，中国人是一向被同族屠戮、奴隶、敲掠、刑辱、压迫下来的，非人类所能忍受的楚痛，也都身受过，每一考查，真教人觉得不像活在人间”。[②]要想彻底改变这种文明人吃人的历史，就要使人民觉悟并行动起来，改变黑暗的状况，掀翻“人肉的筵宴”，创造一个新世界，鲁迅把希望寄托在青年身上，“中国历来是排着吃人的筵宴，有吃的，有被吃

① 《鲁迅全集》（第4卷），人民文学出版社2005年版，第437页。

② 《鲁迅全集》（第6卷），人民文学出版社2005年版，第186—187页。

的。被吃的也曾吃人，正吃的也会被吃”，①“所谓中国的文明者，其实不过是安排给阔人享用的人肉的筵宴。所谓中国者，其实不过是安排这人肉的筵宴的厨房……于是大小无数的人肉的筵宴，即从有文明以来一直排到现在，人们就在这会场中吃人，被吃，以凶人的愚妄的欢呼，将悲惨的弱者的呼号遮掩，更不消说女人和小儿。这人肉的筵宴现在还排着，有许多人还想一直排下去。扫荡这些食人者，掀掉这筵席，毁坏这厨房，则是现在的青年的使命”！②

五　历史变迁呈现出循环性

鲁迅洞悉中国历史变迁的钥码，在于潜藏于“仁义道德”历史表象之下的“吃人”现实，专制阶层的统治方式在于以圣贤和道德说教为驭民之术来维护其专制统治，尽管朝代变化，但历史演化呈现出惊人的循环性特征。

鲁迅认为历代统治者对孔子的尊奉，并非真的把其视为圣人，而是把孔子视为“敲门砖”，以作“愚民之具”，可以说这不愧是他的惊人洞见，“孔夫子之在中国，是权势者们捧起来的，是那些权势者或想做权势者们的圣人，和一般的民众并无什么关系……孔子这人，其实是自从死了以后，也总是当着‘敲门砖’的差使的”。③中国几千年的专制历史，就是一部上驭下、人吃人的历史，“中国自己的韩退之等说：‘民不出米粟麻丝以事其上则诛’”，④“我翻开历史一查，这历史没有年代，歪歪斜斜的每叶上都写着‘仁义道德’几个字。我横竖睡不着，仔细看了半夜，才从字缝里看出字来，满本都写着两个字是‘吃人’”！⑤

汪晖教授指出：“鲁迅作为中国近现代思想与文化的巨人，他的丰富性和深刻性确是他的同时代人难以企及的，他对中国历史、现实与未

① 《鲁迅全集》（第3卷），人民文学出版社2005年版，第474页。

② 同上书，第228—229页。

③ 《鲁迅全集》（第6卷），人民文学出版社2005年版，第327—328页。

④ 《鲁迅全集》（第5卷），人民文学出版社2005年版，第304页。

⑤ 《鲁迅全集》（第1卷），人民文学出版社2005年版，第447页。

来的洞悉和描绘使他的著作成为了解与改造中国人及其社会的伟大经典。"[①] 鲁迅不仅指出专制社会的"吃人"本质，而且深刻认识到后世与前代往往是"新瓶装旧酒""换汤不换药"，"拉车屁股向后""辩护古人，也就是辩护自己"的现象不断出现。他指出，历史上对社会革新的排斥，不过是统治者为了使其专制统治永远延续下去的伎俩而已，"老先生们保存现状，连黑屋子开一个窗也不肯，还有种种不可开的理由，但倘有人要来连屋顶也掀掉它，它才魂飞魄散，设法调解，折中之后，许有一个窗，但总在伺机想把它塞起来"，[②] "'发思古之幽情'，往往为了现在"，[③] "古人做过的事，无论什么，今人也都会做出来。而辩护古人，也就是辩护自己"，[④] "康有为永定为复辟的祖师，袁皇帝要严复劝进，孙传芳大帅也来请太炎先生投壶了。原是拉车前进的好身手，腿肚大，臂膊也粗，这回还是请他拉，拉还是拉，然而是拉车屁股向后，这里只好用古文，'呜呼哀哉，尚飨'了"。[⑤]

"鲁迅对历史人物的评价，能抓住本质，发人所未发，给人以莫大的启示。"[⑥] 他一针见血地指出，无论是专制统治者，还是王朝的臣子、隐士，以至"强盗"的反叛者，都是专制统治链条上的组成部分。他指出，"乾隆是不承认清朝会有'名臣'的，他自己是'英主'，是'明君'，所以在他的统治之下，不能有奸臣，既没有特别坏的奸臣，也就没有特别好的名臣，一律都是不好不坏，无所谓好坏的奴子"，[⑦] "这是明亡后的事情。凡活着的，有些出于心服，多数是被压服的。但活得最舒服横恣的是汉奸；而活得最清高，被人尊敬的，是痛骂汉奸的逸民。后来自己寿终林下，儿子已不妨应试去了，而且各有一个好父亲。至于默默抗战的烈士，却很少能有一个遗孤"，[⑧]

① 汪晖:《鲁迅研究的历史批判》,《文学评论》1988 年第 6 期。
② 《鲁迅全集》(第 13 卷)，人民文学出版社 2005 年版，第 436 页。
③ 《鲁迅全集》(第 5 卷)，人民文学出版社 2005 年版，第 601 页。
④ 《鲁迅全集》(第 3 卷)，人民文学出版社 2005 年版，第 18 页。
⑤ 《鲁迅全集》(第 5 卷)，人民文学出版社 2005 年版，第 565 页。
⑥ 袁闾琨、魏鉴勋:《鲁迅的历史观》,《史学月刊》1982 年第 1 期。
⑦ 《鲁迅全集》(第 6 卷)，人民文学出版社 2005 年版，第 57 页。
⑧ 同上书，第 618 页。

“他们的旗帜是‘替天行道’。他们所反对的是奸臣，不是天子，他们所打劫的是平民，不是将相……一部《水浒》，说得很分明：因为不反对天子，所以大军一到，便受招安，替国家打别的强盗——不‘替天行道’的强盗去了。终于是奴才”。[①]

在鲁迅看来，历史的吊诡之处在于，无论以往历史的编纂者设想出如何眩人的名头，都改变不了广大民众被奴役盘剥的历史命运，这不免透视出鲁迅对历史变迁的悲凉之叹。

> 任凭你爱排场的学者们怎样铺张，修史时候设些什么“汉族发祥时代”“汉族发达时代”“汉族中兴时代”的好题目，好意诚然是可感的，但措辞太绕湾子了。有更其直捷了当的说法在这里——
>
> 一，想做奴隶而不得的时代；
>
> 二，暂时做稳了奴隶的时代。[②]

难能可贵的是，鲁迅并未沉溺于对历史循环论的认识而止步不前，而是从怀疑中看到希望，从失望中寻找动力。这从新文化运动初期，他与钱玄同的对话中便可明了：面对国家沉沦、民众蒙昧的现实，他既叹息力图唤醒黑暗铁屋子里面沉睡民众的后果可能只是使得被惊醒的少数清醒者“受无可挽救的临终的苦楚”，又对国家与民众的未来充满期许，他认同钱玄同所说的话“然而几个人既然起来，你不能说决没有毁坏这铁屋的希望”，相信“希望在于将来”。“我虽然自有我的确信，然而说到希望，却是不能抹杀的，因为希望是在于将来，决不能以我之必无的证明，来折服了他之所谓可有。”[③] 因之，他说：“如果从奴隶生活中寻出‘美’来，赞叹，抚摩，陶醉，那可简直是万劫不复的奴才了，他使自己和别人永远安住于这生活。”[④] 他回

---

① 《鲁迅全集》（第 4 卷），人民文学出版社 2005 年版，第 159 页。

② 《鲁迅全集》（第 1 卷），人民文学出版社 2005 年版，第 225 页。

③ 同上书，第 441 页。

④ 《鲁迅全集》（第 4 卷），人民文学出版社 2005 年版，第 604 页。

顾清末民初以来的历史变革进程，并未陷于对社会的失望而无法自拔，而是决心“从新做过”。

> 我觉得革命以前，我是做奴隶；革命以后不多久，就受了奴隶的骗，变成他们的奴隶了。……我觉得许多烈士的血都被人们踏灭了，然而又不是故意的。
>
> 我觉得什么都要从新做过。
>
> 退一万步说罢，我希望有人好好地做一部民国的建国史给少年看，因为我觉得民国的来源，实在已经失传了，虽然还只有十四年！①

在黑暗中，鲁迅仍怀抱希望，进行着不息的寻求，“虽然现实仍会不断地使他一次次地怀疑将来，但鲁迅显然深知其力量，也更清楚，倘将自己其实并不能肯定的怀疑传递给心怀希望的青年，其危害会有多大”。② 因此，“体会并且见证了历史的重复与循环，鲁迅依然能够找到改革的动力”。③

六　革命斗争是推动历史前进的重要动力

1926 年 3 月 18 日，发生了北洋军阀政府对参加示威游行的北京学生和市民实行残酷镇压的“三一八惨案”，鲁迅将这一天称为“民国以来最黑暗的一天”，他深感寄望专制政权实行和平改革是靠不住的，必须以血还血，进行坚决的斗争，“墨写的谎说，决掩不住血写的事实”，④“血不但不掩于墨写的谎语，不醉于墨写的挽歌；威力也

---

① 《鲁迅全集》（第 3 卷），人民文学出版社 2005 年版，第 16—17 页。

② 郭春林：《方生方死的“大时代”——试论鲁迅历史意识的发展》，《杭州师范大学学报》（社会科学版）2011 年第 5 期。

③ 徐林英：《历史梦魇与道路选择——试论历史观对周氏兄弟的影响》，硕士学位论文，浙江大学，2008 年。

④ 《鲁迅全集》（第 3 卷），人民文学出版社 2005 年版，第 279 页。

压它不住，因为它已经骗不过，打不死了”，[①] 他发出大声的呼喊，“世界的进步，当然大抵是从流血得来”。[②] 敌人的野蛮杀戮使鲁迅充分认识到冲破黑暗枷锁，进行革命斗争的必要性，“不是正因为黑暗，正因为没有出路，所以要革命的么？倘必须前面贴着‘光明’和‘出路’的包票，这才雄赳赳地去革命，那就不但不是革命者，简直连投机家都不如了”。[③]

1927年，国民党政权先后发动的针对中国共产党和革命民众的“四一二”和“七一五”反革命政变，无数革命者死于屠刀之下。在血雨腥风的笼罩下，鲁迅对现实与历史的体认更加深入，他对历史演变的观点从社会进化观、历史循环观迅速发展到阶级斗争观，认识到改造国民性的极端重要性，并高度赞扬中国共产党领导的无产阶级革命斗争事业。

鲁迅谈到1927年国民党政府对革命力量的镇压对他造成的影响时说：“我是在二七年被血吓得目瞪口呆，离开广东的，那些吞吞吐吐，没有胆子直说的话，都载在《而已集》里……我一向是相信进化论的，总以为将来必胜于过去，青年必胜于老人，对于青年，我敬重之不暇，往往给我十刀，我只还他一箭。然而后来我明白我倒是错了。这并非唯物史观的理论或革命文艺的作品蛊惑我的，我在广东，就目睹了同是青年，而分成两大阵营，或则投书告密，或则助官捕人的事实！我的思路因此轰毁，后来便时常用了怀疑的眼光去看青年，不再无条件的敬畏了。”[④] 志士的鲜血对鲁迅的历史观产生了强烈的刺激，他原来持有的今胜于故、青年胜于老年的观念发生了明显的转变，志士的奋斗更使其看到社会发展的曙光所在。他说：“我的一种妄想破灭了。我至今为止，时时有一种乐观，以为压迫，杀戮青年的，大概是老人。这种老人渐渐死去，中国总可比较地有生气。现在我知道不然了，杀戮青年的，似乎倒大概是青年，而且对于别个的不

① 《鲁迅全集》（第3卷），人民文学出版社2005年版，第280页。

② 同上书，第283页。

③ 《鲁迅全集》（第4卷），人民文学出版社2005年版，第107页。

④ 同上书，第4—5页。

能再造的生命和青春，更无顾惜。”①

从社会的生物进化观、历史循环观发展到阶级革命论、国民改造观，无疑是鲁迅历史观念发展到新阶段的重要标志。他认识到黑暗过后是光明，强调革命斗争在历史进程中的重要作用，“回复故道的事是没有的，一定有迁移；维持现状的事也是没有的，一定有改变……从古讫今，什么都在改变”,②“希望是附丽于存在的，有存在，便有希望，有希望，便是光明。如果历史家的话不是诳话，则世界上的事物可还没有因为黑暗而长存的先例。黑暗只能附丽于渐就灭亡的事物，一灭亡，黑暗也就一同灭亡了，它不永久。然而将来是永远要有的，并且总要光明起来；只要不做黑暗的附着物，为光明而灭亡，则我们一定有悠久的将来，而且一定是光明的将来”,③“其实‘革命’是并不稀奇的，惟其有了它，社会才会改革，人类才会进步，能从原虫到人类，从野蛮到文明，就因为没有一刻不在革命”。④ 因此,“正是这期间鲁迅的思想反映着一般被蹂躏被侮辱被欺骗的人们的彷徨和愤激，他才从进化论最终的走到了阶级论，从进取的争取解放的个性主义进到了战斗的改造世界的集体主义”。⑤

在看到鲜血和泥泞的同时，也看到了曙光和希望，对于中国的历史演进，鲁迅看到“韧的战斗”的必要性，“对于中国‘永远免不掉反复着先前的命运’的感觉加强了鲁迅对于黑暗存在的破坏反抗的欲望，支撑着他战斗的，恰恰主要是那种对历史的深刻的‘绝望’，而不是那种乐观的理性观念”。⑥ 鲁迅决心要改造国民精神，踏倒旧的腐败黑暗的专制护符，唤起民众踏着铁蒺藜向前进，“史虽说如同螺旋，却究竟并非印板，所以今之与昔，也还是小有不同”,⑦“无论什么黑暗来防范思潮，什么悲惨来袭击社会，什么罪恶来亵渎人道，人类的

① 《鲁迅全集》(第3卷)，人民文学出版社2005年版，第473页。
② 《鲁迅全集》(第6卷)，人民文学出版社2005年版，第292页。
③ 《鲁迅全集》(第3卷)，人民文学出版社2005年版，第378页。
④ 同上书，第437页。
⑤ 《瞿秋白文集》(第3卷)，人民文学出版社1989年版，第110页。
⑥ 汪晖:《反抗绝望：鲁迅及其文学世界》，河北教育出版社2002年版，第91页。
⑦ 《鲁迅全集》(第3卷)，人民文学出版社2005年版，第369页。

溺仰完全的潜力，总是踏了这些铁蒺藜向前进……什么是路？就是从没路的地方践踏出来的，从只有荆棘的地方开辟出来的”，[①]“我们目下的当务之急，是：一要生存，二要温饱，三要发展。苟有阻碍这前途者，无论是古是今，是人是鬼，是《三坟》《五典》，百宋千元，天球河图，金人玉佛，祖传丸散，秘制膏丹，全都踏倒他”。[②]

改变国民麻木、顺从的状态，为历史的发展开辟新路，是鲁迅念兹在心的诉求，“无论是在救亡图存的呼唤声中，还是在辛亥革命的胜利声中，鲁迅都能保持清醒，向中华民族文化内部寻找现实问题的病根，试图从根本上发现问题的症结所在，从而找到令国民彻底醒悟的道路，对国民性的批判就是他对抗‘历史循环’的努力之一”，[③]“改变中国的‘轮回’与‘循环’的命运，就必须改变这种内在的民族劣根性——‘改造国民性’、改变民族精神的要求紧密地跟随着鲁迅对于中国历史经验的独特把握方式”。[④]

鲁迅说：“先前，旧社会的腐败，我是觉到了的，我希望着新的社会的起来，但不知道这‘新的’该是什么；而且也不知道“新的”起来以后，是否一定就好。待到十月革命后，我才知道这‘新的’社会的创造者是无产阶级，但因为资本主义各国的反宣传，对于十月革命还有些冷淡，并且怀疑。现在苏联的存在和成功，使我确切的相信无阶级社会一定要出现，不但完全扫除了怀疑，而且增加许多勇气了。”[⑤] 改造国民、重塑新国，不但要求国民精神、文化的建构，更要寻求切实有效的建设新社会的路径。在艰难探索中，苏联革命的经验给鲁迅以启迪，中国共产党人坚持不懈的奋斗更让鲁迅看到前进道路上的明亮火光，他认同和赞扬中国共产党人的勇猛奋斗，并进而成为无产阶级和劳动群众的真正的友人和战士。历

① 《鲁迅全集》（第 1 卷），人民文学出版社 2005 年版，第 386 页。

② 《鲁迅全集》（第 3 卷），人民文学出版社 2005 年版，第 47 页。

③ 徐林英：《历史梦魇与道路选择——试论历史观对周氏兄弟的影响》，硕士学位论文，浙江大学，2008 年。

④ 汪晖：《反抗绝望：鲁迅及其文学世界》，河北教育出版社 2002 年版，第 91 页。

⑤ 《鲁迅全集》（第 6 卷），人民文学出版社 2005 年版，第 19 页。

史不是凝固不变的，革命正是推动历史发展的强大动力，“革命无止境，倘使世上真有什么‘止于至善’，这人间世便同时变了凝固的东西了”。[①] 历史不再是简单的循环往复，而是在人民的奋斗中，充满着希望和生机。

鲁迅进一步认识到，历史的嬗变并非固化不变的奴隶主压迫奴隶的模式，只要真理的力量壮大起来，即会使专制统治者战栗以至崩溃，“这个政府只要看到真理的一个火星都要发抖的”。[②] 在1935年“一二·九”学生爱国运动发生后，鲁迅充分赞扬学生的爱国精神，并从居民对学生运动的支持中看到民众的力量终将排山倒海、势不可当，“刚刚接到本日的《大美晚报》，有‘北平特约通讯’，记学生游行，被警察水龙喷射，棍击刀砍，一部分则被闭于城外，使受冻馁，‘此时燕冀中学师大附中及附近居民纷纷组织慰劳队，送水烧饼馒头等食物，学生略解饥肠……’谁说中国的老百姓是庸愚的呢，被愚弄诓骗压迫到现在，还明白如此……石在，火种是不会绝的”。[③] 针对徐懋庸对其中伤，1936年8月鲁迅抱病完成了《答徐懋庸并关于抗日统一战线问题》一文，对徐懋庸进行驳斥，并清楚地阐述了他对中国共产党提出的抗日民族统一战线的支持和拥护，“中国目前的革命的政党向全国人民所提出的抗日统一战线的政策，我是看见的，我是拥护的，我无条件地加入这战线，那理由就因为我不但是一个作家，而且是一个中国人，所以这政策在我是认为非常正确的，我加入这统一战线”。[④] 在1936年初，当上海的“托派”组织写信给鲁迅，对中国共产党领导的抗日民族统一战线政策及以毛泽东为首的中国共产党领导人加以攻击，企图挑拨鲁迅与中国共产党的关系时，已经病重的鲁迅在6月9日口授了一封信，对他们进行了严厉驳斥，阐明他将中国共产党人引为同志，“是自以为光荣的”，“你们的‘理论’确比毛泽东

---

① 《鲁迅全集》（第3卷），人民文学出版社2005年版，第428页。

② 《鲁迅全集未收书简·致希仁斯基等》（1934年1月6日），《中国现代文艺资料丛刊》1963年第3期。

③ 《鲁迅全集》（第6卷），人民文学出版社2005年版，第449页。

④ 同上书，第549页。

先生们高超得多，岂但得多，简直一是在天上，一是在地下。但高超固然是可敬佩的，无奈这高超又恰恰为日本侵略者所欢迎，则这高超仍不免要从天上掉下来，掉到地上最不干净的地方去……那切切实实，足踏在地上，为着现在中国人的生存而流血奋斗者，我得引为同志，是自以为光荣的”。[①] 在红军部队东渡黄河对日作战后，鲁迅和茅盾联名向红军致贺信，赞扬他们的爱国和奋斗精神，并坚信红军的斗争将取得伟大的胜利，“英勇的红军将领们和士兵们！你们的勇敢的斗争，你们的伟大胜利，是中华民族解放史上最光荣的一页！全国民众期待你们的更大胜利。全国民众正在努力奋斗，为你们的后盾，为你们的声援！你们的每一步前进将遇到热烈的拥护和欢迎”！[②]

鲁迅的历史观，产生与发展在动荡多变的清末和民国时期，他既号召民众学习和了解民族历史，并大力搜集古典文史著作，又愤激专制时代统治者对民众的奴役和盘剥，指出历史循环性和落后性的一面；他既认为民众是历史的真正创造者，又叹息民众处于愚昧、麻木的状态而难以自知。“事实上，鲁迅著作的历史性在于其聚焦于中国状况，其自传性在于重复性地努力思考个体经历与变动中国的关联。”[③] 在对历史进程的探索中，鲁迅逐渐认识到人民大众的伟力，对中国共产党领导的革命斗争采取支持和拥护的态度，其历史观亦经历了相应的转变过程，“鲁迅从进化论到阶级论，从绅士阶级的逆子贰臣进到无产阶级和劳动群众的真正的友人，以至于战士，他是经历了辛亥革命以前直到现在的四分之一世纪的战斗，从痛苦的经验和深刻的观察之中，带着宝贵的革命传统到新的阵营里来的”。[④] 其历史观，直至今日，对于我们仍具有重要的历史与现实启迪。

---

① 《鲁迅全集》（第6卷），人民文学出版社2005年版，第609—610页。

② 《鲁迅全集》（第14卷），人民文学出版社2005年版，第554页。

③ Lawrence W. Chisolm，“Lu Hsun and Revolution in Modern China”，*Yale French Studies*，(39)，1967，p. 228.

④ 《瞿秋白文集》（第3卷），人民文学出版社1989年版，第115页。

第二节 范文澜的史学著作与史学思想

一 范文澜生平

范文澜（1893—1969 年），初字芸台，后改字仲澐（另一说字仲潭），浙江绍兴人，著名历史学家。1893 年 11 月 15 日，范文澜出生在读书世家。他的祖父范城，字质甫，乃绍兴名士，清道光时期曾在省内州县官府任过幕僚，退隐后自编年谱（1838—1897 年），名曰《质言》，约三万言，记载 60 余年鸦片战争、太平天国运动等史实，颇具史料价值。其父范寿钟，饱读诗书，学士品德俱为出众，曾任职于京汉铁路郑州站，后归家行医，以精湛医术名闻乡里，并亲自教授文济、文澜等学习历史、诗文，《绍兴县志资料》第一辑第十六册有传。5 岁至 13 岁读私塾，14 岁时入山阴县高等小学堂，学习英文、算学及经学著作，之后，就读于上海浦东中学堂和杭州安定中学。1913 年夏天，考入北京大学预科，次年转入本科文科中文门（后改称国文门）就学。在学期间，先后受教于黄侃、陈汉章、刘师培等名家，从黄侃学《文心雕龙》。范文澜曾下决心"追踪乾嘉老辈"，从事于经学和训诂工作。但军阀割据与黑暗政局令其陷入苦恼和彷徨，因之，时沉溺于佛学，《大乘起信论》随身相伴。

1917 年，范文澜自北京大学毕业后，继续在北大文科研究所国文门（后改称国学门）进修，一度受聘为校长蔡元培的秘书。其后，先后在沈阳高等师范、河南汲县中学、天津南开中学、南开大学、北京大学、中国大学等多所学校任教。这一时期，范文澜先后出版了《文心雕龙讲疏》、《文心雕龙注》及《正史考略》、《群经概论》等多部著作。其中，关于《文心雕龙》的研究，曾受到梁启超等学者的赞赏。在 1925 年的五卅运动中，范文澜走上天津街头，加入反对帝国主义的游行队伍。1926 年，范文澜加入中国共产党，任南开学生支部书记。因参加教联、左联和互救会活动等，范文澜曾在 1930 年和

1934年两次被北平宪兵司令部逮捕，后经蔡元培等学者营救，得以出狱。1935年，面对日寇的侵略行径，范文澜编著了《大丈夫》一书，叙述了历史上张骞、卫青、霍去病、李广、苏武、岳飞、张世杰、文天祥、袁崇焕等从西汉到明代25位具有崇高民族气节的古代名人的事迹，是书1936年7月由上海开明书店出版。

全面抗战开始后，范文澜与王阑西、嵇文甫等人创办了中国共产党河南省委《风雨》周刊，积极宣传抗日主张，并在河南大学举办抗敌工作训练班，编印《游击战术》，宣传中国共产党的抗日救亡政策。开封沦陷后，范文澜与河南大学师生转战到鸡公山、桐柏山，参加新四军抗日游击队活动。1939年9月，范文澜在确山竹沟镇重新履行入党手续。10月，接受组织安排，自确山启程至延安工作，1940年1月到达延安。1941年，延安成立中央研究院，范文澜任副院长兼历史研究室主任。在与毛泽东、吴玉章等领导同志的交往中，范文澜认真研读马克思、列宁和毛泽东的重要著作，领悟了马克思主义的真谛。在艰苦环境中，他潜心从事于历史研究和著述工作。在1941年和1942年，先后出版了《中国通史简编》上、中册，促进了马克思主义史学的发展。

1946年，范文澜于北方大学任教。他撰写的《中国近百年政治史》一书原拟分为上下两编，是年将已完成的书稿，题为《中国近代史上编第一分册》，由新华书店出版。1947年，北方大学成立历史研究室，范文澜兼任主任。同年，他将《中国通史简编》上、中册和《中国近代史上编第一分册》分别加以修订，9月，合编为《中国通史简编》八册，由华北新华书店出版。

1949年11月，中国科学院在北京成立。1950年5月，华北大学研究部历史研究室并入科学院，建立近代史研究所，范文澜任所长。1951年7月，中国史学会成立，范文澜为副主席（主席郭沫若，另一副主席吴玉章），大力推动《中国近代史资料丛刊》和《近代经济史资料丛书》等大型著作的编撰工作。为推动马克思主义史学发展，范文澜对《中国通史简编》进行了修订，从远古到隋唐五代，分为4部分，从1953年到1965年相继出版。修订本内容更加充实完善，政治、经济、文化、军事等方面均有阐述，对统治阶级及其代表人物做出了比原本更为实事求是的评价。《中国通史简编》修订本多次再版，发行量达数百万册，是 20 世纪中国史学界影响巨大、具有开创性的通史著作。1955 年，《中国近代史上编第一分册》再经修订，由人民出版社出版第九版，书名改题为《中国近代史上册》。

1956 年 9 月，范文澜出席中国共产党第八次全国代表大会，当选为第八届中央委员会候补委员。1958 年 5 月，范文澜不再负责中国社会科学院近代史研究所实际行政工作，专心著述。1959 年，建立政协文史资料委员会，范文澜任主任委员，创刊《文史资料选辑》。1965 年 1 月，范文澜出席第三届全国人民代表大会，当选为常务委员会委员。1969 年 4 月，范文澜出席中国共产党第九届全国代表大会，当选为中央委员会委员。同年 7 月 29 日，范文澜病逝于北京，去世前，他将百万余字的史学论著所得稿费全部捐献给国库。

范文澜像

二　范文澜著作简介

2002 年河北教育出版社出版的《范文澜全集》收录了范文澜的主要论著（以下与他人合编的课本、资料书和著述，《全集》未予收录：《文化课本》，毛泽东序，凯丰、徐特立、范文澜编，1942 年延安新华书店出版；《捻军》（中国近代史资料丛刊），范文澜、翦伯赞等编，1953 年上海神州国光社出版；《西藏地方历史资料选辑》，范文澜主持，集体编辑，1963 年三联书店出版；《中国通史》（十卷本），范文澜、蔡美彪等著，1994 年人民出版社出版。《全集》第一至三卷，系讲述古籍之作。《全集》第一卷所收《群经概论》，原刊行于 1933 年 10 月，由北平朴社出版，出版时题为“范文澜所论第一种”。“经”即经书，是古代作为思想、道德、行为等标准的书。《群经概论》对《周易》《尚书》《诗》《周礼》《乐》《仪礼》《礼记》《左传》《公羊传》《穀梁传》《论语》《孝经》《尔雅》《孟子》等先秦经典进行了概述和评论。《全集》第二卷收录了《正史考略》与《诸子略义》两书。《正史考略》刊行于 1931 年 1 月，由北平文化学社出版，著者自题为“范文澜所论第二种”。《正史考略》对上起《史记》，下至《明史》的二十五史进行了考证与简略评述。《诸子略义》是 1926 年至 1927 年间范文澜在南开大学和北京大学授课的讲义。原由北京大学（时称京师大学校）文科出版课刊印。《诸子略义》概述了春秋末期至魏晋时期儒家、墨家、道家等诸流派的事迹与思想。《全集》第三卷《文心雕龙讲疏》，原为范文澜于 1923 年在天津南开大学讲授《文心雕龙》的讲义。1925 年由天津新懋书局排印出版。尔后，著者又在此书基础上对《文心雕龙》详加校注，成《文心雕龙注》一书，收录于《全集》第四、五卷，《文心雕龙注》原分为三册，上册为原书本文的集校，中、下册是详细的注释。上、中两册原由北平文化学社于 1929 年 9 月出版，1932 年续刊下册。1936 年开明书店将注释分录于原文之后合订再版。《文心雕龙注》是对南朝梁代学者刘勰的文学理论专著《文心雕龙》的系统辨订与诠释，在学术发展史上具有重要价值。

《全集》第六卷包括《水经注写景文钞》《大丈夫》《游击战术》《太平天国革命运动》。《水经注写景文钞》辑录了北朝北魏地理学家郦道元《水经注》中的写景文。《游击战术》则是他对抗日游击战争战略战术问题的阐述。《大丈夫》描述了中国古代25位以身许国、抗击外敌侵略、发扬国威的仁人志士的事迹，范文澜在《凡例》中指出，“本书选录古人的标准，道德与事业并重，而着重点更在道德一方面。因为事业成败，大部分是受环境支配的；道德的责任，任何人却都可以负担起来。孔子说：‘三军可夺帅也，匹夫不可夺志也。’正义所在，舍命去做，愈是知其不可为而为之，愈是显出人格的伟大”；“本书志在叙述古人，发扬汉族声威，抗拒夷狄侵凌的事迹，所以历史上尽多堪作模范的伟人”。[①]《太平天国革命运动》扼要叙述了太平天国革命运动发生、发展、鼎盛直至失败的历史过程，并对太平天国运动失败的原因从宗派思想、保守思想、安乐思想三个方面进行了剖析，是用马克思主义史学观点透视太平天国运动的主要著作。

《全集》第七、八卷，分别为《中国通史简编》的上下册，以马克思主义辩证唯物主义和历史唯物主义态度阐述了自原始社会至鸦片战争前中国社会发展的进程。《中国通史简编》全书共分为三编。第一编题为《原始公社到中央集权的民族国家底成立——远古至秦》，共分为六章，分别阐述了大禹以前的原始公社时代的社会演变、原始公社逐渐解体到奴隶占有制度的夏商时代、封建制度开始时期的西周时代、列国兼并时代——春秋、兼并剧烈时代——战国、周代的思想概括。第二编题为《民族统一的中央集权的封建国家成立后对外扩张到外族的内侵——秦汉至南北朝》，分为七章，分别讲述了秦、两汉、三国、两晋、南北朝时期各方面的变迁，并阐述了秦汉至南北朝时期的文化状况。第三编题为《封建制度社会螺旋式的继续发展到西洋资本主义的侵入——隋统一至清鸦片战争》，分为九章，描述了隋至清朝鸦片战争前各朝代的演进轨迹，并就此一时期的文化嬗变进行了一定的阐述。范文澜在该书的序言中指出了撰写《中国通史简编》的必要性：

① 《范文澜全集》（第6卷），河北教育出版社2002年版，第168页。

“如果利用二十五史、《资治通鉴》一类现成的史书来学习《中国历史》，是不是能收预期的功效？第一，这类包含千百万字的大部书籍，学习者哪有这许多时间和精力去消费；第二，这类书连篇累牍，无非记载皇帝贵族豪强士大夫少数人的言语行动，关于人民大众一般的生活境遇，是不注意或偶然注意，记载非常简略；第三，我们要探求中国社会循着怎样的道路向前发展，而这类书却竭力湮没或歪曲发展的事实，尽量表扬倒退停滞阻碍社会发展的功业。一言以蔽之，这类书不适于学习历史的需要。我们广大读者需要的首先是从广泛史料中选择真实材料，组成一部简明扼要的，通俗生动的，揭露统治阶级罪恶的，显示社会发展法则的中国通史。”[①]《中国通史简编》就以下九个方面展开阐述：（一）劳动人民是历史的主人；（二）阶级斗争论是研究历史的基本线索；（三）在生产斗争中科学发明；（四）汉族社会发展史的阶段划分；（五）汉族封建社会的分期；（六）初期封建社会开始于西周；（七）自秦汉起中国成为统一国家的原因；（八）历史上的爱国主义；（九）历史上战争的分类。[②]

《全集》第九卷为其所著的《中国近代史》上册，全书分为八章，阐述了中国社会自第一次鸦片战争至义和团运动时期的演进历程。是书叙述了英、法、日、俄等列强对中国逐步深入的侵略与瓜分过程，讴歌了中国各派力量不屈不挠抗击外敌的斗争历程，同时反映了清政府的“自强”新政与维新派的改良变法运动，描述了太平天国运动革命反清、抗击外敌的事迹，透视了义和团反帝运动的兴衰及历史意义。《中国近代史》充分肯定了太平天国和义和团运动的作用，“义和团运动以后，帝国主义者采取‘以华治华’的方法，很巧妙地扶植地主买办阶级的所谓‘正统’政府或地方政府，作为奴役中国人民、扩大侵略势力的工具。他们的最后目的，自然是企图夺取中国为自己的殖民地，但在中国人民方面，接受了太平天国、义和团两个运动的痛苦教训，开始抛弃旧式的起义，转向自觉的民主运动。不到二

① 《范文澜全集》（第7卷），河北教育出版社2002年版，序言第3—4页。

② 《范文澜全集》（第10卷），河北教育出版社2002年版，第213—270页。

十年，便走上了新民主主义革命阶段”。[①] 该书的附录《汉奸刽子手曾国藩的一生》一文，描述了曾国藩办团练、镇压太平军、对外交涉等一生主要行迹，对曾国藩作了全面否定评价，成为中华人民共和国成立后史学界的长期主流观点，行文具有强烈的时代性和政治性色彩，文中多处直称曾氏为“汉奸”，并将对曾国藩的批判与当时的国共政治斗争紧密联系起来，“被后来直到现在的一切反动派所讴歌的‘曾文正公’，他的一生的真相就是这样的。这些本来都是公开的在当时是妇孺皆知的事实，但是统治阶级却把它隐蔽起来，无耻地捏造另外一套‘历史’，竟然把曾国藩说成‘圣贤’了。这个原因很简单：他们不正是和曾国藩一模一样的人物，他们不也在装模作样要群众承认他们是‘圣贤’吗？客观事实对他们总是那么不幸，他们满以为‘圣贤’可以掩盖些自己的嘴脸，结果恰恰相反，人们看到他们的‘圣贤’，就知道他们是什么嘴脸。归根到底，曾国藩之流究竟还是没有救活了满清朝廷，只让他多延长了几天的残喘；而太平天国的人民革命精神也并没有死亡，这种革命精神的种子，经过太平天国英勇的战士们是更深地种下在人民的心中，甚至也种在由湘勇发展的哥老会的心中了。孙中山先生自幼即以太平天国的继承者自许，并终于完成了太平天国推翻满清的未竟之业，这正如他的叛徒们以曾国藩的继承者自诩，并幻想完成曾国藩消灭中国革命的未竟之业一样，完全不是偶然的”。[②]

《全集》第十卷收编了范文澜自20世纪30年代以来的文章58篇，以学术论文为主，坚守学术评论和学术性政论，其主持召开的文教学术界会议上的讲话，也酌予收入，所收文章依据最初发表的年月先后排序。这些论文就中国古代历史演进的分期、封建社会延续的原因、经学史、劳动人民是历史的主人、中华民族的发展历程、古代民族关系、太平天国运动、戊戌变法的历史意义、辛亥革命的地位等问题进行了阐述，形成了不少史学界颇具指导性的观点。

---

① 《范文澜全集》（第9卷），河北教育出版社2002年版，第316页。

② 同上书，第336—337页。

三　范文澜的史学思想

范文澜作为中国马克思主义史学“五大家”（其余四人为郭沫若、翦伯赞、吕振羽、侯外庐）之一，在中国马克思主义史学发展史上具有举足轻重的地位。其史学思想，具体体现在如下几个方面。

其一，强调史学研究与现实政治和革命事业的密切关联，贯彻阶级斗争理论，凸显其中共马克思主义史学“第一史官”的角色地位。

在20世纪30年代以后，毛泽东思想日渐成熟，强调阶级斗争在历史发展过程中的重要作用，中国的马克思主义理论学者开始以阶级斗争理论作为唯物史观的核心来把握，注重用唯物史观指导自身的历史研究工作。范文澜正是将这一理论应用于历史研究的率先垂范者，他的历史研究大多印证和诠释着毛泽东的历史理论，其《中国通史简编》正可以被看作毛泽东《中国革命与中国共产党》一文的详细诠释。在这其中，范文澜与党的最高领袖毛泽东的关系无疑是形成这种影响力的重要因素。1940年，毛泽东指出：“中国现时的新政治新经济是从古代的旧政治旧经济发展而来的，中国现时的新文化也是从古代的旧文化发展而来，因此，我们必须尊重自己的历史，决不能割断历史。但是这种尊重，是给历史以一定的科学的地位，是尊重历史的辩证法的发展，而不是颂古非今，不是赞扬任何封建的毒素。对于人民群众和青年学生，主要地不是要引导他向后看，而是要引导他们向前看。”①《中国通史简编》的撰写始于1940年8月，在撰写过程中，党中央和毛泽东给予了很大的关注。关于如何写的问题，范文澜曾专门请教过毛泽东。毛主席不止一次对他说，写中国历史要夹叙夹议，后来他就是依照毛主席的意见做的。党中央原来的计划是将这部书写成十几万字，但在撰写过程中，研究室的学者们发现对具有五千年文明的中国，这样的字数无法容纳通史的内容，于是要求增至25万字，后来仍觉得不行，要求增至45万字。中央充分尊重他们的意见：“你们写吧，

① 《毛泽东选集》（第2卷），人民出版社1991年版，第708页。

能写多少算多少。”《中国通史简编》（上册）出版时，毛泽东给予了很高的评价：“我们党在延安又做了一件大事。我们共产党人对于自己国家几千年的历史有了发言权，也拿出了科学的著作了。”①《简编》的出版，对中国马克思主义史学的发展起到了重要的推动作用，刘大年即指出，《简编》出版后“累计印数达好几百万册，在将近40年的时间里，成了我们一部主要的历史读物”。② 范文斓1940年在延安新哲学会年会上作了关于中国经学简史的演讲报告，这个报告经整理后于同年连续发表在延安《中国文化》第二卷第二、三期上，题为《中国经学史的演变》。毛泽东亲临听讲这个报告，并写信予以赞扬：“文澜同志：提纲读了，十分高兴，倘能写出来，必有大益，因为用马克思主义清算经学这是头一次，因为目前大地主大资产阶级的复古反动十分猖獗，目前思想斗争的第一任务就是反对这种反动。你的历史学工作继续下去，对这一斗争必有大的影响。第三次讲演因病没有听到，不知对康梁章胡的错误一面有所批判否？不知涉及廖平吴虞叶德辉等人否？越对这些近人有所批判，越能在学术界发生影响。我对历史完全无研究，倘能因你的研究学得一点，深为幸事。”③

范文澜的历史研究，正是在毛泽东革命史观的指导下进行的，他曾说明撰写《中国通史简编》的目的，是要科学地阐明中国历史演进的客观历程；同时“承继历史遗产，从那里吸收珍贵的经验，作更伟大更美好的新创造”。④（《关于〈中国通史简编〉》，《新建设》第四卷第二期）周恩来曾谈道：“‘五四’那天我看到范文澜同志写的一篇文章，说五四运动前后他就专门研究汉学，学习旧的东西。但是当他一旦脑子通了，对编写中国历史就有帮助，就可以运用自如。”⑤ 因之，范式著史既具有学术研究求真的一面，又有鲜明的革命性和致用性的一面，其

① 陈其泰：《范文澜与毛泽东的学术交谊》，《光明日报》2001年10月11日。

② 刘大年：《范文澜与历史研究工作》，《刘大年集》，中国社会科学出版社2000年版，第254—255页。

③ 毛泽东：《毛泽东书信选集》，人民出版社1983年版，第163页。

④ 范文澜：《范文澜全集》（第9卷），河北教育出版社2002年版，第336—337页。

⑤ 周恩来：《周恩来选集》（上卷），人民出版社1997年版，第333页。

在著史时，亦力求在致用与求真两方面保持平衡。正如翦伯赞所指出的那样，研究历史在相当程度上正是为了对现实社会中民众的斗争作指导，“我们研究历史，不是为了宣扬我们的祖先，而是为了启示我们正在被压抑中的活着的人类；不是为了说明历史而研究历史，反之，是为了改变历史而研究历史……过去的历史不只是说明过去，而在实际上，是可以充作现在正在被抑压的人类冲锋陷阵的战斗的指南”。[①] 范文澜对历史上的史学论著进行考察，指出纯粹中立、无任何倾向性的史学论著是不存在的，史学作品或多或少均包含了作者的倾向性，“不论正史或野史，总是为一定的政治目的而写成的。正史叙述一个朝代或若干朝代的政治活动，在叙述中就含有写作者的政治观点，更不用说，赞、评、论、史臣曰等等的专为褒贬而作。野史的写作，多在两朝交替特别是在外族侵入统治中国的时候，当然有强烈的政治性”。[②] 他强调，要以马克思主义的历史唯物主义和辩证唯物主义的态度看待中国历史的发展演变，重视阶级斗争在历史变迁中的重要作用，“任何一个有阶级的社会，总是由两个主要的敌对的阶级构成的，总是按照对立统一的法则而存在并发展的。两大敌对阶级在相互关系上，如果说，只有一个斗争性，或者说，只有一个同一性，那末，这个社会就根本不会存在。自然，斗争是绝对的，但阶级斗争不管怎样尖锐，并不会引起社会的分裂，因为总还有同一的一面，其间保持着不可割断的经济等联系”。[③]

范文澜站在历史唯物主义的立场上，对历史上的农民起义持肯定和赞扬的态度，他讴歌太平天国运动的历史意义，“太平革命最大的意义，就在于它是中国历史上第一次提出政治、经济、民族、男女四大平等的革命运动。自从太平革命揭开了中国旧民主主义革命的序幕，陈胜、吴广以下数千百次的旧式农民起义，面目为之大变。太平革命是中国历史上划时代的大事件，与五四运动同为一百年来历史上两大转变时代的标帜，它的光荣成就永不会废灭，它的伟大精神也永远在继续和发展”。[④]

① 《翦伯赞全集》（第 6 卷），河北教育出版社 2008 年版，第 38—39 页。
② 《范文澜全集》（第 10 卷），河北教育出版社 2002 年版，第 427 页。
③ 范文澜：《中国通史简编》（修订本 · 第二编），人民出版社 1964 年版，第 118 页。
④ 《范文澜全集》（第 6 卷），河北教育出版社 2002 年版，第 481 页。

同时，他亦充分阐述了洪秀全等太平天国运动的领导者在建立政权后腐化堕落的轨迹，指出农民运动领导者背离民众利益所导致的失败结局的必然性一面，同时农民运动的失败亦在一定程度上反映了农民阶级自身的落后性，“宗派、保守、安乐三种思想，总根源在农民阶级消极方面的狭隘性、保守性、私有性。太平军领导集团的腐化分裂，正是这些特性的反映，也就决定了太平天国的必然崩溃”。① 对唐末的黄巢起义，他同样从阶级分析的角度出发，客观阐析黄巢起义的历史意义与时代、阶级局限性，而非进行简单孤立的是非评价，“黄巢起义凡十年败死，他从山东到河南，转入安徽，又转湖北，从湖北回到山东。从山东到河南，从河南到江西，转浙东入福建，从福建到广东，转广西湖南湖北，又转江西安徽浙江，转江苏入安徽渡淮入河南，克洛阳，攻破潼关，据有长安。又从长安入河南回到山东。这样伟大的行军，在历史上是空前的。他经过的地区，农民纷起响应，成立许多较小规模的起义军，使唐朝官吏，顾此失彼，手足无措。巢行军不掳掠，这在统治阶级的历史家，也不能否认这个事实。就是尽力污蔑黄巢的文人，如韦庄的《秦妇吟》说他抢劫官僚地主，也还得承认‘黄巢过后犹残半’（抢去一半），而唐朝的官兵，却是‘罄室倾囊如卷土’（抢个净光）。黄巢号召广大农民反抗统治者，要讨灭奸臣，革新政治，这就是他能胜利的原因。但是他当了皇帝建立政权以后，人民不得耕种他不管，人民饥寒他不管，士兵们吃树皮他也不管；他却模仿地主阶级的腐化生活，他的部下，也都去做官、夸功、享乐、淫乱，于是他们脱离了人民群众。黄巢被地主生活腐蚀了，于是他又大量屠杀读书识字人和投降的官吏，朱温叛变，旧官僚地主和由农民领袖新变成的官僚地主，都跟随朱温叛变走了。黄巢失去农民的拥护，而又被地主阶级抛弃，这就是他失败的原因”。② 基于对历史发展进程由落后到先进、由新兴阶级代替传统反动势力、由新制度代替旧制度的深刻体认，范文澜对孙中山等革命派领导推翻封建专制政权、建立民主共和国的革命事业给予了充分的肯定，赞扬其在启迪民

---

① 《范文澜全集》（第6卷），河北教育出版社2002年版，第484页。
② 《范文澜全集》（第7卷），河北教育出版社2002年版，第275页。

智、创建共和政体等方面的重要历史作用，“中国社会从鸦片战争以后，逐渐发生了一个新兴的力量，这就是资产阶级民主主义的革命力量。另一个是传统的封建反动势力。近百年来的中国史，也就是这两个力量的长期斗争史。革命力量以推翻封建制度，建立民主政治发展资本主义经济为目标，反动力量以把持封建专制政权，勾结帝国主义及其走卒买办资产阶级协力反对民主革命为职志。在辛亥时代，革命力量以孙中山先生领导的同盟会为代表，反动力量以载沣领导的满清政府及袁世凯领导的汉族文武官僚为代表。满清政府对帝国主义虽极恭顺，但它已是顽钝的，人民面前威信扫地的，腐朽到不堪供帝国主义使用的工具了……中国是三千年封建专制的国家，朝代可换，皇帝必不可无的传统观念，大圣群贤苦心制造的‘君天也，天可逃乎’一类‘永恒真理’，深入人心，牢不可破，辛亥以后自然幻灭了（顽固分子例外）。人民虽然仅仅获得民主共和的空名，但民主共和代替了‘天皇神圣’，建立民国的政治原理教育了全国广大人民，那么抑在社会下层的工农群众觉悟到自己不是统治阶级的奴役而是国民一分子，更觉悟到统治阶级善于改头换面，挂出好看的政治招牌，保持传统政治，镇压民主革命的本质决不可变，这种觉悟的开始，即造成新民主主义革命的必要前提，辛亥革命伟大的成就就在这里。小资产阶级知识分子在革命运动中有其重大的作用。满清时代止有少数最先进的青年敢于从事革命活动，辛亥以后，一般学生踊跃参加政治运动，普及全国，留学生远落在国内学生后面，原因之一就在辛亥革命开其风气。这一成就对后来革命事业的发展，也有伟大的意义。总之，辛亥时代的革命力量（落后的民众和落后的政党）根本不可能一下推翻旧统治势力，君主制度的根绝（洪宪复辟两次尝试，立即覆灭，即其明证），民主国家的建立（虽然是名义上的），在历史发展进程中，确是跃进了一大步，所以辛亥革命的成就部分也许比失败部分要大些”。①

正是因为范文澜的史学研究具有强烈的革命性和致用性，体现出鲜明的致用与求真相结合的特征，所以无论对当时的知识界，还是广

---

① 《范文澜全集》（第10卷），河北教育出版社2002年版，第90—92页。

大民众而言，都具有强大的鼓动作用，彰显出其革命匕首与标枪的强大威力。因之，对范文澜等马克思主义史学者的历史研究，国民政府深感威胁，想方设法予以查禁，1942 年 2 月 9 日，中央图书杂志审查委员会认定《中国通史简编》“完全以派系私利为立场，曲解史实，强调阶级意识，足以淆惑听闻，动摇青年之信念，应即予查禁”。①

范文澜主张“学术研究一定要为政治服务”，② 在追求史学研究致用性的同时，亦力图求真，以客观全面地阐述历史的演变过程，但其史学研究的鲜明政治性，使得这一平衡，有时难以避免地被打破，史学研究因而表现出鲜明时代性和一定的简单化倾向。如他称呼晚清大臣曾国藩为“汉奸”“汉奸头子”，③ 认为“第二次鸦片战争与第一次一样，人民走的是反抗路线；统治阶级走的是投降路线”。④ 在研究清末统治者的新政举措时，范文澜将清政府《钦定宪法大纲》与国民党集权统治相对比，同样体现出其史学研究的革命实用性，“国民党的‘五五宪草’以及在全国人民要求民主的呼声前面，故意强调‘法治’、‘守法’的思想，不也还继承了这个传统吗”？⑤ 可见，正如李怀印所指出的那样，“范的运用历史去攻击蒋介石的目的显而易见。在他看来，学术研究与政治是不可分的”。⑥ 其学术研究与现实政治的密切关联，亦可在 1951 年发表的对武训生平的评价中体现出来，正是源于学术研究要为现实革命斗争服务的观念，范文澜在未能真正了解武训生平事迹的情况下，即从阶级分析、阶级斗争的角度出发，对武训的生平进行了简单化的否定评价，认为“武训这个人，从头顶到脚底，从皮肤到血管，浸透了封建主义的毒素，当土地改革正在进行

---

① 《国民党中央图书杂志审查委员会查禁范文澜著〈中国通史简编〉有关函件》，《中华民国史档案资料汇编·第五辑第二编文化（一）》，江苏古籍出版社 1992 年版，第 627 页。

② 《范文澜全集》（第 10 卷），河北教育出版社 2002 年版，第 429 页。

③ 《范文澜全集》（第 6 卷），河北教育出版社 2002 年版，第 461 页。

④ 《范文澜全集》（第 9 卷），河北教育出版社 2002 年版，第 161 页。

⑤ 《范文澜全集》（第 10 卷），河北教育出版社 2002 年版，第 124 页。

⑥ ［美］李怀印：《在传统与革命之间——范文澜与近代中国马克思主义史学的起源》，罗嗣亮、临川译，《现代哲学》2012 年第 6 期。

的今天，居然有不少人在歌颂他”，[①] 这显系未能在史学研究的致用性和求真性之间真正保持平衡。当然，范文澜史学研究在此方面的局限性相当程度上源于政治因素和时代环境的影响，后学者对此不能过于苛责。

其二，在历史研究中，强调指出人民大众是历史的创造者，重视历史演进过程中物质发展和经济建设的核心地位。

毛泽东指出：“人民，只有人民，才是创造世界历史的动力。”[②] 与党的领袖的观点相呼应，范文澜在历史研究中，对人民是历史变迁的主要推动力这一观点多有阐述。他认为生产力是历史发展变迁的根本推动力，制造和使用生产工具的劳动人民则是历史的推动者，正是由劳动人民主导的生产力的发展引导着社会变迁的历史轨迹。“生产力是由生产工具和‘人力’组成的。‘人力’里面包括劳动技能和生产经验。生产工具是谁制造的？由谁来使用呢？很明白，生产工具是劳动人民制造的，也是由劳动人民使用的。例如工人造了铁犁，农民使用铁犁来耕种。既然生产力是历史的推动力，那么制造生产工具和使用生产工具的劳动人民便是历史的推动者，也就无疑是历史的主人”；[③] “哪一种物质力量引导封建社会这样一段又一段地发展着呢？最根本的物质力量就是发展中的生产力”。[④] 历史发展的原动力就在于劳动人民在一定的相互关系条件下使用生产工具进行物质资料的生产，研究历史不能只看生产关系中统治阶层的一面，更应注重被压迫、被剥削的劳动人民对经济社会发展的巨大推动作用，充分重视他们反抗压迫、改变生产关系、推动生产力发展的重大历史作用，将生产力的发展视为历史发展的决定性因素，“一切历史现象，追溯到最根本的因素，乃是生产力与生产关系。历史发展的原动力是劳动人民在一定的相互关系条件下拿着工具在生产物质资料。现在我们对几千年历史的看法，必须彻底翻他一个身。过去读历史，只看生产关系里

① 《范文澜全集》（第 10 卷），河北教育出版社 2002 年版，第 204 页。

② 《毛泽东选集》（第 3 卷），人民出版社 1991 年版，第 1031 页。

③ 《范文澜全集》（第 10 卷），河北教育出版社 2002 年版，第 160 页。

④ 同上书，第 231 页。

面的一面，偏重在各个朝代的盛衰兴亡，典章制度的沿革改订，帝王将相的功过优劣，文武官员的升降黜陟，文人学士的佳话轶事，英雄豪杰的‘丰功伟业’等，一句话，偏重在压迫、剥削、统治阶级的方面，也就是偏重在生产关系里高高在上的一面（当然，我们并不否认每个剥削阶级在一定历史时期，也曾有过它的进步性和革命性），对被压迫、被剥削、被统治阶级的一面，即生产关系里受苦受难的一面，是不重视或无视的，把他们反抗压迫的阶级斗争看作‘乱民’、‘叛民’、‘流寇’，至于把生产力的发展，看作历史的决定到最后的因素，那就更谈不到了。这样的看法如果不改变，就永远找不到历史的主人，永远看不见历史的本质”。[①] 在他撰写的《中国通史简编》中，明确历史的主人是劳动人民，而非旧的历史书写中的帝王将相等统治阶层，“书中肯定历史的主人是劳动人民，旧型类历史以帝王将相作为主人的观点被否定了”，[②]“劳动人民的命运就是整个历史的命运，不看清这一件大事，等于忘记了劳动人民是历史主人的原则”。[③]

当然，范文澜也并不讳言农民阶级（劳动人民的主体部分）自身行为和观念的落后性，指出农民阶级是封建社会的重要组成部分，小农经济的保守性正是封建社会长期延续的重要因素。如果没有新兴革命阶级的领导和新兴生产力的发展，旧的社会制度和生产方式仍旧会在原有轨道上运行。“正因为历史发展的推动力是农民阶级而不是其他先进生产阶级；所以只能打击封建制度而不能打破封建制度。也就是说，如果中国与世界隔离，继续闭关自守的话，封建农业经济还会遵循旧公式保存下去，封建社会一时还不会灭亡。”[④] 生产力和生产关系发展的滞后性，正是中国封建社会长期稳定的重要原因，“中国封建社会里一切生产力，一方面既还保有发展的余地，另一方面自然不会有新的生产关系的出现，那么，鸦片战争以前，中国封建农业经济将遵循着老公式缓慢的进行……鸦片战争以后，外国资本主义侵入中

① 《范文澜全集》（第 10 卷），河北教育出版社 2002 年版，第 165 页。
② 《范文澜全集》（第 8 卷），河北教育出版社 2002 年版，第 666 页。
③ 同上书，第 669 页。
④ 《范文澜全集》（第 10 卷），河北教育出版社 2002 年版，第 181 页。

国，旧的完整的封建制度被打破了，但只是破了一部分，变成半殖民地半封建的社会。这个半封建社会的地主阶级与帝国主义勾结，成为帝国主义统治中国的主要社会基础；它的存在，因有帝国主义的利用而得到可靠的保证。太平天国革命运动曾企图用武力消灭地主阶级，结果外国侵略者与中国封建势力联合起来消灭了太平革命。此后，资产阶级的代表人如康有为《大同书》、陶成章（龙华会规章）、章太炎（代议然否论）、孙中山（平均地权）在各种不同的程度上，都表示反对封建制度，但都是托之空言，并无实际作为，这也难怪，历史命定了中国资产阶级患着先天不足的软弱症，不可能希望它担当起资产阶级民主革命的艰巨任务”。[①] 旧式农民起义的局限性即在于其并不能从根本上改变旧式生产关系和推翻奠基于原有生产力、生产关系的专制制度而建立起新的社会制度，“[秦末农民起义] 这是中国历史上第一次农民起义，它推倒了秦朝统治，消灭了西周以来最后的一个领主。这也是第一次说明没有达到现代无产阶级领导革命时代，农民起义止能争取到短期的休息，部分的减轻负担，减少苛法，却不能推翻封建制度”；[②] “凡钟相的徒属，都自己耕耘，劳动得食。没收的土地，分配给农民……田蚕兴旺，生计丰富……人皆乐附而从之，以为天理当然”。[③] 历史上无数次的农民起义，为什么多数会失败？范文澜认为：“黄巾式的起义，东汉以后，历朝继续出现，农民愚昧无识，一次又一次地受他们的欺骗，牺牲极大，成就很小，完全证明农民没有进步阶级领导，起义决不会有好的前途。”[④] 并指出“封建社会农民起义，只能推翻旧的地主政权，起而代之的依然还是地主政权，对农民不会有什么好处。止有在无产阶级革命时代，农民才能得到正确的领导，才能得到真正的出路”。[⑤]

其三，强调客观评价历史发展过程中统治阶级成员的地位和作用。

---

① 《范文澜全集》（第 10 卷），河北教育出版社 2002 年版，第 189 页。

② 《范文澜全集》（第 7 卷），河北教育出版社 2002 年版，第 90 页。

③ 《范文澜全集》（第 8 卷），河北教育出版社 2002 年版，第 356 页。

④ 《范文澜全集》（第 7 卷），河北教育出版社 2002 年版，第 113 页。

⑤ 同上书，第 89—90 页。

在史学研究中，范文澜坚持以对立统一规律这一唯物辩证法的根本规律来考察中国历史的变迁，认为历史上的人民大众与帝王将相构成中国社会既对立又统一的组成部分，在承认人民大众是历史发展根本动力的同时，亦不能完全走向传统历史观的另一面，看不到统治阶层在历史发展过程中的进步作用，而应秉持实事求是的态度，客观认识统治阶层在历史发展中所扮演的角色。他指出，马克思主义认为“历史是劳动群众的历史”，这本是真理，但如果把这一点绝对化、片面化，只承认历史上的劳动群众，不承认历史上的帝王将相，则显然是不可取的，“这就成了谬论，这种谬论应受到大家的反对”。①

对历史上统治者的评价，范文澜认为，要从历史演变的时代环境和发展趋向出发，根据其所作所为，采取辩证分析的方法，得出客观全面的评价，不可不从当时历史状况出发而机械片面地贸然全面肯定或全面否定。因之，对于历史上的帝王将相，应根据其所处时代的经济、社会等状况，给予符合历史实际的评价。“属于封建统治阶级的帝王将相，就他们整个阶级地位来说，没有问题是压迫人民、剥削人民的。但是他们中的某一些人，在一定的历史条件下，确实也起了推动历史进步的作用，如果一律否认或缩小他们对历史的贡献，那是不对的。”② 对于秦始皇，范文澜既认为他是一个暴君，又认为他建立地主政权代替领主政权及创建的新制度，符合历史的发展需要，必须给予充分的肯定，“一个皇帝在历史上应得的评价，只能依据他的表现来加以判断。如果表现得好（当然不可能有完全的好），那就是符合当时社会的需要，他的专制主义的广大权力，也就得到当时社会的承认，他所发起或完成的某些有益事业，也就作为积极的因素而被珍重。秦始皇正是一个这样的历史人物。尽管他是个暴君，但是，他建立地主政权来代替领主政权，建立统一的大国代替割据的小国，比起秦以前的封建时代来，显然是进入了新的时代，他和他的统治机构，

① 《纪念太平天国革命110周年，首都史学界讨论六篇学术报告——范文澜发言说历史研究必须坚持严格的历史主义》，《人民日报》1961年5月31日。

② 《范文澜全集》（第8卷），河北教育出版社2002年版，第671页。

显然比前一时代的封建国家起着较多的作用。因此，他创建的许多制度，是符合当时社会的需要的。后来延续二千年之久的封建体制，基本上是秦制的逐步演变”。[①] 对王莽改制，范文澜既肯定其力图解决当时的社会问题的想法，更明确指出其不但未能解决问题，反而加深了人民的苦难，引起各阶层的广泛反对和抵抗，并导致其统治被推翻，“王莽新制度，既被统治阶级反对，贫民又一无所得，反增官吏侵扰的痛苦，社会问题未得解决，反而更严重化了。他又想发动对外战争，来缓和国内的危机，凭空制造事端向外族挑衅……四夷被迫反乱，兵连祸结，加重人民的灾难。他又想用奇特的刑罚，来镇压人民的反抗。例如屡变钱币制度，禁民私铸，一人犯禁，五家连坐，没入当官奴婢。男子坐囚车，妻儿步行，用铁锁铁索缚头颈，解送京城，人数在十万以上。他竟把旧夫妇重新乱配一番，愁苦冤死的十有六七。王莽做了十五年皇帝，不能解决当时的根本问题，却加深了人民的灾难。农民起义成熟了，贵族地主也要参加这个起义，王莽变成了独夫，企图解决问题的王莽，成为被问题解决的王莽”。[②] 在分析班超出使西域成功的缘由时，范文澜认为这一方面是君臣相知，另一方面在于班超善于利用客观条件，对统治者加强中西交流的举措予以了充分肯定，“东汉自光武中兴以后，明帝、章帝都是英明之主，信任班超，不听谗言，国家实力也培养得很充足。同时西域诸国，第一，文化幼稚，知识薄弱；第二，各国互相攻击，不能统一；第三，恐惧匈奴，一部分国家愿受中国的保护。班超能利用这许多客观条件，所以从艰苦奋斗中造成了功业，相信没有丝毫侥幸成分，来在里面。我们论定班超的成功既是当然的而非偶然的”。[③] 对三国时期的蜀国丞相诸葛亮，范文澜同样给予了高度评价，“诸葛亮隆中定策，本想再一次走汉光武帝的道路，可是客观形势的变化，这条或可行通的道路显然是必不可通了。给他留下的只有主观努力的一面。他在这一面的努

① 范文澜:《中国通史简编》(修订本第二编)，人民出版社 1964 年版，第 9—10 页。
② 《范文澜全集》(第 7 卷)，河北教育出版社 2002 年版，第 104 页。
③ 《范文澜全集》(第 6 卷)，河北教育出版社 2002 年版，第 204 页。

力，确是达到无以复加的高度，凡是封建统治阶级可能做到的较好措施，他几乎都做，因之，他的攻魏计划虽是失败了，他所治理的汉国，在三国中却是最有条理的一国”；“他以‘鞠躬尽瘁，死而后已’的精神来效忠汉国，无异于屈原的效忠楚国。他集中权力在一身，但是汉后主并不感到他的威胁，朝臣们并不感到他的僭越，国内始终保持着和睦状态”。[①] 对隋文帝杨坚，范文澜对他的勤俭朴素和惩治贪污予以充分肯定：“杨坚教诫太子勇说：‘自古帝王，从没有好奢侈而能久长的，你做副君，应该以俭约为先。’坚在位二十四年，的确生活朴素，减轻剥削，三百年来，人民第一次获得休养生息的机会。坚对臣属用刑极严，功臣勋旧，诛逐略尽。贵族大姓破家的多，人民得益不小。官吏受贿，即使小物如鹦鹉麖皮马鞭等类，发觉处死刑不贷。虽说近乎残酷，却使官吏不敢过于作恶。坚多少懂些民为邦本的意义，所以开皇时代，经济欣欣向荣，户口垦田大量增殖起来。”[②] 对唐朝前期唐太宗、武则天、唐玄宗加强经济建设、推动社会发展的为政举措予以赞扬：“这三个皇帝，高度掌握中央集权的威力，在执政期间，政治比较清明，社会比较安静，劳动民众得以逐渐恢复和发展生产力，补救隋炀帝大破坏的创伤，并且超越隋文帝开皇年间的繁荣景象。他们的行事，大体上符合广大民众的愿望，特别是唐太宗，为统一与和平奠定了巩固的基础，无疑是历史上少有的卓越人物。”[③] 对唐太宗善于纳谏的品质，范文澜予以肯定：“封建社会不容发生民主制度，皇帝能纳谏，就算难得的贤主。世民常对群臣说，你们应该不惜苦谏，纠正我的错误。魏徵屡次犯颜直谏，世民总是虚心听从。某次世民退朝发怒道，总有一天杀这田舍翁。皇后长孙氏问是谁。世民道，魏徵时常当众侮辱我。长孙后贺道，魏徵忠直，正因陛下是个明主。世民听了喜悦。世民一样爱好奢侈、修筑、田猎、女色，止是能纳谏，所以成为贤君。”[④]

---

① 范文澜：《中国通史简编》（修订本第二编），人民出版社 1964 年版，第 205、208 页。

② 范文澜：《范文澜全集》（第 7 卷），河北教育出版社 2002 年版，第 224 页。

③ 范文澜：《中国通史简编》（修订本第三编第一册），人民出版社 1965 年版，第 92 页。

④ 范文澜：《范文澜全集》（第 7 卷），河北教育出版社 2002 年版，第 232—233 页。

对清朝后期西方进行的侵华战争，马克思一方面对当时清政府昧于时势、抱残守缺的行为予以强烈抨击，“满族王朝的声威一遇到英国的枪炮就扫地以尽，天朝帝国万世长存的迷信破了产，野蛮的、闭关自守的、与文明世界隔绝的状态被打破，开始同外界发生联系”；[①] 另一方面马克思和恩格斯对西方的侵略行径进行严厉批判，充分认同中国人民进行的正义斗争，“半野蛮人坚持道德原则，而文明人却以自私自利的原则与之对抗”，[②] 并指出中国人民在抗争历程中走向现代化道路，必将带来“整个亚洲新纪元的曙光”，“过不了多少年，我们就会亲眼看到世界上最古老的帝国的垂死挣扎，看到整个亚洲新纪元的曙光”。[③] 如何看待清代后期现代化的西方列强对落后中国的侵略及中国民众（包括统治阶层）抵御外侮的行为，范文澜正是坚持了马克思历史唯物主义和辩证唯物主义态度，进行实事求是的分析，既认识到西方列强在社会发展阶段的进步性，批评清朝统治阶层专制腐败、抱残守缺的落后性，同时又将其时中国的反帝斗争与历史上中国各民族间的冲突、战争进行必要区分，严厉批判西方列强对中国的侵略瓜分、讴歌中国人民（包括统治者在内）反抗侵略、保护国家利益的正义斗争。“清朝政府反抗英国的侵略，正符合保护共同利益以免外来侵犯的原则。林则徐为首的一批统治者，为抗英出了力，为后来中国人民反帝运动开了端，中国沦为半殖民地，还不曾变成完全殖民地，就是靠中国人民联合统治阶级的进步派，不屈不挠地进行顽强的抵抗，尤其是义和团的顽强反抗，迫使帝国主义知难而退，暂时收起瓜分中国的野心。如果按照机械公那种想法，资本主义社会的英国来了，封建社会的中国就该束手就擒，坐而待毙，一切抵抗都是违反社会发展规律的。那么，中国除了亡国，还有什么道路可走呢?”[④]

---

① ［德］马克思：《中国革命和欧洲革命》，《马克思恩格斯选集》（第 1 卷），人民出版社 1995 年版，第 691 页。

② ［德］马克思：《鸦片贸易史》，《马克思恩格斯选集》（第 1 卷），人民出版社 1995 年版，第 716 页。

③ 同上书，第 712 页。

④ 《范文澜全集》（第 10 卷），河北教育出版社 2002 年版，第 305—306 页。

其四，在历史研究中，重视区分历史发展的普遍规律与特殊规律，突出表现在他对中国封建社会发展过程的考察。

对于历史研究，毛泽东曾指出：“研究通史的人，如果不研究个别社会、个别时代的历史，是不能写出好的通史来的。研究个别社会，就是要找出个别社会的特殊规律。把个别社会的特殊规律研究清楚了，那末，整个社会的普遍规律就容易认识了。要从研究特殊中间，看出一般来。特殊规律搞不清楚，一般规律是搞不清楚的。”① 对历史研究中普遍规律与特殊规律的关系，范文澜尤为重视，他在中国历史的研究中，既注意中国社会变迁与外部因素的联系，又注重中国自身发展的特殊性，而非人云亦云，生搬硬套外国历史的发展模式和变迁轨迹。“从大量矛盾的普遍性方面总结出一般的规律……从大量矛盾的特殊性方面总结出局部的规律，局部的规律就是特殊规律。它们产生在特定的时间、地点、条件下，因之，这一国不同于别一国，这一民族不同于别一民族，这一社会不同于别一社会，这一历史阶段不同于别一历史阶段……研究矛盾的特殊性，就是具体地分析具体情况，而这正是马克思主义底活的灵魂。”② 他认为，对马克思主义的学习，要神似而非貌似，要把马克思主义的普遍真理与具体实践相结合，而非囫囵吞枣，把马克思主义作为灵丹圣药，千篇一律地加以运用，“学习马克思主义要求神似，最要不得的是貌似。学习理论是要学习马克思主义处理问题的立场、观点和方法。学了之后，要作为自己行动的指南，把马克思主义理论和实践联系起来，也就是把普遍真理和当前的具体问题密切结合，获得正确的解决。问题的发生新变无穷，解决它们的办法也新变无穷，这才是活生生的富有生命力的马克思主义，这才是学习马克思主义得其神似。貌似是不管具体实践，把书本上的马克思主义词句当作灵丹圣药，把自己限制在某些抽象的公式里面，把某些抽象的公式不问时间、地点和条件，千篇一律地加以应用。这是伪马克思主义，是教条主义”。③ 因此，

---

① 《毛泽东文集》（第 8 卷），人民出版社 1999 年版，第 106 页。

② 《范文澜全集》（第 10 卷），河北教育出版社 2002 年版，第 389—390 页。

③ 同上书，第 387—388 页。

他认为历史研究应该坚持严肃学风，反对未深入研究具体历史状况而哗众取宠的放空炮现象，“真正打得倒敌人的历史学大炮是经过切切实实研究的历史著作（论文或书籍）。要造出这种大炮，必须对所要研究的历史事件做认真的调查工作，阅读有关的各种书籍，系统地从头到底读下去，详细了解这件事情的经过始末，然后用马克思列宁主义、毛泽东思想的观点方法来分析事情发生的原因和发展过程中发生的好的因素和坏的因素，判断这件事情的趋向是什么”。[①] 故他认为，历史发展的普遍规律应与中国社会发展的具体情形相结合，进行深入细致的历史研究，反对照搬照抄的教条主义做法，“例如恩格斯的《家庭、私有制和国家的起源》一书，是我们研究古代社会的指南。列宁说过，这本书，‘其中每一句话都是可以相信的，每一句话都不是凭空说出，而都是根据大量的历史和政治材料写成的’。既然如此，是否可以原封不动地搬来讲中国古代史呢？不行，恩格斯在书中固然把普遍规律指出了，但这些普遍规律是同印第安人的原始社会，希腊、罗马的奴隶社会，西欧的封建社会的特殊规律结合着的，它们有各自的特殊规律，和中国相比，就有很多很大的不同。……我们学习马克思列宁主义，是要从它那里找立场、观点和方法。教条主义却完全相反，它满足于书本上的一些普遍规律，不知道此外还有特殊规律；它把书本上的特殊规律也当作普遍规律，不知道特殊规律只是局部性质的东西。归根说来，只承认矛盾的普遍性，否认矛盾的特殊性，这就是教条主义的特征，而教条主义是什么问题都不能解决的”。[②] 在考察欧洲人航海与郑和航海两个历史事件时，范文澜即具体问题具体分析，敏锐意识到两者的本质差异，“欧洲人航海是适应了当时商业资本发展的需要，含有进步意义。郑和航海，主要是求满足皇帝‘万国朝贡’的侈心，……所以欧洲因航海通商，收得社会向上发展的效果，中国航海通商，反招致民穷财尽的怨声”。[③] 具体体现在其历史研究中，则表现为他对中国汉

① 《范文澜全集》（第10卷），河北教育出版社2002年版，第446页。
② 同上书，第391页。
③ 同上书，第509页。

族形成过程的阐述和中国封建社会发展过程的剖析。

关于民族的形成，斯大林认为："民族是历史上形成的一个有共同语言、有共同地域、有共同经济生活以及有表现于共同文化上的共同心理素质的稳定的共同体。同时，不言而喻，民族也和任何历史现象一样，是受变化法则支配的，她有自己的历史，有自己的始末。"① 斯大林又说："必须着重指出，把上述任何一个特征单独拿来作为民族的定义都是不够的。不仅如此，这些特征只要缺少一个，民族就不成其为民族。"② 他认为民族形成是在资本主义时期，正是在资本主义时期，民族的经济中心和文化中心等要素形成后才使得民族发展起来，"世界上有各种不同的民族。有一些民族是在资本主义上升时代发展起来的，当时资产阶级打破封建主义和封建割据局面而把民族集合为一体并使它凝固起来了。这就是所谓'现代'民族"；③ "在资本主义以前的时期是没有而且不可能有民族的，因为当时还没有民族市场，还没有民族的经济中心和文化中心，因而还没有那些消灭各该族人民经济的分散状态和把各该族人民历来彼此隔绝的各个部分结合为一个民族整体的因素"。④

在史学研究中，范文澜既认同斯大林民族构成四要素的观点，同时又并不拘泥于斯大林民族在资本主义时期形成的看法，他在深入考察中国汉族形成的历程时，提出在秦汉时代，汉族即初步形成，其后继续发展并完善的创新性论断。他认为："汉族自秦汉以下，既不是国家分裂时期的部族，也不是资本主义时期的资产阶级民族，而是在独特的社会条件下形成的独特的民族。"⑤ 早在近代以前，汉族就已发展成一个具备斯大林所说的四要素的完善的民族，而近代资产阶级的软弱性使其难以承担民族纽带的重任。对此，范文澜有着细致的阐述："汉族自秦汉时起，不待言，它决不是资产阶级民族。而且就在

① 《斯大林全集》（第 2 卷），人民出版社 1953 年版，第 294 页。

② 同上书，第 295 页。

③ 《斯大林全集》（第 11 卷），人民出版社 1955 年版，第 288 页。

④ 同上书，第 289 页。

⑤ 范文澜：《中国通史简编》（修订本第一编），人民出版社 1964 年版，绪言第 61 页。

鸦片战争以后，在中国的社会经济生活中，同买办资本和高利贷资本结合在一起的地主阶级依然占着显著的优势，而中国民族资本主义虽然有了某些发展，并在中国政治的、文化的生活中起了颇大的作用，但是，因为处在帝国主义封建主义的严重压迫下，它并没有成为社会经济的主要形式，它的力量是很软弱的，它不曾也不可能起着'打破封建主义和封建割据'的作用。和这相反，中国封建势力在帝国主义支持下，呈现北宋以来所未有的割据状态。因此，在中国近代史上资产阶级并不是民族的纽带。也就是说汉民族有它自己的发展过程，并不因为有了资本主义才开始成为民族……自秦汉时起，可以说，四个特征是初步具备了，以后则是继续发展着……《礼记·中庸》托名孔子说'今天下车同轨，书同文，行同伦'。《中庸》所谓今，显然是指秦统一之后，这与《史记·秦始皇本纪》所记秦始皇的统一措施是符合的。荀子的学说通过李斯在秦朝实现了。按照四个特征，'共同的语言'就是'书同文'。李斯作小篆，'罢其不与秦文合者'。汉时'学僮十七已上始试……书或不正，辄举劾之'（《说文解字》叙）。这说明自秦汉起，用以表达语言的字体全国完全一致，更不用说语法结构上的一致了。'共同的地域'就是长城之内的广大疆域。'表现于共同文化上的共同心理素质'就是'行同伦'。儒家思想的主要部分，即祖宗崇拜与孝道，是汉族的共同心理。秦时'以吏为师'，汉时立太学和郡学，讲授五经，太学和郡学成为全国的大小文化中心。以上三个特征，自秦汉时起确是具备了。在整个封建社会（包括半封建社会）时代里，本质上没有什么变化……'车同轨'可以了解为相当于'共同经济生活'、'经济的联系性'这个特征。"①范文澜认为，封建割据的消灭和大小市场的形成是汉族形成的要素，但是资本主义并不存在，这与欧洲历史有不同之处，这彰显出范氏注重比较历史发展的普遍规律与特殊规律，不拘泥于教条、机械照搬外来发展模式的鲜明治史风格。他经过考察指出，汉族自秦汉以来，既不是国家分裂的部族，也不是资本主义时代的资产阶级民族，而是在

① 《范文澜全集》（第10卷），河北教育出版社2002年版，第253页。

独特的社会条件下形成的独特的民族。它不到资本主义上升时期而四个民族构成的特征就已经脱离萌芽状态，在一定程度上变成了现实。当欧洲资本主义侵略者侵入后，一方面，中国变成半殖民地半封建的国家，另一方面，民族反抗运动蓬勃地开展起来。太平天国运动、义和团运动两次大规模的民族反抗运动，都是由农民阶级发动的，根本没有资产阶级的领导，“这个事实，说明了汉民族在资产阶级产生以前，早就是坚强的民族，也说明了以资产阶级为领导的资产阶级民族并不存在。辛亥革命是资产阶级领导的，但是，它没有领导起农民阶级，而这一点正是资产阶级民族不曾形成的确实证据。因为农民阶级是一个民族的最大构成部分，既然中国资产阶级没有领导它，哪里还有资产阶级领导的民族呢？不论在殖民地国家，不论在半殖民地半封建国家，只要资产阶级对广大农民发生了影响，农民在政治上跟着它走，即使国家性质不变，资产阶级到底是领导的阶级了。反之，就不是民族的领导阶级。中国资产阶级恰恰就是不领导农民的阶级，而领导农民的任务，不能不落到中国无产阶级的身上”。① 资产阶级的文化思想只是在小资产阶级知识界起作用，对广大农民则没有什么影响。软弱的资产阶级没有力量领导农民进行斗争，形不成资产阶级的民族，产生在帝国主义时代的中国资产阶级，难以承担领导民族运动的任务。“如果中国近百年真有资产阶级民族存在的话，中国近代史和现代史都将无法解释，特别是资产阶级既是民族的领导阶级，为什么会放弃领导的地位变成被工人阶级领导的一员。反之，如果认识到汉民族早就是一个民族而不是资产阶级民族，那么，太平天国运动、义和团运动为什么那样规模巨大，辛亥革命为什么那样无力，中国民族革命民主革命为什么一定要中国无产阶级来领导和完成，而中国资产阶级为什么只能是民族民主统一战线的一个部分，诸如此类，都可得到解释。”② 他进一步指出，在中国封建社会形成的汉族，并不曾转化为资产阶级民族。汉族在中国无产阶级和中国共产党领导下，作为属于世界无产阶级社会

① 《范文澜全集》（第10卷），河北教育出版社2002年版，第259页。

② 同上。

主义革命的一部分而进行斗争，逐渐形成为社会主义的民族。在革命胜利以后，经过一个过渡时期，汉族就成为完全的社会主义民族。因此，“中国近代史证明不曾形成过资产阶级民族，似不应以无为有；中国古代史证明汉族在独特的条件下早就形成为民族，似不应以有为无。历史的具体事实正是有和无的根据”。[①] 可见，范文澜正是基于实事求是的科学研究精神，既积极借鉴斯大林的民族论述，又坚持从中国历史演进的实际情况出发，正确认识普遍规律与特殊规律的关系，故而能够提出对汉族形成的客观见解。

对中国封建社会形成和发展的研究，自20世纪二三十年代以来，中国史学界即存在不同的看法。要深入认识中国古代社会的发展轨迹，就需要充分考察相关史料，进行细致的考察，然后才能够得出客观明晰的结论。正如马克思所指出的那样，“任何时候，我们总是要在生产条件的所有者同直接生产者的直接关系——这种关系的任何当时的形式必然总是同劳动方式和劳动社会生产力的一定的发展阶段相适应——当中，为整个社会结构，从而也为主权关系和依附关系的政治形式，总之，为任何当时的独特的国家形式，发现最隐蔽的秘密，发现隐藏着的基础。不过，这并不妨碍相同的经济基础——按主要条件来说相同——可以由于无数不同的经验的情况，自然条件，种族关系，各种从外部发生作用的历史影响等，而在现象上显示出无穷无尽的变异和彩色差异，这些变异和差异只有通过对这些经验上已存在的情况进行分析才可以理解”。[②] 在中国封建社会形成的研究方面，著名史学家吕振羽首提西周封建说，他在1935年出版的《殷周时代的中国社会》一书中提出，周克殷后，周人一方面把原来的奴隶解放，另一方面把原来的农村公社和氏族公社转化为封建庄园，把原来土地上的居民重新编制而转化为农奴。因此，西周是“封建制历史行程的发轫”。[③] 吕氏此一观点，在当时便受到了“国内外学术界的注释与热烈批判”，[④] 支持此说的

① 《范文澜全集》（第10卷），河北教育出版社2002年版，第260页。

② 《资本论》（第3卷），人民出版社2004年版，第894—895页。

③ 吕振羽：《殷周时代的中国社会》，生活·读书·新知三联书店1962年版，第132页。

④ 同上书，初版序，第3页。

历史学者有翦伯赞、邓拓等人。郭沫若则不认同吕振羽等人的观点，他对中国古代社会的分期问题，提出了自己的看法，认为中国奴隶社会与封建社会分界的下限为春秋与战国之交的公元前475年，“关于奴隶制的下限，我前后却有过三种不同的说法。最早我认为：两种社会制度的交替是在西周和东周之交，即在公元前770年前后。继后我把这种看法改变了，我改定在秦、汉之际，即公元前206年前后。一直到1952年年初，我写了《奴隶制时代》那篇文章，才断然把奴隶制的下限划在春秋和战国之交，即公元前475年”,①“把绝对的年代定在周元王元年，即公元前475年。在这之前的春秋作为奴隶社会的末期，在这之后的战国作为封建制的初期”。② 范文澜则认同吕振羽等人的西周封建说，他在详细考察商周史料的基础上，对此进行了更为详细全面的阐述。他认为在西周时期还有奴隶社会的残留，但从主体因素和发展趋向来看，西周无疑代表着封建社会的开端，“依据上面的论证——如果这些证据可靠的话——西周已开始封建社会。当然，氏族社会奴隶社会的残余保留还是很多，但这些残余之能保留下来，只是由于传统及惰性力，不能再有所发展了，我们不应该误认残余为这个社会的本质，而忽视新因素的向前发展，因为新制度是发展着，而旧制度则日趋瓦解，即使在开始时，旧的还占较大比重的力量，而必然要被新制度所代替，是无可置疑的。所以，文王国土虽小终能灭商，恰好证实了这个历史的定义”。③ 范文澜认为，中国历史的发展有自身特点，不能“削中国历史之足，以适西欧历史之履”。④ 他批评尚钺的《中国历史纲要》一书比附西欧的社会发展阶段，不能充分认识到中国自身历史发展的特殊性，“他们那里是封建社会开始了，中国也跟着开始封建社会；西欧封建社会发达起来了，中国封建社会也跟着发达起来”。⑤ 学术研究见仁见智，笔者在此无意比较范文澜与郭

---

① 《郭沫若全集》（历史编第3卷），人民出版社1984年版，第4页。

② 同上书，第38页。

③ 《范文澜全集》（第10卷），河北教育出版社2002年版，第43页。

④ 同上书，第394页。

⑤ 同上书，第393页。

沫若的具体观点，而在阐明范氏在进行中国古代社会发展的考察时，重视普遍规律与特殊规律的联系与区别，故观点颇具说服力。他从农业、手工业、工场手工业等方面进行阐述，将封建社会的演进轨迹划分为初期封建社会、中期封建社会和后期封建社会，推动中国封建社会的核心要素即在于生产力与生产关系的变革。“西周到战国的生产关系，一般地，在农业方面，主要是领主对农奴的剥削，其次才是对耕种奴隶的剥削。在手工业方面，是领主对工业奴隶的完全占有。这和生产力低微，剥削者对被剥削者必须加以高度强制力的情形是相符合的。此外，小私有经济的民间手工业与农奴解脱为农民的过程相适应，一直在进展，到战国时，民间手工业已达到相当的规模。根据这样的生产关系，所以定西周至战国为初期封建社会。秦汉至南北朝的生产关系，一般地，在农业方面，主要是地主对农民（主要是徒附）的剥削，其次才是对耕种奴隶的剥削。在手工业方面，主要是民间手工业，其次才是地主和大工商业者对工业奴隶的剥削。因为生产力比前一时期显著提高了，而奴隶劳动的存在，对前一时期还处在‘承前’状态中，所以定为中期封建社会的前段。隋唐至元末的生产关系，在农业手工业方面，奴隶劳动已经不成为障碍，因之小私有经济得以加速的进展，一直到工场手工业的开始出现。这对后一时期还处在‘启后’的状态中，所以定为中期封建社会的后期。明至清鸦片战争以前的生产关系，除地主对农民的剥削和中期后段基本上相似以外，在手工业工场里出现了资本主义的生产关系。这虽然远没有发生破坏封建制度的力量，但迟早是会发生的，工人阶级的先驱者已经预示了这种力量。既然这个封建社会里怀妊着新社会的成了初形的胎儿，所以定为后期封建社会。”①

其五，注重以历史、辩证地态度看待历史上的民族融合与民族战争问题。

范文澜史学研究的一个重要特点，在于他既具有传统民族主义因素的一定影响，又注重以历史、辩证的态度看待中国历史上的民族融合进程与民族战争问题，因之成为马克思主义民族观研究的典范。

① 《范文澜全集》（第10卷），河北教育出版社2002年版，第233页。

范文澜的家世和求学经历，使他在一定程度上受到浙东学派经世史学和传统民族意识的影响，具有一定“夷夏之别”观念的印记。在《大丈夫》一书中，他明确论及种族大义的重要性，具有“夷夏之辨”的倾向性，“中国人在外族入主的朝代里，也有不少所谓忠义之士。他们只知道给异类效劳，却忘了种族间的大义，按照孔子修《春秋》，严辨夷夏的教训，这些人概所不取”，“每当外力侵入中国的时候，总有许多忠臣义士，用各种方式参加民族间悲壮的斗争。有的事迹流传下来，有的连姓名都湮没了。他们拼出血和生命，去保证民族的生存，是永远应该崇敬的”。[①] 他讴歌张世杰、陆秀夫抗击蒙古侵略的史实，“狂澜滚滚，正是忠臣义士，砥柱中流，发挥伟大人格，造成光辉史实的时机，我们在当时不少忠义人中，举出武将张世杰文臣陆秀夫悲壮艰苦的行事做代表，也就知道南宋灭亡，并不是真没有人，也不是真不抵抗”。[②] 刘大年曾指出浙东学派的历史观点对范文澜的影响，“浙东学派的历史观点对范老的影响，明显地反映在《中国近代史》等作品上。《中国近代史》没有着重叙述社会各阶级相互关系演变的过程、关键，一个主要原因，是把批判、揭露满族统治者摆到了首要的地位上”。[③] 如他在描述清代考据学派盛行的情形时，便将清政府的民族压迫视为一个重要因素，“考据学派盛行，给满族在民族斗争中一个喘息的机会。弘历知道这只是暂时的机会，防范仍不敢宽纵。《四库》总纂官纪昀曾从容说到江南财力困疲，应该想些救济的办法。弘历大怒叱骂道：‘朕看你文学还好，叫你管四库书馆，不过养一个戏子罢了，你怎敢大胆妄谈国事?’用各样办法，迫令读书人不谈国事，这是清朝文化政策的一贯精神”。[④]

作为马克思主义史学研究的代表者之一，范文澜尽管在史学研究中难以完全避免传统史学“夷夏观”的影响，但他在具体史学研究中，努力汲取马克思、恩格斯、毛泽东等无产阶级领袖关于民族问题

① 《范文澜全集》(第6卷)，河北教育出版社2002年版，第168页。
② 同上书，第246页。
③ 刘大年:《刘大年集》，中国社会科学出版社2000年版，第265页。
④ 《范文澜全集》(第8卷)，河北教育出版社2002年版，第598页。

的见解，日益注重历史、辩证地看待中国历史上的民族融合与民族战争问题。对于历史上的民族融合，恩格斯和马克思均有所阐述。恩格斯指出："政治上形成的各个不同的民族大都在其内部有了一些外来成分，这些外来成分构成了同邻邦的联系环节，从而使本来过于单一呆板的民族性格丰富多彩起来，这毕竟是一件大好事。"① 马克思从人类共同体历史演进的角度阐述了民族融合的进程，他在《路易斯·亨·摩尔根〈古代社会〉一书摘要》中论述历史上希腊的民族融合状况时讲到，"融合是这一过程的更高阶段。例如，雅典的四个部落由于杂居在同一地域，彼此之间的地理界线已逐渐消失，而在阿提卡融合为一个民族"。② 范文澜在描述中国的经济、社会和文化发展历程时，充分肯定各民族所做的贡献，"广大的中国疆域，不是哪一个民族所能独力开发出来的，她是许多已经消失了的和现时正在发展的各民族合力开发，经数千年的艰苦斗争，才逐步建立起这个伟大的中国来。依据历史记载，共同开发中国的各民族，一般说来（极其粗枝大叶的说来），汉族最先开发了黄河流域的陕甘及中原地区，东夷族最先开发了沿海地区，苗族（所谓'蛮'族'闽'族，实际就是苗族）、瑶族最先开发了长江、珠江和闽江流域，藏族（古代的羌族）最先开发了青海西藏，彝族和西南各族最先开发了西南地区，东胡族（包括肃慎，乌桓、鲜卑、女真、契丹、满洲）最先开发了东北地区，匈奴、鲜卑、柔然、突厥、回纥、蒙古各族先后开发了蒙古地区，回族和西北各族最先开发了西北地区，黎族最先开发了海南岛，高山族最先开发了台湾……中国之所以成为疆域仅次于苏联（按现在疆域面积排名，加拿大排在第二位，中国排在第三位），人口在全世界各国中居第一位，历史悠久延续不绝在全世界各国中也居第一位的伟大国家，首先必须承认，这是构成中华民族的各族男女劳动人民长期共同创造的成果"。③ 不但

① ［德］恩格斯：《工人阶级同波兰有什么关系?》，《马克思恩格斯全集》（第21卷），人民出版社2003年版，第225页。

② ［德］马克思：《路易斯·亨·摩尔根〈古代社会〉一书摘要》，《马克思恩格斯全集》（第45卷），人民出版社1985年版，第445—446页。

③ 《范文澜全集》（第10卷），河北教育出版社2002年版，第169页。

如此，而且在汉族的形成本身，即是一个多民族融合的共同体，历史上的民族斗争，时常成为民族融合进程的重要一环，“汉族无疑是很多民族的化合体。它的祖先多得很，不仅传说中的黄帝族是它的祖先，而且所有融合进来的任何一个民族的祖先都是它的祖先。在这些祖先里，有一部分是当时的统治者，大部分则是被统治者，是人民群众。……凡是现在兄弟民族的祖先或者是已经融化似乎失踪的古代民族，都是汉族的伯叔祖先或者是祖先的一部分。在当时，作为敌对的民族或国家，经常残酷地进行过斗争，今天看来，却是兄弟阋墙，家里打架。我们不能否定它们当时是敌对民族或敌国，但也不能强调不同的民族或国家而有所偏袒”。[①] 对于民族压迫，范文澜持明确的批判态度，他认为民族融合是历史必然，其进程是难以强行阻止的，他以元朝时期统治者的民族压迫与民族融合现象为例进行说明，“元朝统治者尽力防止本族与汉族同化，由于汉族文化高出蒙古族，事实上各族渐趋融和，无法禁阻。元制，蒙古人、色目人得任便散居内地，日久不再回返原籍。有些与汉族通婚，如伯颜不花的母亲鲜于氏，松江人俞俊娶也先普化的侄女。有些改称汉人姓名，如李庭瑞本名察罕帖木儿，丁鹤年本西域人。有些崇奉儒学，如西夏人高智耀，畏兀儿人廉希宪，康里人不忽木，伯牙吾人泰不花，哈剌鲁人伯颜师圣，西域人马祖常，回回人瞻思丁。有些擅长文学，如贯云石（蒙古人），马祖常、萨都剌（答失蛮人），丁鹤年、乃贤（葛逻禄人）。元朝统治者虽然曾迁徙内地蒙古人北还（忽必烈至元二十三年），虽然曾阻止蒙、汉人联姻（大德七年），虽然强令汉人学蒙古文，虽然奖励汉人改用蒙古名，压迫政策。到底不能长久维持自己的统治”。[②]

毛泽东指出，“民族的压迫基于民族的剥削，推翻了这个民族剥削制度，民族的自由联合就代替民族的压迫”。[③] “在民族斗争中，阶

---

① 《范文澜全集》（第10卷），河北教育出版社2002年版，第501—502页。

② 《范文澜全集》（第8卷），河北教育出版社2002年版，第420—421页。

③ 毛泽东：《中华苏维埃共和国中央执行委员会与人民委员会第二次全国苏维埃大会的报告》，中共中央统战部编：《民族问题文献汇编》，中共中央党校出版社1991年版，第211页。

级斗争是以民族斗争的形式出现的，这种形式，表现了两者的一致性。”[①] 在历史研究中，范文澜认为需要将历史上的爱国行动置于具体的时空环境，对政权内部各阶层之间、不同民族间的情况区分开，不能将祖国、国家、君主三者简单地混为一谈，亦不能将爱国主义与统治阶层生硬剥离，“在反抗外族侵略的情况下，统治阶级和被统治阶级的爱国行动，一般都表现为爱本族的朝代和君主。但其中也有区别。被统治阶级在阶级压迫之外又加上民族压迫，所以反抗是广泛而持久的。他常以恢复前朝为号召，实际意义是借前朝作象征来恢复祖国。统治阶级的利益在于剥削劳动人民，当旧朝代大势已去，不能保护阶级利益的时候，统治阶级中人便纷纷投降外族统治者，反过来攻击旧朝代，镇压人民的爱国行动，以求得外族统治者的信任和保护。当然，统治阶级中也有一部分人，坚决不投降，采取各种形式，对外族统治者作积极的或消极的反抗。这种反抗基本上是出于对旧朝旧君的忠爱，但和祖国的利益是一致的，因此，应该承认他们也是祖国的爱护者”。[②] 范文澜从阶级压迫、民族剥削的角度透视历史上的民族斗争，认为不能将二者遽然分开、孤立看待，当然，也不能苛责古人，只要他们的思想和行动有利于祖国和人民，其行动就值得尊崇，“国家是阶级压迫的机关，是一个阶级压迫别一阶级的机关。这个本质只是马克思主义的国家理论才能揭示出来。在这以前，人们是不可能认识到的。因此，被统治阶级爱祖国也爱及国家和君主，统治阶级中某些人爱国家和君主也爱及祖国，只要归根是有利于祖国和人民，他们的行动都值得尊崇”。[③] 中国历史上民族间的矛盾和斗争，常常是统治阶层利用民族名义，实行阶级压迫的外在表现形式。“在中国，汉族和当时国境内各少数民族的共同祖国，就是中国。统治中国的国家，基本上是汉族地主阶级所组织的朝代。这种朝代对内是剥削各族被压迫阶级的工具，对外则是中国事实上的代表者。汉族统治阶级残酷地

① 《毛泽东选集》（第2卷），人民出版社1991年版，第539页。

② 《范文澜全集》（第10卷），河北教育出版社2002年版，第262页。

③ 同上书，第263页。

压迫国境内少数民族（当然也残酷地压迫汉族人民），有时候（往往在强盛时）也残酷地压迫国境外少数民族。形式上似乎是汉族压迫少数民族，实际是汉族统治阶级为了满足它自己的私利，利用民族名义，挑动汉族人民与少数民族间的不和，以达到从中取利的目的。与汉族统治阶级同样，国境外少数民族的统治阶级，用武力侵入中国，也利用民族名义，挑动本族人民与汉族人民间的不和，以达到统治中国的目的。历史上所有民族压迫，本质只是一个民族的统治阶级压迫别一个民族，主要是压迫别一个民族的劳动人民，借以增加自己的剥削对象。因为政府在压迫别一国或别一族时，是一国或一族的代表者，所以被压迫的国或族反对这个代表者，同时也就反对它所代表的国或族的人民。这种误解的发生，是统治阶级有意或无意地造成的，而这种误解的后果，却常常是令人痛心的悲剧。”①

在范文澜看来，古代中国不同民族间的斗争和冲突是民族融合的必经过程，汉族遭受少数民族侵略的原因在于统治阶级的不自强，“中国封建时代几次大的民族冲突，汉族都遭到严重的损失，如果单就损失来看，难免发生民族间的憎恨；如果作为民族融合的必经过程来看，冲突者双方归根都有利益。那么，损失是暂时的，利益却是永久的。对来侵略者不必过分憎恨，可憎恨的应是不能自强、丧失抵御外侮能力的汉族统治阶级”。② 同时，承认古代民族扩张的积极意义与讴歌民族英雄并不矛盾，因为民族英雄抵御外来侵犯、保护民众的共同利益，“承认蒙古扩张有它的积极意义，是不是代表北宋末年汉族反女真的岳飞，南宋末年反蒙古的文天祥，都不能算是民族英雄呢？当然要算。因为当时统治阶级腐烂了，有这些特殊人物，出来号召保护共同利益，抵御外来侵犯，不论成功或失败，他们本身有异于其他腐烂的统治阶级中人，他们还知道担当起抵御外来侵犯的责任。这样的人，为什么不算是民族英雄呢”？③

① 《范文澜全集》（第10卷），河北教育出版社2002年版，第263—264页。

② 同上书，第506—507页。

③ 同上书，第505页。

范文澜指出，古代中国历史上的战争具有正义和非正义两类性质，同时正义战争中也可能具有消极成分，破坏性或侵略性战争也可能具有有益的作用，不可机械看待，而帝国主义侵略中国的战争，是对中国大多数居民完全有害的、彻头彻尾的侵略战争，与中国古代内部间的战争具有本质区别。“正义和非正义两类战争，不可机械地看作单纯的事情。有些战争是正义的，但也可能带着破坏割据等消极成分；有些战争，一方面是破坏性的或侵略性的，但在另一方面却发生了有益的作用……春秋战国时期的兼并战争，使多数小国合并成大国，最后合并成统一全国的秦朝。汉、唐、元、清等朝代，当它们强盛的时候，发动了许多次战争，其中有些战争起着巩固疆域、扫清割据的作用，都可以说在一定程度上是有益战争。……古代中国的汉族和少数民族为了合并土地而发动的战争，在客观上，一般是推动少数民族脱离氏族社会奴隶社会或低级的封建社会进入到较高级的封建社会。从这一点来说，战争产生了有益于人类的进化的作用，所以是值得同情的。至于帝国主义列强侵入中国，那是对中国大多数居民完全有害的侵略行为。它们勾结中国封建势力压迫中国资本主义，决不允许它有任何发展……帝国主义列强对中国以及一切落后国家的战争（包括一切其他侵略行为）一定是彻头彻尾的侵略战争。”①

综上所述，作为中国马克思主义史学的奠基者之一，在历史研究中，范文澜积极贯彻阶级斗争理论，充当了中国无产阶级革命史学第一史官的角色。他开创了马克思主义史学的通史体系，对史学研究起到了重要的引领作用。他强调指出，人民大众是历史的创造者，重视历史演进过程中物质发展和经济建设的核心地位。他认为应该客观评价历史发展过程中统治阶级成员的地位和作用，并重视区分历史发展的普遍规律与特殊规律，注重以历史、辩证地态度看待历史上的民族融合与民族战争问题。正是通过开创性的丰硕著述和有创见性的史学思想，范文澜确立起在其中国史学界举足轻重的地位，并至今发挥着巨大作用。

---

① 《范文澜全集》（第10卷），河北教育出版社2002年版，第265—266页。

第三节 蔡元培的史学思想

蔡元培（1868—1940 年），字鹤卿，又字仲申、民友、孑民，并曾化名蔡振、周子余，浙江绍兴山阴县（今浙江绍兴）人，原籍浙江诸暨，著名教育家、革命家、政治家。民主进步人士，曾任国民党中央执委、国民政府委员兼监察院院长、中华民国首任教育总长。1916 年至 1927 年任北京大学校长，革新北京大学，开“学术”与“自由”之风。1920 年至 1930 年，蔡元培同时兼任中法大学校长，1928 年至 1940 年专任中央研究院院长。全面抗战爆发初期，蔡元培与上海文化界知名人士联合组织成立了上海文化界救亡协会，积极组织发动文化界人士及民众投入抗日救亡运动。1940 年 3 月 5 日，蔡元培在香港病逝。著有《蔡元培自述》《中国伦理学史》等。

蔡元培像

蔡元培并非专业的历史学者，但他具有相当的史学功底，并且在其担任北京大学校长、“中央研究院”首任院长期间，与历史学界保持着密切交往，对历史学科与历史研究有着自己一定的看法，本节特对其历史思想作一简要叙述。

其一，注重史学编纂和史料作用。蔡元培认为历史的功能不在于简单地罗列以往事实，而在于探求发展规律，鉴往以知来，“盖史之作用，重在开来，初不在罗举种种已往之事实，而在于种种往事中抽出律贯，昭示后人。故言可以简，而意则务求其深长，故谓之圆而神。然此圆而神之著作，必不可不以极完备之长编为凭借，否则所根据之事实，既已挂一漏万，则其所摘绎之律贯，或不免仪毫而失墙”。① 蔡元培深受章学诚历史编纂主张影响，并曾为之进行了积极的行动，“章学诚氏《文史通义》……我在二十余岁时，曾约朋友数人，试编二十四史检目（未成书）；后来兼长国史馆时，亦曾指定编辑员数人试编此种检目（亦未成书），都是受章先生影响的”。② 他认为，在记录以往事迹，辑录史料做长编之时，应“宜力求完备，而不可预设成见以为去取”。③ 蔡元培对中国传统史书体例作了分析，认为传统史书就体例而言，分为纪传体、编年体和纪事本末体三种，但由内容而言，却“皆以政治为主，而其他诸事附属之”，是旧体之历史。此种侧重于对政治及其相关诸事的记载，难以全面反映历史的整体演变，故他主张编纂新体之历史。1918 年，他负责国史编纂处，主持编修国史时，即力求把国史编成一部新体式史书。

对于史料的作用与利用，蔡元培亦相当重视。他考察了史书编纂中史料的利用状况，将史料性质区分为直接材料与间接材料，认为两者既有区别，亦有相同之处，各有优缺点。史书的撰述须将两者结合起来，其中尤须重视最下层史料的挖掘与利用。“历史中直接的材料与间接的材料有很大的分别。以前修史者之滥用间接的材料，而忽略直

① 《蔡元培全集》（第 6 卷），中华书局 1988 年版，第 21 页。

② 同上书，第 549 页。

③ 蔡元培：《蔡元培史学论集》，湖南教育出版社 1987 年版，第 240 页。

接的材料，是一件不幸的事，应该是以后治史学者所急当纠正的。例如辽史之战，由于删契丹列朝之实录。删芟实录哪能成信史？信史是要从档案中考核出来的！这犹可说《辽史》成于胡元之朝，脱脱所领之局做不出学术上的大业。然试看马、班之后诸纪传史家，哪一位不是在那里抄实录、抄碑传？哪一位不是曾经充分利用过直接材料？我们展读一部纪传的史，每每感觉全是些人名、官名，千人一面，千篇一腔，一事之内容不可知，一人之行品不易见。这岂不是删削实录、碑传的结果，只剩了架子，而把知人论世的菁华遗略吗？即使那些做实录、做碑传者，并没有忌讳，没有成见，没有内外，已因和我们观点之不同，他们所据直接材料以删削者，不整合于我们的要求；何况做实录者本有所讳，做碑传者本专务表扬，则有意的颠倒，乃至改换，是不可免的呢！史料愈间接愈不可靠，这道理本是极明显的……史学本是史料学，坚实的事实，只能得之于最下层的史料中。”①

根据史料的记载者进行区分，蔡元培将史料分为官府文籍和私家记载，认为两者在史料的价值上各有短长，须善用两者各自的优长之处，两者“合则两美，离则两伤”，“合综来各有独到处，分开来便各不可尽信。大约官府的记载失之于讳，私人的记载失之于诬。私人记史事，由于亲身经历者固多，而最多是凭借传闻，传闻是容易失实的。人都不能无好恶，而私人立志记史事，自不免于感情的表率，故恰和官书的方向相反，而各不得其平……我们相信官文和私记‘合之则两美，离之则两伤’呢”。②

蔡元培尤为重视历史材料的搜集、整理和使用，他在《北大史学会成立会演说词》中阐明分辨历史真伪的必要性，并指出，要分清历史中真伪不明之处，历史材料则相当重要，“世界上一切事物的进化，离不开历史，并且是没有止境的。从前欧洲的人以欧洲为天下，中国的人以中国为天下，所以研究历史的，也只是一部分，不是全世界的。后来渐渐进化，知道空间有五大洲，时间有四五千年，历史的范

① 《蔡元培全集》（第5卷），中华书局1988年版，第513—514页。

② 同上。

围，是大而无边。而有人类以前的历史，还是不能知道。有人类以后的历史虽是很多，但是他的内容，也有许多真伪难明的地方。譬如我国自有《尚书》以来，数千年的历史是连续不断，历史的品类是很多的，真伪难明的地方也是不少。又如埃及、希腊、罗马的历史，是连续不断的。现在吾们要想补这种缺点，最要是发掘地中所埋没的史料，考察地质上的事实，拿来证明过去历史的真伪和补充历史的不足，这就是史学家的责任……现在诸君整理史学，搜集材料，固属最要”。①

为此，蔡元培呈文教育部请将清内阁档案拨为北京大学史学材料，以供学界更好地研究利用，在呈文中他阐述了明清内阁档案资料的重要地位，同时指出这些史料整理利用的困难所在，故极力争取将这些拨归北京大学，以进一步编目、整理及利用的必要性，“窃惟史学所重，尤在近世史，良以现在社会，皆有最近世史递嬗而来，因果相连，故关系尤为密切。外国中等学校历史教科书，自古代以至近代史占其半，最近世史亦占其半。吾国史学，首推司马迁，其作《史记》，自皇帝以至秦、楚之际，篇数占其半，汉代亦占其半。班固首创断代史，实亦为其最近世史。自是厥后，每当易代之际，首以修前代史为最要，诚知所重也。方今吾国最近世史，自当起于清代。民国以来，虽有清史馆之设，然前代修明史，约经六十年而后脱稿。清史之成，恐亦遥遥无期。本校研究所国学门及史学系知近世史之重要，特设专科研究，现在广搜材料，用科学之方法，作新式之编纂。稔知教育部历史博物馆收藏明末及清代内阁档案，如奏本、誊黄、报消册、试卷等甚夥，皆为清代历史真确可贵之材料。世人于此，均欲先睹以为快。惟是此项档案，积久尘封，卷帙又甚繁重，整理良非易事。虽经该馆派员整理多年，迄未蒇事。良以此事非有多数具有兴会之人，按日排比，断难克期成功。现在本校对于清史材料，需要甚殷。拟恳钧部将此项档案拨归本校，即由史学系及研究所国学门组织委员会，率同学生，利用暑假停课之暇，先将目录克期编成，公布于

---

① 《蔡元培全集》（第4卷），中华书局1984年版，第283页。

世，以副众望；然后再由专门学者鉴别整理，辑成专书。如此办法，较为轻而易举”。[①] 应当说，他的这种建议，对更好地保存、整理和利用明清史料，无疑是具有相当必要性的。

其二，倡导历史学与其他学科的融合，强调利用相关学科成就以加深历史研究。

蔡元培认为史学研究与哲学、文学等学科有相同之处，即需要用科学的研究方法进行研究，他在《对傅斯年来函的案语》中即明确指出，要尊重各学科间的共通性，破除文理两科之界限，合组为大学本科，可以说此种主张有其历史的先见性：“治哲学者，不能不根据科学，即文学、史学，亦莫不然。不特文学、史学即皆用科学的研究方法也。文学必根据于心理学及美学等，今之实验心理学及实验美学，皆可属于理科者也。史学必根据于地质学、地文学、人类学等，是数者，皆属于理科者也。如哲学可并入理科，则文、史亦然。如以理科之名，仅足为自然科学之代表，不足以包文学，则哲学之玄学，亦决非理科所能包也。至于分设文、哲、理三科，则彼此错综之处更多。以上两法，似皆不如破除文、理两科之界限，而合组为大学本科之为适当也。”[②]

他在《〈中央研究院历史语言研究所集刊〉发刊词》中阐明历史与语言合设为一个研究所的必要性，即是其学科间融合互利思想的行动表现，他阐述了人类社会中历史和语言产生与发展的历程，指出历史与语言具有密切的关系，将两者合设研究所进行研究，无疑具有必要性和便利性。

> 同是动物，为什么只有人类能不断的进步，能创造文化？因为人类有历史，而别的动物没有。因为它们没有历史，不能把过去的经验传说下去，作为一层层积累上去的基础，所以不容易进步。例如，蜂、蚁的社会组织，不能不说是达到高等的程度，然而到了这个程度，不见得永远向上变化，这岂不是没有历史的缘故？

---

① 《蔡元培全集》（第 4 卷），中华书局 1984 年版，第 199 页。
② 《蔡元培全集》（第 3 卷），中华书局 1984 年版，第 194 页。

> 同是历史，为什么只有人类能创造历史，而别的动物没有？因为人类有变化无穷的语言，而后来又有记录语言的工具。……人类有这种特殊的语言，而因以产生历史，这也是人类在动物中特别进步的要点。而语言学与历史学，便是和我们最有密切关系的科学。
>
> 语言学的研究，或偏于声音，或偏于语式，或为一区域、一种族、一时期间的考证，或偏重于各区域、各种族、各时期间相互的关系，固不必皆属于历史，但一涉参互错综的痕迹，就与历史上事实相关。历史的研究，范围更为广大。不但有史以来，人类食、衣、住、行的习惯，疾、疫、战争的变异，政、教、实业的嬗变，文、哲、科学、艺术的进行，都是研究的对象，而且有史以前的古物与遗迹，地质学上的化石，生物学上进化的成例，也不能不研究。固然不都是与语言学有关，而语言学的材料，与历史学关系的很多。所以，我们把这两种科学，合设研究所，觉得是很便利的。①

蔡元培尤其注意各新兴学科的发展，主张在历史研究中引入相关学科的成果，促进历史研究。他指出，随着自然科学和社会科学的发展，历史研究不应再是一个封闭的过程，而应该广泛吸收与其相关的各学科成果。在蔡元培的论著中，较多论述了伦理学、语言学、哲学、民族学、考古学与史学之间的关系。同时，蔡元培对中西方史学的交流与合作相当重视，他认识到：今之时代是全世界大交通之时代，学术文化无论在东方还是西方都是相通的，故积极主张各国之间应加强学术交流与联系，“通力合作，增进世界文化”。②

其三，将历史演进看成一个对立统一、逐步深入的变迁历程。

1916 年，蔡元培在为法国华工授课的讲义中谈到历史的意义和“新体之历史”时阐述说，“历史者，记载以往社会之现象，以垂示将

---

① 《蔡元培全集》（第 5 卷），中华书局 1988 年版，第 279—280 页。

② 《蔡元培全集》（第 2 卷），中华书局 1984 年版，第 335 页。

来者也”，“新体之历史，不偏重政治，而注意于人文进化之轨辙。凡夫风俗之变迁，实业之发展，学术之盛衰，皆分治其流，而又综论其统系，是谓文明史”。[①] 他进而指出：“吾人读历史，而得古人之知识，据以为基本，而益加研究，此人类知识之所以进步也。吾人读历史，而知古人之行为，辨其是非，究其成败，法是与成者，而戒其非与败者，此人类道德与事业之所以进步也。是历史之益也。”[②]

在蔡元培看来，在历史的发展中，善恶等历史现象相辅相成，对立统一于历史的演进进程，但这并不意味着两者居于同等地位，而是善居于独立自存，居主要位置，而恶则附属于善而存在，居次要消极之地位。“吾人苟于古今历史中，删除一切罪恶，则同时一切善行与罪恶抵抗之迹，亦为之湮没，而人类中最高最大之现象，所谓道德界伟人者，亦无由而见之矣。不惟此也，历史界生活之内容，亦且因之而消失。盖历史生活之形式，不外乎善恶相竞之力，与时扩充而已。邻国无侵略之谋，则何事军备，国民无不轨之行，则焉用法令。军备法令，国家之所以与外交内政之阻力相竞争者也。使一切阻力悉去，内而人民，外而国际，无不以正直、平和、慈祥、乐易之道相接，则战争、外交、裁判、警察、行政界一切进取之气象，悉为之消灭，而圆满之国家，亦不可见矣。宗教者，亦不乏善恶相竞之形式，使诸恶不作，人类悉为神圣，则宗教亦随之而灭焉……无论生活界历史界，凡善皆独立自存，而恶则附属之，以为刺戟抵抗之作用。故恶者，消极者也，无自居之价值，其为实现之事，则由对待于善而然。彼本具自相矛盾之性质，故无组成之力。”[③] 此种认识尽管具有一定历史唯心主义的缺陷，但能够意识到历史发展进程的相辅相成、对立统一，无疑具有相当的历史进步性。

蔡元培认为社会变迁是一个不断变动的过程，研究历史变迁应该见微知著，从历史变动中加以把握，“越之霸也，区区小补，犹云十年生聚，十年教训，况乃大坏之后，纳之规墨，阅世而成，固当为

---

① 《蔡元培史学论集》，湖南教育出版社 1987 年版，第 139 页。

② 同上。

③ 《蔡元培全集》（第 1 卷），中华书局 1984 年版，第 496—497 页。

速。而世主方复以汤止沸，以茹鱼去蝇，不流之遏，而反道之。事变澜漫，日兹艰难，余所为渊渊悢悢思新王也”。[①] 他在《〈现代中国政治思想史〉序》中指出了自先秦至民国初期政治思想由百家争鸣至沉沉暗暗，再至多元驳杂的发展历程，阐明对历史变迁的认识应放到变动不居的历史纵横坐标中加以透视，如此方能由此及彼，明了历史发展之趋向。

> 沿及先秦诸子昌言论政，如老子之倡无为，孔子之言大同，俱能超现实，而悬为未来世政治上最高之鹄，一时思想界中，未尝不蓬蓬勃勃，饶有生机，惜为时甚暂，不旋踵而遂汨矣。
>
> 自此而后，政尚专制，独夫横暴，学途阐塞，士论不弘，非表彰某某，即罢黜某某，文网密布，横议有禁，举天下之人，曰以拥护君权为能事；有逾越范围者，视为邪说异端，火其书而刑其人。于是，谨愿者谓为天威之可畏，黠智者相戒慎言以寡尤，虽有超群拔萃、才智雄强之士，亦噤若寒蝉，罔越畔岸，岂敢妄读经国远猷哉。漫漫长夜，何时始旦，历二千年之锢蔽，与欧洲中世纪受宗教之约束，如出一辙。呜呼！此中国政治思想之沉沉暗暗，以至于斯极也。
>
> 挽近六十年来，适为思想解放之时期，亦即为思想盎进之时期也。外受西洋民权学说之熏灼，内感于中国君主专制之不适，先觉之士，竞出其新政治主张，以为救国救民之药后。当满清末造，钳制惟严，犹能鼓其勇往迈进之精神，以冲决藩篱，著为政论，使二千年沉暗之国民，一举而唤醒迷蒙。在当时虽抵忌触讳，几遭汨没，而思想自由之新机，已萌茁于斯时矣。及革命告成，民国建立，言论出版自由，列诸宪章，政治思潮，益奔腾澎湃，而不可遏抑，此诚解放后一大进步。但思想之为物，犹水也，约之沟渠之中，其涸可立待；放之江河之外，则泛滥而无极。故在未解放之前，其患在蔽塞而不宣，既解放以后，其患在

① 《蔡元培全集》（第1卷），中华书局1984年版，第44页。

驳杂而不纯，蔽塞也，驳杂也，俱无利于国也。①

同样，在《释“仇满”》一文中，蔡元培运用历史进化的眼光指出，19世纪中叶至20世纪初的“仇满”主张经历了一个变动的过程，由种族之见到不同政略间的斗争，此种思想观念的变迁，乃是受到西方政治思想的影响，中国传统意识因而变动的结果，“然洪杨之事，应和之者率出于子女玉帛之嗜好；其所残害，无所谓满汉之界；而出死力以抵抗破坏之者，乃实在大多数之汉族。是无足以证其种族之见之薄弱也。且往者暗于生物进化之理，谓中国人种，概由天神感生，而所谓蛮貉夷狄者，乃犬羊狼鹿之遗种，不可同群，故种族之见炽焉。自欧化输入，群知人为动物进化之一境，而初无贵种贱种之别，不过进化程度有差池耳。昔日争种之见宜若为之消释。而‘仇满’之论反炽于前者，则以近日政治思想之发达，而为政略上反动之助力也。盖世界进化，已及多数压制少数之时期；风潮所趋，决不使少数特权独留于亚东之社会；此其于政略上，所以有‘仇满’之论也”。② 他对中国伦理学史发展的描述，同样彰显了其考察历史变迁应将研究对象置于历史纵横坐标之中的观念，“此其所以自汉以来，历二千年，而学说之进步仅仅也。然如梨洲、东原、理初诸家，则已渐脱有宋以来理学之羁绊，是殆为自由思想之先声。迩者名数质力之学，习者渐多，思想自由，言论自由，业为朝野所公认。而西洋学说，亦以渐输入。然则吾国之伦理学界，其将由是而发展其新思想也，盖无疑也”。③ 可以说，此种历史思想具有相当的时代敏锐性。

可见，尽管蔡元培并非专业的历史研究学者，但他重视史料的搜集、整理、利用，倡导历史学科与其他学科的融合，强调不同学科研究方法的结合，注重将历史变迁置于纵横坐标中进行具体考察等史学思想，对推动当时历史学的发展具有相当的推动作用，对当前的历史

---

① 《蔡元培全集》（第6卷），中华书局1988年版，第492页。
② 《蔡元培全集》（第1卷），中华书局1984年版，第172页。
③ 《蔡元培全集》（第2卷），中华书局1984年版，第107页。

研究亦具有一定的历史借鉴作用。

通过考察民国时期三位绍兴籍史学家鲁迅、范文澜、蔡元培的史学观、史学思想等，我们发现他们在民国史学发展中均具有重要影响。鲁迅在古史辑录和编纂工作方面做出了重要贡献，他的历史变迁观念具有启迪国民、动员民族精神的重要作用；范文澜作为中国马克思主义史学第一史官，其《中国近代史》《中国通史简编》等史学论著在阐述人民大众的主体地位、马克思主义民族观、革命斗争的必要性和重要性等方面均多所创获；著名教育家、思想家蔡元培重视史学编纂与史料整理工作，强调历史学应与其他学科研究相融合，认为应将历史变迁置于具体的时空场域。他们史学思想的侧重点尽管有所不同，但均在民国史学界具有显著影响，在中国学术发展史上占有一席之地。

结　　语

绍兴经历了一个从早期的蛮荒之地至此后的经济繁荣、文化昌盛、人文荟萃的富庶兴盛之区，其地方志书的编纂与历史著作的撰述亦在中国史学的发展进程中熠熠生辉。窥诸绍兴史学的演进，具有以下几个鲜明的特色。

其一，绍兴史学的发展是一种多元并存的局面，地方志、杂史、区域史、断代史、通史等多种形式的史学论著呈现出百花齐放的状态。

由绍兴地方志书的编纂和绍兴史学家史学著作的撰述来看，绍兴史学呈现出多元并存、百花齐放的状态。在绍兴地方志书方面，从中国地方志的鼻祖《越绝书》和第一部结构严密的史料学著作——东汉赵晔的《吴越春秋》，到领起全国地方志编纂第一个高潮的六朝时期谢承《会稽先贤传》《会稽典录》等十余种地方志，到宋代三种地方名志《嘉泰会稽志》《宝庆会稽续志》《剡录》和明清时期《万历绍兴府志》《康熙绍兴府志》《雍正山阴县志》等诸多志书。在史学撰述方面，从东晋谢沈撰著的《汉书外传》《后汉书》，到明末清初张岱的明史著作《石匮书》《石匮书后集》，至黄宗羲开创学案体的中国古代第一部完整学术史著作《明儒学案》及其他代表性著作《弘光实录》《行朝录》《四明山志》《明夷待访录》，及清初吴乘权编刊古代第一部中国通史著作《纲鉴易知录》，清中期提倡“六经皆史”的史学理论家章学诚所撰述的《文史通义》，再至晚清文史名家李慈铭史实考订、历史编纂等方面的阐述，直至范文澜出版当代中国第一部马克思主义史学名著《中国通史简编》，绍兴的区域性和全国性的断代史、通史、新史体、史学理论和目录学论著不断涌现，呈现出百花齐放的景象。

其二，绍兴地方志书、史学著作的编纂、撰述体现了多方合作、史学交流在史学发展中的重要性。

绍兴志书的编纂，乃是一个由政府和地方文史名人主导、群策群力编纂的过程。在志书编纂中，多由地方政府领导者主持编纂，由郡邑文化名流集思广益、广搜史料进行编撰。由个人撰述的地方史著作如《越绝书》《吴越春秋》《会稽记》《四明山志》等，也多是向相关文史学人学习和交流，并广纳相关资料文献，整理融会而成，史书的撰著过程，即是一个集合多方智慧的过程。张岱、黄宗羲、章学诚、范文澜等绍兴籍断史学家的通史、断代史、史学理论著作，更是凝聚学术界长时期的理论思考，对前人的研究进行扬弃，并进一步总结、升华的成果，弥足珍贵。以黄宗羲为领军、章学诚为殿军的浙东史学，执清代史学界之牛耳，对此后的中国史学研究与日本史学发展均影响至深。鲁迅的历史观，深入思考了传统史学的优缺点，对历史发展进程进行深入剖析，进而发出启蒙国民、探求发展新路的时代强音。作为中国马克思主义史学的奠基者，范文澜领导广大历史研究者，深入探究历史发展规律，提出一系列具有开创性的学术观点，发挥了其中国马克思主义史学第一史官的重要作用，同时充分展现了合作与交流的重要性。

其三，乡土意识与全国性观照的密切结合乃是绍兴史学演变发展的重要特色。

绍兴地方志、地方史的编纂和撰述，蕴含着编著者强烈的乡土意识。青山秀水的地理环境、物阜民丰的经济状况孕育了一代代卓负盛名的郡邑名士，他们在地方史书的编纂中渗透着强烈的对家乡的热爱之情，并将对家乡的感情与对更广大的神州大地的热爱有机结合起来。更为难能可贵的是，绍兴籍史学家并不拘囿于地方史的撰述，而是心系家国兴亡，积极投身于全国性通史及前朝政权断代史的撰写，赞扬君明臣贤、上下一体的统治方式，期盼国家富强、民众安宁是他们思想深处的共同特征。美丽富饶的家乡与和平安康的国家，是他们历史书写的核心内核，乡土魂与民族魂的有机融会，成为绍兴历史撰述的重要特征。

其四，经世致用、讲求实学是绍兴史学的灵魂所在。

绍兴史学的灵魂所在，乃是其时刻彰显的经世致用性。从《越绝书》《吴越春秋》到各朝代的地方志编纂，均体现出明显的服务区域社会文化、社会、经济发展的特点，撰述者以对绍兴史迹、山川、人物、文化等记载，鉴往知来，为绍兴的发展提供历史借鉴，章学诚进而对方志编纂的方法、功能等提出系统的主张，影响深远。在历史撰著方面，王阳明积极倡导历史撰写的独立性，提出"君之存亡，有系于民"的观念，为明朝中后期经世史学的发展起到了开路作用。张岱深入探究明朝败亡的缘由，抨击清朝政府入关后对官民的杀戮与掠夺，赞扬了广大官民的抗清斗争，经世意识体现于历史撰述过程之中。黄宗羲继承王阳明、刘宗周等思想家的治学精神，深入总结历史变迁的经验教训，注重在具体的历史书写中寄托兴亡之慨，这突出表现在他对南明政权史的秉笔直书中。在《明夷待访录》中，黄宗羲通过对历史变迁的深刻反思，进一步总结了秦汉以来，特别是明代兴亡的历史教训，批判了君主专制制度，提出了"天下为主，君为客"等一系列比前人更为进步的历史观，对社会发展、民众生活的深切关注成为其历史观的核心要素。章学诚的"六经皆史"明确揭示了历史撰述为现实社会运行服务的特征，提出史以经世、圣王得位行道的主张，意图乃在于为其时清朝大一统的意识形态服务，其经世诉求尽管与张岱、黄宗羲等人的重心具有显著差异，但注重经世致用、讲求实学的精神则一。正是源于浸润于历史撰述深处的经世精神，以黄宗羲为开创者的浙东史学派，产生了万斯同、万斯大、全祖望、邵廷采、邵晋涵、章学诚、李慈铭等负有名望的经史名家，引领着有清一代史学发展的潮流，有力推动了中国史学的发展历程。至晚清民国时期，以鲁迅、范文澜、蔡元培为代表的绍兴籍思想家，面对风云变幻的时代形势，进一步发展了经世史学，对中国历史演进过程、中国社会未来发展道路及历史研究方法等提出了高屋建瓴的观点，对历史学的发展起到重要的推动作用，并对当时及此后的社会发展发挥了重要的借鉴作用。

因之，窥诸绍兴史学的演进历程，可知其经历了一个由简入繁、由点到面、逐步深入的过程，并不拘泥于一时一地，而是逐步扩展，将地域性与全国性密切结合，注重群体合作与学术交流，大力讲求经世致用，在中国史学的演进过程中，发挥了至关重要的作用，足以矜式百世。

参考文献

一　古典文献类

（东汉）袁康、吴平：《越绝书》，上海古籍出版社 1985 年版。

（东汉）赵晔原著，张觉译注：《吴越春秋全译》，贵州人民出版社 1993 年版。

（东汉）王充：《论衡》，岳麓书社 1991 年版。

（南朝宋）范晔：《后汉书》。

（唐）魏征等：《隋书》。

（后晋）刘昫等：《旧唐书》。

（北宋）欧阳修、宋祁等：《新唐书》。

（南宋）陈振孙：《直斋书录解题》，上海古籍出版社 1987 年版。

（南宋）吕祖谦：《东莱博议》，岳麓书社 1988 年版。

中华书局编辑部编：《宋元方志丛刊·嘉泰会稽志》，中华书局 1990 年版。

中华书局编辑部编：《宋元方志丛刊·宝庆会稽续志》，中华书局 1990 年版。

（元）脱脱等：《宋史》。

（明）刘宗周：《刘子全书》，华文书局股份有限公司 1968 年印行。

（明）王阳明：《王阳明全集》，上海古籍出版社 1992 年版。

（明）杨慎：《升庵集》，四库全书本。

（明）杨维新修，（明）张元忭等纂：《会稽县志》，万历三年（1575年）刊本。

（明）萧良干等修，张元忭等撰：《中国方志丛书·（浙江省）（万历）绍兴府志（1—8）》，成文出版社 1983 年版。

（清）戴名世：《戴名世集》，中华书局 1986 年版。

（清）董钦德辑：《康熙会稽县志》，成文出版 1983 年版。

（清）丁弘补修，鲁曾煜补纂：《雍正山阴县志》，雍正二年（1724 年）刊本。

（清）高登先修，沈麟趾纂：《康熙山阴县志》，康熙二十二年（1683年）本。

（清）黄宗羲著，沈善洪主编：《黄宗羲全集》（第 1—12 册），浙江古籍出版社 2005 年版。

（清）悔堂老人：《越中杂识》，浙江人民出版社 1983 年版。

（清）嵇曾筠、李卫等修：《（雍正）浙江通志（1—6）》，沈翼机等撰，凤凰出版社、上海书店出版社、巴蜀书社 2011 年版。

（清）纪昀总纂：《四库全书总目提要》。

（清）李慈铭：《〈乾隆绍兴府志〉校记》，1929 年印行本。

（清）李慈铭：《越缦堂读书记》，上海书店出版社 2000 年版。

（清）李慈铭：《越缦堂日记》（第 1—18 册），广陵书社 2004 年版。

（清）李慈铭：《越缦堂诗文集》（全三册），刘再华校点，上海古籍出版社 2012 年版。

（清）李亨特总裁：《（乾隆）绍兴府志》，平恕等修，成文出版社 1975 年版。

（清）卢文弨：《钟山札记·龙城札记·读史札记》，中华书局 2010年版。

（清）潘锡恩：《嘉庆重修一统志》（第 18 册），中华书局 1986 年版。

（清）清仁宗敕撰：《四部丛刊续编史部·嘉庆重修一统志（18）·绍兴府二》，上海书店出版社 1984 年版。

（清）邵晋涵：《南江文钞》，清道光十二年（1832 年）刻本。

（清）汪辉祖：《九史同姓名略》，广雅书局，光绪二十三年（1897 年）

印行本。
(清) 汪辉祖:《清汪辉祖先生自定年谱》,台湾商务印书馆 1980 年版。
(清) 汪辉祖:《越女表微录》,乾隆五十年 (1785 年) 印行本。
(清) 汪辉祖:《元史本证》,嘉庆七年 (1802 年) 印行本。
(清) 王藩、沈元泰修撰:《道光会稽县志稿》,成文出版 1983 年版。
(清) 王之宾监修,董钦德编纂:《康熙绍兴府志》。
(清) 吴乘权等:《纲鉴易知录》,中华书局 1960 年版。
(清) 徐元梅修,朱文翰、陈石麟等纂:《嘉庆山阴县志》,绍兴县修志委员会 1936 年铅印本。
(清) 永瑢等:《四库全书总目》。
(清) 张岱:《琅嬛文集》,岳麓书社 1985 年版。
(清) 张岱:《石匮书·石匮书后集》(全三册),上海古籍出版社 2008 年版。
(明) 张岱:《史阙·附明纪史阙》,华世出版社 1977 年版。
(清) 张岱:《陶庵梦忆·西湖梦寻》,上海古籍出版社 1982 年版。
(清) 章学诚:《章学诚遗书》,文物出版社 1985 年版。
(清) 章学诚著,叶瑛校注:《文史通义校注》,中华书局 1985 年版。
(清) 章宗源:《隋书经籍志考证》,开明书店 1936 年版。
(清) 周中孚:《郑堂读书记》,上海书店出版社 2009 年版。
鲁迅编:《鲁迅辑录古籍丛编》(第 1—4 卷),人民文学出版社 1999 年版。
王钟翰点校:《清史列传》,中华书局 1987 年版。
殷梦霞选编:《日本藏中国罕见地方志丛刊续编》(第 3 册),《(明弘治)〈太仓州志〉·(清嘉靖)〈山阴县志(一)〉》,北京图书馆出版社 2003 年版。
殷梦霞选编:《日本藏中国罕见地方志丛刊续编》(第 4 册),《(清嘉靖)〈山阴县志(二)〉·(清康熙)〈常山县志〉》,北京图书馆出版社 2003 年版。

二　著作类

蔡元培：《蔡元培全集》（第 1—4 卷），中华书局 1984 年版。

蔡元培：《蔡元培全集》（第 5—6 卷），中华书局 1988 年版。

蔡元培：《蔡元培全集》（第 7 卷），中华书局 1989 年版。

蔡元培：《蔡元培史学论集》，湖南教育出版社 1987 年版。

仓修良、叶建华：《章学诚评传》，南京大学出版社 1996 年版。

陈桥驿：《绍兴地方文献考录》，浙江人民出版社 1983 年版。

范文澜：《范文澜全集》（第 1—10 卷），河北教育出版社 2002 年版。

范文澜：《中国通史简编》（修订本第二编），人民出版社 1964 年版。

范文澜：《中国通史简编》（修订本第三编第一册），人民出版社 1965 年版。

范文澜：《中国通史简编》（上、下册），商务印书馆 2010 年版。

丰坤武、张元岭：《〈吴越春秋〉研究》，天津人民出版社 1998 年版。

冯契：《中国古代哲学的逻辑发展》（下），上海人民出版社 1985 年版。

顾家宁：《士魂以经世：黄宗羲与传统士人精神的再造》，人民日报出版社 2018 年版。

郭沫若：《郭沫若全集》（历史编第三卷），人民出版社 1984 年版。

胡益民：《张岱研究》，安徽教育出版社 2004 年版。

李步嘉：《〈越绝书〉研究》，上海古籍出版社 2003 年版。

李洁非：《天崩地解：黄宗羲传》，作家出版社 2014 年版。

梁启超：《清代学术概论》，上海古籍出版社 1998 年版。

梁启超：《中国近三百年学术史》，中国和平出版社 2014 年版。

刘大年：《刘大年集》，中国社会科学出版社 2000 年版。

鲁迅：《鲁迅全集》（第 1—18 卷），人民文学出版社 2005 年版。

吕振羽：《殷周时代的中国社会》，生活·读书·新知三联书店 1962 年版。

毛泽东：《毛泽东选集》（第 1—4 卷），人民出版社 1991 年版。

孟森：《明清史讲义》（上、下册），中华书局 1981 年版。

南炳文、汤纲：《明史》，上海人民出版社 2014 年版。

钱穆：《两汉经学今古文评议》，商务印书馆 2001 年版。

钱穆：《中国近三百年学术史》（上、下册），九州出版社 2011 年版。

汪晖：《反抗绝望：鲁迅及其文学世界》，河北教育出版社 2002 年版。

王钟翰点校：《清史列传》（第 1—20 册），中华书局 1987 年版。

吴越史地研究会编：《吴越文化论丛》，江苏研究社 1937 年版。

谢国桢：《明末清初的学风》，上海书店出版社 2004 年版。

杨念群：《何处是江南？清朝正统观的确立与士林精神世界的变异》，生活·读书·新知三联书店 2010 年版。

余嘉锡：《四库提要辨证》（上、中、下册），科学出版社 1958 年版。

余英时：《论戴震与章学诚：清代中期学术思想史研究》，生活·读书·新知三联书店 2000 年版。

［德］马克思、恩格斯：《马克思恩格斯选集》（第 1—4 卷），中共中央著作编译局译，人民出版社 1995 年版。

［加］卜正民：《（哈佛中国史）挣扎的帝国：元与明》，潘伟琳译，中信出版集团 2016 年版。

［美］罗威廉：《（哈佛中国史）最后的中华帝国：大清》，李仁渊、张远译，中信出版集团 2016 年版。

［美］牟复礼、［英］崔瑞德编：《剑桥中国明代史（1368—1644 年）·上卷》，张书生、黄沫、杨品泉等译，中国社会科学出版社 1992 年版。

［英］崔瑞德、［美］牟复礼编：《剑桥中国明代史（1368—1644 年）·下卷》，杨品泉、吕昭义、吕昭河、陈永革译，中国社会科学出版社 2006 年版。

［美］费正清、刘广京：《剑桥中国晚清史（1800—1911 年）·上卷》，中国社会科学院历史研究所编译室译，中国社会科学出版社 1985 年版。

［美］费正清、刘广京：《剑桥中国晚清史（1800—1911 年）·下卷》，中国社会科学院历史研究所编译室译，中国社会科学出版社 1996 年版。

［美］史景迁：《前朝梦忆：张岱的浮华与苍凉》，温洽溢译，广西师范大学出版社 2010 年版。

［苏］斯大林：《斯大林全集》（第 2 卷），中共中央马克思恩格斯列宁斯大林著作编译局译，人民出版社 1953 年版。

［苏］斯大林：《斯大林全集》（第 11 卷），中共中央马克思恩格斯列宁斯大林著作编译局译，人民出版社 1955 年版。

Gloria Davies, *Lu Xun's Revolution: Writing in a Time of Violence*, Cambridge: Harvard University Press, 2013.

James Reeve Pusey, *Lu Xun and Evolution*, New York: State University of New York Press, 1998.

Philip J. Ivanhoe, *On Ethics and History Essays and Letters of Zhang Xuecheng*, California: Stanford University Press, 2010.

三　论文类

鲍永军：《汪辉祖史学成就初探》，《浙江学刊》1996 年第 5 期。

鲍永军：《汪辉祖著述考》，《文献》2007 年第 4 期。

蔡美彪：《范文澜著〈中国通史简编〉的前前后后》，《河北学刊》1999 年第 2 期。

仓修良、夏瑰琦：《明清时期“六经皆史”说的社会意义》，《历史研究》1983 年第 6 期。

曹丽娜：《章学诚的明道经世史学》，硕士学位论文，东北师范大学，2006 年。

陈斌：《张岱的明亡之思与自处之道》，硕士学位论文，华中师范大学，2014 年。

陈德述：《发扬马克思主义的革命批判精神——读毛泽东 1940 年致范文澜的信》，《毛泽东思想研究》1984 年第 2 期。

陈其泰：《范文澜与毛泽东的学术交谊》，《光明日报》2001 年 10 月 11 日。

陈其泰：《范文澜治史精神的当代价值——纪念范文澜诞辰 120 周

年》，《廊坊师范学院学报》（社会科学版）2013 年第 6 期。

陈其泰：《范文澜——中国马克思主义史学的杰出开拓者》，《近代史研究》1994 年第 1 期。

陈其泰：《范文澜〈中国通史简编〉成就三题》，《浙江学刊》1994 年第 3 期。

陈其泰：《范文澜〈中国通史简编〉的学术成就》，《淮阴师范学院学报》（哲学社会科学版）2011 年第 4 期。

陈桥驿：《关于〈越绝书〉及其作者》，《杭州大学学报》1979 年第 4 期。

陈桥驿：《会稽二志》，《绍兴师专学报》（社会科学版）1985 年第 2 期。

陈桥驿：《论勾践与夫差》，《浙江学刊》1987 年第 4 期。

陈仰光：《张岱及其史学》，《浙江学刊》1992 年第 6 期。

陈玉兰：《从〈后甲集〉看查继佐国变后的心灵轨迹》，《浙江社会科学》2014 年第 10 期。

陈越：《鲁迅·“绍兴师爷”·越文化》，《绍兴文理学院学报》2004 年第 2 期。

陈祖武：《〈明儒学案〉发微》，《中国史研究》2009 年第 4 期。

董丛林：《论晚清名士李慈铭》，《近代史研究》1996 年第 5 期。

范艳娥：《鲁迅与中国近现代历史事件》，硕士学位论文，辽宁师范大学，2012 年。

葛兆光：《明清之间中国史学思潮的变迁》，《北京大学学报》（哲学社会科学版）1985 年第 2 期。

顾农：《鲁迅与会稽文献》，《山东社会科学》2013 年第 6 期。

顾志兴、吴昊：《试论浙东学术与浙东藏书关系》，《浙江学刊》2012 年第 3 期。

郭春林：《方生方死的“大时代”——试论鲁迅历史意识的发展》，《杭州师范大学学报》（社会科学版）2011 年第 5 期。

何晓明、何永生：《古代圣学的终结与近代历史思想的发轫——章学诚“六经皆史”论新探》，《华中师范大学学报》（人文社会科学版）2013 年第 5 期。

黄燕生：《宋代的地方志》，《史学史研究》1984 年第 3 期。

黄裳：《张岱的〈史阙〉》，《读书》1988 年第 1 期。

黄苇：《关于〈越绝书〉》，《复旦学报》（社会科学版）1983 年第 4 期。

胡益民：《张岱史学著述考》，《江淮论坛》2001 年第 5 期。

阚红柳：《李慈铭读正史——〈越缦堂日记〉读后》，《社会科学战线》2009 年第 4 期。

李安：《从“真”到“通”：中国古代史学理论的体系化及其终结——以刘知几、章学诚为中心的考察》，硕士学位论文，湖南师范大学，2004 年。

李桂芳：《简论刘咸炘对章学诚史学思想的继承和发展》，《中华文化论坛》2013 年第 10 期。

李好：《吴越争霸叙事文本研究》，硕士学位论文，华中师范大学，2010 年。

李孔胜：《阳明心学与中晚明史学的新变化》，《学习与探索》2014 年第 2 期。

李宁波、唐燮军：《虞预及其〈晋书〉发微》，《古籍整理研究学刊》2012 年第 5 期。

李文儒：《鲁迅：历史——文化整体观》，《鲁迅研究月刊》1995 年第 8 期。

李孝迁：《革命与历史：中国左派历史读物》，《中共党史研究》2017 年第 5 期。

李新达：《张岱与〈石匮书〉》，《河北大学学报》1984 年第 2 期。

李勇：《同道异趣：郭沫若和范文澜的先秦诸子研究》，《河南师范大学学报》（哲学社会科学版）2017 年第 5 期。

梁涌：《异端 · 博洽 · 经世——越地学术传统的特征解读》，《浙江社会科学》2011 年第 2 期。

梁宗华：《论〈吴越春秋〉的作者和成书年代》，《苏州大学学报》（哲学社会科学版）1999 年第 3 期。

林国华：《创制体式，位本民族——论范文澜在中国马克思主义史学史上的特殊地位》，《山东社会科学》2010 年第 2 期。

林国华：《范文澜与中国马克思主义史学》，博士学位论文，山东大学，2007 年。
林国华：《马克思主义民族观运用的典范——范文澜的民族史研究》，《西安文理学院学报》（社会科学版）2009 年第 3 期。
林小云：《〈吴越春秋〉研究》，博士学位论文，福建师范大学，2006 年。
刘开军：《传统史学理论在民国史学界的回响——论刘咸炘的章学诚研究》，《史学史研究》2015 年第 2 期。
刘开军：《晚清新学书目的民族本位史学意识与政治诉求》，《齐鲁学刊》2014 年第 4 期。
刘俐娜：《蔡元培的史学思想》，《史学史研究》1993 年第 2 期。
刘巍：《章学诚“六经皆史”说的本源与意蕴》，《历史研究》2007 年第 4 期。
刘延苗：《章学诚史学哲学研究》，博士学位论文，西北大学，2008 年。
卢敦基：《汉学，宋学，抑或汉宋兼采？——试论李慈铭所属的学术营垒》，《浙江社会科学》2010 年第 12 期。
卢敦基：《李慈铭研究》，博士学位论文，浙江大学，2010 年。
莫金山：《对范文澜与郭沫若古史分期观的再评价》，《广西民族学院学报》（哲学社会科学版）1994 年第 4 期。
牛润珍：《从新史学到新民族主义史学——略论宋学影响下的民国史学主流》，《史学史研究》2013 年第 2 期。
潘光哲：《开创学术的自主空间：蔡元培与史语所》，《关东学刊》2019 年第 5 期。
钱明：《人文绍兴：一个地域性与时代性的课题》，《绍兴文理学院学报》2010 年第 4 期。
钱婉约：《〈章氏遗书〉与章实斋年谱》，《武汉大学学报》（哲学社会科学版）1996 年第 5 期。
瞿林东：《范文澜史学风格的几个特点》，《安徽师范大学学报》（人文社会科学版）2010 年第 3 期。
渠晓云：《中古会稽士族的学术著述及贡献》，《绍兴文理学院学报》2017 年第 4 期。
沈星怡：《近十年张岱研究综析》，《苏州大学学报》（哲学社会科学版）2005 年第 2 期。
石玲：《现代性视野下的农村书写——以鲁迅农村小说为例》，硕士学位论文，杭州师范大学，2013 年。
史婷：《张岱著史情结研究》，硕士学位论文，华中师范大学，2012 年。
石祥：《〈会稽郡故书襍集〉诸稿本的文献学研究》，《鲁迅研究月刊》2015 年第 1 期。
孙善根：《论清代浙东学派的历史地位》，《浙江学刊》1996 年第 2 期。
孙正军：《中古良吏书写的两种模式》，《历史研究》2014 年第 3 期。
田河、赵彦昌：《“六经皆史”源流考论》，《社会科学战线》2004 年第 3 期。
陶白：《简论鲁迅的历史观》，《江海学刊》1982 年第 1 期。
汪凤琼：《鲁迅对魏晋南北朝史研究的贡献》，《郑州航空工业管理学院学报》（社会科学版）2013 年第 2 期。
汪晖：《鲁迅研究的历史批判》，《文学评论》1988 年第 6 期。
王敬坡：《〈越绝书〉〈吴越春秋〉比较研究》，硕士学位论文，江西师范大学，2010 年。
王瑞来：《当代人的近代史——刘时举〈续宋中兴编年资治通鉴〉考述》，《中华文史论丛》2014 年第 2 期。
王瑞平：《从朱元璋和朱由检的用人看明朝的兴亡》，《黄淮学刊》（哲学社会科学版）1997 年第 1 期。
王彦霞：《通俗史学的典范——吴乘权撰〈纲鉴易知录〉》，《淮北煤炭师范学院学报》（哲学社会科学版）2010 年第 3 期。
王勇：《试论王阳明的社会历史观》，《湖北大学学报》（哲学社会科学版）1998 年第 4 期。
王玉伟：《论黄宗羲的史学思想及其实践》，硕士学位论文，山东大学，2010 年。
王志邦：《〈越绝书〉再认识》，《中国地方志》2005 年第 12 期。
吴保传：《社会与学术：黄宗羲与明清学术思想史的转型》，博士学位论文，西北大学，2010 年。
吴光：《关于“清代浙东学派”名称与性质的辨析——为“清代浙东

经史学派”正名》，《中共宁波市委党校学报》2008 年第 4 期。
吴光：《论黄宗羲与清代浙东经史学派的学术成就与学派特色》，《北大中国文化研究》2013 年总第 3 辑。
夏菽：《〈越绝书〉〈吴越春秋〉恩仇叙事比较研究》，硕士学位论文，西南大学，2016 年。
夏咸淳：《论张岱及其〈陶庵梦忆〉〈西湖梦寻〉》，《天府新论》2000 年第 2 期。
向燕南：《试析王阳明心学对明代史学的影响——兼及有关拓展史学思想史研究的思考》，《淮北煤炭师范学院学报》（哲学社会科学版）2006 年第 1 期。
解远文：《谢承〈后汉书〉的辑补与研究》，硕士学位论文，河南大学，2015 年。
许殿才：《〈吴越春秋〉说略》，《史学史研究》2007 年第 1 期。
徐林英：《历史梦魇与道路选择——试论历史观对周氏兄弟的影响》，硕士学位论文，浙江大学，2008 年。
杨立人：《蔡元培史学思想浅论》，《贵州师范大学学报》（社会科学版）1994 年第 1 期。
杨念群：《章学诚的“经世”观与清初“大一统”意识形态的建构》，《社会学研究》2008 年第 5 期。
阳正伟：《弘光政局述论——兼对〈弘光实录钞〉的辨误》，《贵州文史论丛》2008 年第 4 期。
叶毅均：《范文澜与整理国故运动》，《近代史研究》2018 年第 1 期。
袁闾琨、魏鉴勋：《鲁迅的历史观》，《史学月刊》1982 年第 1 期。
张承宗、潘浩：《黄宗羲与〈明儒学案〉》，《历史教学问题》2002 年第 4 期。
张德信：《略论崇祯帝性格的形成》，《大连大学学报》1999 年第 3 期。
张桂丽：《李慈铭的清学史观——以〈国朝儒林经籍小志〉为中心》，《中国典籍与文化》2015 年第 2 期。
张剑平：《范文澜关于历史研究方法的论述及其启示》，《史学月刊》2002 年第 5 期。

张利：《范文澜论历史评价问题》，《淮阴师范学院学报》（哲学社会科学版）2003 年第 3 期。

张玲琳：《论章学诚治学特点及对其学术业绩的影响》，《绍兴文理学院学报》2013 年第 6 期。

张岂之：《论黄宗羲的〈明夷待访录〉》，《人文杂志》1980 年第 2 期。

张岂之：《论蕺山学派思想的若干问题》，《西北大学学报》（哲学社会科学版）1980 年第 4 期。

张瑞涛：《刘宗周历史哲学意识探微》，硕士学位论文，中国科学技术大学，2004 年。

张宪光：《易代之际的张岱》，《书城》2017 年第 10 期。

张逍霄：《鲁迅文本中的国家想象》，硕士学位论文，苏州大学，2016 年。

赵连稳：《黄宗羲史学初探》，《齐鲁学刊》1997 年第 1 期。

赵连稳：《黄宗羲与〈明史〉编纂》，《山东师大学报》（社会科学版）1996 年第 5 期。

赵梅春：《范文澜〈中国通史简编〉与钱穆〈国史大纲〉比较研究》，《廊坊师范学院学报》（社会科学版）2014 年第 5 期。

赵庆云：《范文澜续写、重写〈中国近代史〉的构想及实践》，《史学理论研究》2016 年第 2 期。

赵庆云：《范文澜与中国通史撰著》，《史学理论研究》2017 年第 4 期。

赵任飞、蔡彦：《明清以来绍兴藏书家和藏书楼研究》，《绍兴文理学院学报》2009 年第 4 期。

赵世瑜：《“不清不明”与“无明不清”——明清易代的区域社会史解释》，《学术月刊》2010 年第 7 期。

赵雅丽：《〈越绝书〉研究》，硕士学位论文，福建师范大学，2007 年。

周文玖：《范文澜的经学与史学》，《史学史研究》2014 年第 4 期。

朱政惠：《章学诚的史学批评理论及其借鉴意义》，《史学史研究》2010 年第 1 期。

朱仲玉：《汉晋时代绍兴的十位史学家》，《绍兴师专学报》（社会科学版）1983 年第 2 期。

［美］李怀印：《在传统与革命之间——范文澜与近代中国马克思主义

史学的起源》,罗嗣亮、临川译,《现代哲学》2012 年第 6 期。

Carolyn T. Brown, "The Paradigm of the Iron House, Shouting and Silence in Lu Hsun's Short Stories", *Chinese Literature: Essays, Articles, Reviews*, (6), 1984.

Elton Chan, "Huang Zongxi as a Republican: A Theory of Governance for Confucian Democracy", *Dao*, (17), 2018.

Harriet C. Mills, "Lu Hsün and the Communist Party", *The China Quarterly*, (4), 1960.

Lawrence W. Chisolm, "Lu Hsun and Revolution in Modern China", *Yale French Studies*, (39), 1967.

Lynn A. Struve, "Huang Zongxi in Context: A Reappraisal of His Major Writings", *The Journal of Asian Studies*, (47), 1988.

Philip J. Ivanhoe, "Lessons From the Past: Zhang Xuecheng and the Ethical Dimensions of History", *Dao*, (8), 2009.

后　记

本书在构思和撰写过程中，承蒙中共中央党校张太原教授、绍兴文理学院潘承玉教授和莫尚葭、陈瑾老师的悉心指导和大力帮助，使得本书的撰写得以顺利进行，在此特对各位老师表示衷心的感谢！

在本书的出版过程中，中国社会科学出版社郭晓鸿老师为本书的编辑付出了大量心血，郭老师的专业素养和耐心精神令人钦佩，在此谨致谢忱！

罗衍军